融合型·新形态教材
复旦社云平台　fudanyun.cn

U0730620

普通高等学校学前教育专业系列教材

学前儿童健康教育
（第三版）

主　编　王　娟　孙惠利

副主编　姚素慧

编　委　王　娟　孙惠利　姚素慧　王　妍

复旦大学出版社

内容提要

本教材以《幼儿园教育指导纲要（试行）》《3-6岁儿童学习与发展指南》《幼儿园工作规程》《幼儿园保育教育质量评估指南》等政策文件的核心思想为基本精神，吸收借鉴学前儿童健康教育理论研究与实践的最新成果，立足于幼儿教师实际工作的需要，建构了多侧面、多角度的教学内容。具体内容包括学前儿童健康教育的基本理论、目标与内容、活动设计与指导（心理健康教育、体育、身体保健和生活自理教育、饮食营养教育、安全教育）以及学前儿童健康教育评价。每章均有学习目标、内容导航、典型案例、思考与练习、聚焦考证（融合幼儿园教师资格证考试的真题），便于教师授课和学生学习。

本书配套资源丰富，包括PPT教学课件、教案、微课视频、在线练习等，可扫描书中二维码或登录复旦社云平台(www.fudanyun.cn)查看、获取。本书既可作为学前教育、早期教育及婴幼儿托育专业学生的教材，也可作为幼儿园教师的培训教材。此外，还可供广大幼教工作者阅读和参考。

复旦社云平台
数字化教学支持说明

　　为提高教学服务水平，促进课程立体化建设，复旦大学出版社建设了"复旦社云平台"，为师生提供丰富的课程配套资源，可通过"电脑端"和"手机端"查看、获取。

🖥 【电脑端】

　　电脑端资源包括 PPT 课件、电子教案、习题答案、课程大纲、音频、视频等内容。可登录"复旦社云平台"（www.fudanyun.cn）浏览、下载。

Step 1　登录网站"复旦社云平台"（www.fudanyun.cn），点击右上角"登录 / 注册"，使用手机号注册。

Step 2　在"搜索"栏输入相关书名，找到该书，点击进入。

Step 3　点击【配套资源】中的"下载"（首次使用需输入教师信息），即可下载。音频、视频内容可通过搜索该书【视听包】在线浏览。

【手机端】

PPT课件、音视频、阅读材料：用微信扫描书中二维码即可浏览。

扫码浏览

【更多相关资源】

更多资源，如专家文章、活动设计案例、绘本阅读、环境创设、图书信息等，可关注"幼师宝"微信公众号，搜索、查阅。

平台技术支持热线：029-68518879。

"幼师宝"微信公众号

【本书配套资源说明】

1. 刮开书后封底二维码的遮盖涂层。

2. 使用手机微信扫描二维码，根据提示注册登录后，完成本书配套在线资源激活。

3. 本书配套的资源可以在手机端使用，也可以在电脑端用刮码激活时绑定的手机号登录使用。

4. 如您的身份是教师，需要对学生使用本书的配套资料情况进行后台数据查看、监督学生学习情况，我们提供配套教师端服务，有需要的老师请登录复旦社云平台（官方网址：www.fudanyun.cn），进入"教师监控端申请入口"提交相关资料后申请开通。

三版 前 言

《学前儿童健康教育（第三版）》主要依据《幼儿园工作规程》《幼儿园教育指导纲要（试行）》《3—6岁儿童学习与发展指南》《幼儿园教师专业标准（试行）》《幼儿园保育教育质量评估指南》《中华人民共和国家庭教育促进法》等一系列文件的核心思想为指导，在保留第二版教材主体内容和特色的基础上进行修订，对原教材中的部分内容进行了优化和调整。

本次修订主要做了以下工作：一是加强落实立德树人根本任务，融入课程思政，体现党的二十大以来的精神思想；二是以培养高素质幼儿教师为目标，教材建设与课程建设同步，课、岗、证一体化；三是增加了优秀案例，使得教材更加贴近现代教学实践和幼儿园教师的实际需求；四是吸收、借鉴学前儿童健康教育理论研究与实践的最新成果，对教材相关内容、案例进行更新。

本教材共九章，第一至第三章阐述了学前儿童健康教育的基本理论，学前儿童健康教育的目标、内容，学前儿童健康教育活动设计；第四至第八章分别阐述了学前儿童心理健康教育、体育、身体保健和生活自理教育、饮食营养教育、安全教育等，本部分内容理论与实例相结合，便于师生学习和操作；第九章介绍了学前儿童健康教育评价。本教材在编写过程中，密切结合学前教育的实际，既注重理论的前沿性，又注重实用性和可操作性。同时，本教材体现了新的教育理念，教育对象也拓展为0～6岁儿童，帮助学习者跟上时代步伐，融会贯通，学以致用。

本教材由郑州幼儿师范高等专科学校王娟、郑州师范学院孙惠利担任主编，第一章、第二章、第三章、第四章、第五章、第七章由王娟撰写，第六章、第八章、第九章由孙惠利、姚素惠撰写。全书由王娟、孙惠利进行统稿。

本书编写过程中参考并借鉴了国内外许多专家、学者的观点和资料，在此一并表示感谢。由于编者的水平和能力有限，书中难免存在不妥之处，望读者多加批评指正。

编 者

目录

第一章
学前儿童健康教育概述

PPT 教学课件

学习目标

1. 了解影响学前儿童健康的因素。
2. 理解健康的概念、特性以及健康教育的意义和任务。
3. 运用学前儿童健康教育的原则分析与解决学前儿童健康教育中的问题。

内容导航

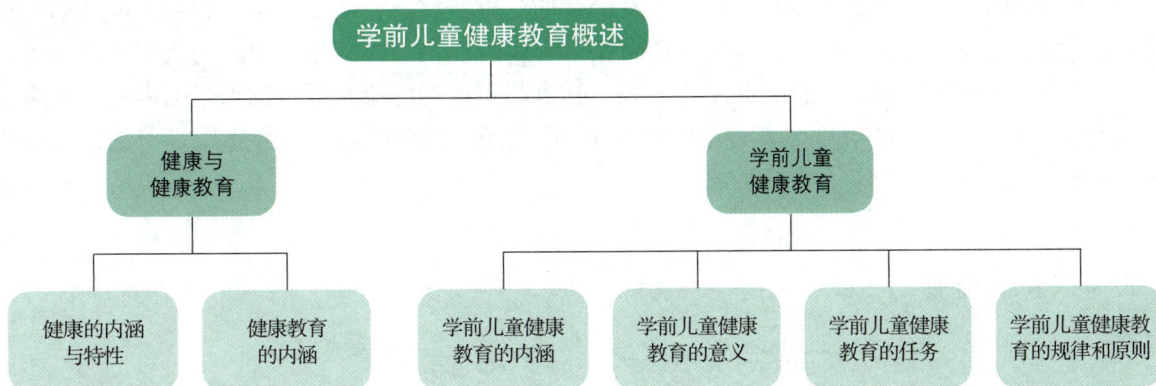

案例思考

《幼儿园教育指导纲要（试行）》指出："幼儿园必须把保护幼儿的生命和促进幼儿的健康放在工作的首位。树立正确的健康观念，在重视幼儿身体健康的同时，要高度重视幼儿的心理健康。""学前儿童健康教育"这门课程作为学前教育专业的五大领域课程之一，是学前教育专业的专业基础课，是每一名学前教育专业学生的必修课程。

思考：

那么，"学前儿童健康教育"这门课讲述哪些内容？学习"学前儿童健康教育"这门课程对学前儿童的发展有何意义？我们又该如何才能学好这门课程？

第一节　健康与健康教育

党的二十大报告指出，"人民健康是民族昌盛和国家强盛的重要标志，把保障人民健康放在优先发展的战略位置"。健康是人类生存和生活的基本前提。对于每一个人来说，健康都是十分宝贵的财富，是人一生中最渴望得到的，是人类的基本需求。那么，健康的真正含义是什么呢？

一、健康的内涵与特性

（一）健康的内涵

关于"健康"，历史上许多伟大的思想家都作过精辟的论述。马克思提出把健康作为人的第一权利，作为一切人类生存的第一个前提；美国哲学家爱默生认为健康是人生的第一财富；英国教育家洛克强调若没有健康，就不可能有什么幸福可言；德国哲学家叔本华形象地指出，一个健康的乞丐比有病的国王更幸福。的确，没有健康作为基础，人生的一切就会黯然失色。对于成天吃药打针的人，对于心理不正常的人，对于社会适应不良的人，快乐和幸福犹如水中月、雾里花，可望而不可即。为人师者，为人父母者，谁不热切盼望自己的学生、子女幸福？而这一切的首要前提是孩子们健康地成长。

过去，人们普遍认为，身体没病就是健康。有人说得更具体：不吃药、不打针、不感到身体不舒服就是健康。这些话有一定道理，但不完全正确。健康是一个综合性、历史性的概念。随着人类社会的发展，人类对健康的要求和认识也在不断变化、更新和扩展。

当今，人们已越来越清楚地认识到，对健康概念的较为完整的认识应该包括生物学、心理学和社会学三个维度。20世纪30年代，美国健康教育专家鲍尔（W. W. Bauer）认为："健康"是人们身体、心情和精神方面都自觉良好、精力充沛的一种状态。1948年，联合国世界卫生组织（WHO）在其宪章中提出了健康的定义："健康是身体、心理和社会适应的健全状态，而不只是没有疾病或虚弱现象。"这一定义改变了以往"健康"仅指无生理异常而免于疾病的观念。1978年，国际初级卫生保健大会所发表的《阿拉木图宣言》提出："健康是基本人权，达到尽可能的健康水平是世界范围内的一项重要的社会性目标。"1988年，WHO总干事马勒博士（Dr. Moarefi）强调了这样一种思想，即健康并不代表一切，但失去了健康，便丧失了一切。

（微课二维码）
健康的内涵与特性

知识链接 1-1

世界卫生组织关于健康定义的演变

1978年，世界卫生组织（WHO）修改了健康的定义，将健康视为不只是没有疾病或不虚弱，而是身心健康和社会幸福的完美状态，进一步强化了健康的理想化状态。

1986年，WHO主办的首届国际健康促进大会发布的《渥太华宪章》将健康定义为："健康是每天生活的资源，并非生活的目标；健康是一种积极的概念，强调社会和个人的资源以及个人躯体的能力。"将健康视为个人资源和社会资源。

1989年，WHO指出健康不仅是没有疾病，而且包括躯体健康、心理健康、社会适应良好和道德健康，将道德健康也列入其中。

近年来，人们深受环境污染之苦。"生态系统健康"的研究成为研究热点。"生态系统健康"的中心思想是：有了健康的生态系统才会有健康的人类，要以群体、生态、多维、动态的视角把握健康的概念。健康不是非此即彼的简单问题，而是从健康到死亡的一个序列，最佳健康是一个需要不断追求的理想状态。

从大的方面来说，作为社会成员的每一个公民，其个人的健康状况与整个社会有着千丝万缕的联系，而不仅仅是个人和家庭的事情。从小的方面来说，即对个人而言，健康也是生命中最重要的。著名作曲家刘炽在一次健康恳谈会上做了一个生动的比喻：健康为"1"，幸福、快乐、事业、发展、金钱等都是"1"后面的"0"，如果有了"1"，后面的"0"才有意义，但是如果没有"1"，后面的"0"再多也毫无意义。这个比喻也充分说明了健康的重要性。

知识链接 1-2

世界卫生组织关于健康的正式定义：

1. 精力充沛，能从容不迫地应对日常生活和工作；
2. 处事乐观，态度积极，乐于承担任务，不挑剔；
3. 善于休息，睡眠良好；
4. 应变能力强，能适应各种环境变化；
5. 对一般感冒和传染病有一定的抵抗力；
6. 体重适当，体态均匀，身体各部位比例协调；
7. 眼睛明亮，反应敏锐，眼睑不发炎；
8. 牙齿洁白，无缺损，无疼痛感，牙龈正常，无蛀牙；
9. 头发光洁，无头屑；
10. 肌肤有光泽，有弹性，走路轻松，有活力。

（二）健康的特性

健康具有整体性、动态性、客观性、主观性和调适性[1]。

1. 健康的整体性

健康的整体性是指把儿童的身心发展看成一个整体，并使他们在教育中逐渐成为德、智、体、美全面发展的人。正如健康的概念中所述，儿童健康的整体性包括身体健康、心理健康和良好的社会适应能力。对健康概念认识的变化，使人们认识到不能只从生物学的角度去理解健康，还应关注心理学因素和社会学因素，从人与环境之间、心与身之间整体关系的层面去研究健康。

2. 健康的动态性

健康的动态性是指健康乃有机体从良好健康至不良健康或从完好至疾病连续谱上所呈现的状态，在此过程中有许多变化。健康与疾病之间并不一定存在明确的界限，个体表面上不生病也不等于健康，因为人体内可能潜伏着病理性缺陷或其他方面的功能不全，因此现代医学提出了亚健康（又称为"第三状态"或"灰色状态"）的概念，即机体虽无明显或明确的疾病，却呈现出活力下降、代谢缓慢、生理功能低下的状态，并且亚健康状态极有可能发展成为各种疾病。健康状态的动态性由高到低划分为四种水平：第一，理想的或希望的健康状态；第二，所谓的或现实的健康状态；第三，亚健康状态；第四，健康障碍。四种健康状态之间既是相互联系的，又是可逆的。如果人们能够较为准确地把握自身不断变化的身心状态，就有助于防患于未然，使机体转向更为理想的健康状态。健康具有动态性的特点表明人的健康状况是一种动态的过程，而非静止的状态。一方面，每个人的健康状况与特点并非完全一样，是因人而异的；另一方面，即使是同一个人，在不同的年龄阶段、不同的时期，甚至是在每天每时，其健康状况也是会有一定变化的，学前儿童也是如此。正因为如此，我们在评价和衡量学前儿童是否健康的时候，应该充分地考虑到学前儿童的年龄特点以及个体差异性，做到既注重同一年龄阶段儿童发展的共性，又要针对每个儿童的具体情况进行因材施教，使每一个儿童都能在原有的水平上在身心方面得到最大限度的发展。

3. 健康的客观性

健康的客观性是指健康可以运用一定的客观指标加以衡量，比如形态指标、生理指标、身体素

---

[1] 教育部基础教育司.《幼儿园教育指导纲要（试行）》解读［M］.南京：江苏教育出版社，2002：76–78.

质指标、社会健康指标、营养指标等。目前随着对心理健康问题研究的深入，对个体心理是否健康的把握也越来越趋向客观，例如衡量个体心理健康的主要标志——认知发展是否正常、情绪反应是否适度、人际关系是否融洽、性格特征是否良好等，就可以通过越来越客观的测试加以评定。

4. 健康的主观性

健康的主观性是指个人对自己健康的主观感觉。健康的主观性特别强调健康的自我知觉，突出了健康的心理层面。

5. 健康的调适性

身体健康的人能够有效地适应内外环境，有效对付各种威胁身体的挑战。他们不是消极被动地接受外界环境，而是积极地去适应周围的生活环境，对疾病进行有效抵抗。根据微生物学家勒内·杜博斯（R. Dubos）的观点，真正的健康"不仅指个体在当时能适应良好，同时也应具备抵抗未来威胁的力量。如体内已有某些传染病抗体的儿童比起无抗体保护的儿童更健康"。[①]

二、健康教育的内涵

健康教育是指通过信息传播和行为干预，帮助人们掌握卫生保健知识和技能，树立健康观念，自愿采取有利于健康的行为和生活方式的教育活动与过程。

健康教育是一种有目的、有计划、有组织的教育活动，旨在帮助和鼓励人们树立、增进健康的愿望，传播一定的健康知识，促使人们自愿地采取有益于健康的行为，养成健康的生活方式，创造健康的环境，并学会在必要时求得适当的帮助，从而保护和促进健康，提高生活质量。健康教育的目的是预防疾病、增进健康和提高生活质量，其着眼点是人民群众及其行为，引导并鼓励人们养成并保持有益于健康的生活方式，合理而明智地利用已有的保健措施，自觉地开展改善个人和集体状况与环境的活动。

健康教育需要社会行动和行政干预，采取社会行动和行政干预是推动健康教育的良策。社会行动强调的是全社会的配合和支持，只有人人参与，才能最终实现人人享有卫生保健。行政干预是指各有关行政、研究、教育机构或部门，各项法律、法规和政策，在加强健康教育、改变不健康的生活方式、创设有利于健康的环境、建立和完善保健体系等方面所进行的干预。

健康教育工作者应首先了解当前影响人们健康及其相关行为的决定因素，以及影响健康的环境。只有这样，才能明确教育的具体内容，并有针对性地开展教育活动。

第二节　学前儿童健康教育

一、学前儿童健康教育的内涵

（一）学前儿童健康

1. 学前儿童健康的内涵

学前儿童健康是指学前儿童身体各个器官、各个组织发育正常，没有身体缺点（如视力不良、扁平足、龋齿、姿势性脊柱弯曲异常、沙眼等），性格开朗，情绪乐观，对环境有较快的适应能力[②]。

《幼儿园教育指导纲要（试行）》（以下简称《纲要》）中指出："树立正确的健康观念，在重视幼儿身体健康的同时，要高度重视幼儿的心理健康。"所以对学前儿童进行健康教育时，既要重视身体健康，又要重视心理健康和良好的社会适应能力的培养。身体健康是心理健康的基础，心理健康是身体

① 吕磐. 卫生教育概论［M］. 台北：大洋出版社，1997：15.
② 张慧和. 幼儿园课程实施指导丛书：健康［M］. 南京：南京师范大学出版社，1997：2.

健康的必要条件。一个人只有身体、心理和社会适应等方面都健全，才是健康的人，才能适应复杂的环境变化。

我国曾因历史的原因忽视过对学前儿童心理健康的研究。传统的幼儿园保健模式重在学前儿童生理疾病的防治，它强调对学前儿童实施计划免疫，供给充足的营养等，使之"不得病，睡得安，吃得饱，长得高"。这种传统的保健模式很难满足学前儿童健康的需要。目前，绝大多数学前儿童在生理保健方面均能得到及时充分的保障，但仍有不少学前儿童"营养缺乏"或"肥胖""体弱多病"，有的学前儿童生活自理能力差，不能适应集体生活，有的甚至自私、孤独、不善于与人交往。究其原因，多数是由于父母的"溺爱""不正确的教养"以及"过高的期望"，使孩子受到太多的心理压力，从而影响学前儿童的身心健康和正常发育。显然，学前儿童除了生理上的需要外，还有心理上的多层次需要。因此，现代保育应是"生理-心理-社会"保健模式。学前儿童在托幼园所期间，托幼园所必须加强对学前儿童的健康服务和保育，对其进行精心照顾和养育，培养学前儿童独立生活能力和自我保护能力，预防身心疾病的发生，同时，要关注学前儿童的情绪和需要，促进其身心和谐健康发展。

想一想

下面从生理和心理两方面，列出一些准则，作为衡量健康孩子的标准。

（一）生理方面

一个健康的孩子应能表现出：

1. 肌肉结实；
2. 身高体重有稳定的增长；
3. 嘴唇和肤色红润；
4. 眼睛明亮有神；
5. 牙齿健康，没有龋齿；
6. 身体能保持挺直姿势；
7. 身体四肢动作协调能力良好；
8. 手眼协调能力进展良好；
9. 不容易疲倦。

（二）心理方面

1. 社会性方面

在社会性方面，一个健康的孩子应有下列表现：

（1）喜欢参与各种活动，包括学习和游戏；
（2）容易适应新环境，对周围的事物充满兴趣和好奇心；
（3）对人友善，能享受与别人共同参与活动的乐趣；
（4）愿意用语言表达自己的需要或感觉，愿意与人沟通；
（5）喜欢自己，喜欢别人，能理解别人的感觉；
（6）开始学习自我控制；
（7）自信，能享受成功的喜悦，也能面对失败不灰心；
（8）大部分时间表现出愉快的心情。

2. 参与活动时的表现

在参与游戏和学习时，一个健康的幼儿应表现出：

（1）注意力集中在某一件事情上；
（2）对学习有兴趣，求知欲强；
（3）做事能逐渐做到有始有终、专心致志；

（4）逐渐趋向于独立地游戏和工作，也能与人合作；

（5）有想象力和创意；

（6）乐于接受任务；

（7）对别人的指示能迅速作出反应；

（8）能与别人分担责任；

（9）敢于接受挑战。

思考：假设有一位教师，以上面所列的准则，去检查她所辅导的3岁幼儿是不是符合"健康"的标准，你预期检查的结果会是什么样的？

2. 影响学前儿童健康的因素

健康是许多相互交叉、渗透、影响和制约的因素相互作用的结果。保健学家通常将影响学前儿童健康的因素归纳为以下四类。

（1）环境因素

环境是指人类周围的客观世界，它包括自然环境和社会环境，是影响学前儿童健康的重要因素之一。影响人类的自然环境包括化学因素、物理因素与生物因素。自然界中的空气、阳光、水、动植物以及各种无机物和有机物都是人类赖以生存的条件，给人以必需的营养，维持人的正常生命活动。

人不但是生物的人，而且是社会的人，人的健康除了受自然因素的影响外，也受社会环境因素的制约，社会的政治制度、社会经济关系、社会文化、社会人际关系等都会影响儿童的健康和正常的发育。

（2）机体自身因素

机体自身因素包括机体的生物学因素和心理学因素。在影响学前儿童健康的生物学因素中，遗传是重要的因素之一。随着医学事业的发展，原先严重威胁人类健康和生命的一些烈性传染性疾病和常见病得到控制，发病率已大大下降，而遗传性疾病在人类疾病中所占的地位日益突出。

生理因素也是对学前儿童健康产生重大影响的生物学因素。生理因素包括细胞、组织、器官和系统的功能，以及在不同环境下机体的各个组成部分和整体的反应。学前儿童正处于生长发育迅速的时期，其机体的生理状态在不断地变化。如果学前儿童遇到躯体受损或躯体发育障碍，尤其是脑受损或脑发育障碍，则不仅会影响学前儿童身体的正常发育，而且会导致学前儿童某些心理和行为的异常，从而引起学前儿童各种心理问题。

另外，一个人的情绪反应、认知水平、个性特征等心理方面的因素，也会影响人的身心健康。医学心理学研究表明，许多疾病和健康状态的发生和发展是与个体的心理状态有密切联系的，导致儿童心理障碍或社会适应不良的心理因素更为复杂，常与儿童的动机冲突和挫折以及儿童对造成挫折的各种因素的认知、评价、容忍力和解决问题的能力有关。因此，良好的心理状态是维护和增进学前儿童健康的必要条件。

（3）生活方式

生活方式是指人们长期受一定社会的经济、文化、传统风俗、规范等影响，特别是受家庭影响而形成的一系列生活习惯、生活模式和生活意识。它包括人们的衣、食、住、行、休息、娱乐、社会交往等各个方面。当今，不良生活方式已经成为现代社会中影响人们健康的最主要因素。人一生中所患疾病45%以上与生活方式有关，死亡因素有60%是不良的生活方式造成的。死因中居前3位的脑血管病、心脏病、恶性肿瘤，其致病因素都与生活方式有十分重要的关系。可见，健康的生活方式对于人的健康是十分重要的。

学前儿童正处于逐渐形成自己的生活方式的阶段，接受并形成良好的生活方式将对其一生的健康有益。有益于学前儿童健康的生活方式包括：合理营养，即营养要多样、平衡、适度；饮食卫生，有良好的饮食和进餐习惯；每天有足够的睡眠时间和户外活动时间，即3～6岁幼儿的睡眠时间应不少于每天11小时，户外活动时间每天不少于2小时。还应具有积极乐观的情绪和一定的社会交往能力。

（4）卫生保健设施

卫生保健设施主要是指社会为保护人们的健康、防治疾病所提供的有关预防服务、保健服务、医疗服务和康复服务[①]。

儿童卫生保健设施为儿童提供卫生保健服务，其服务的种类和质量将直接影响儿童的健康状况。随着医学的发展和社会的进步，我国儿童保健的社会服务已基本形成较为系统的网络体系。在城市，儿童保健网络由省、自治区、直辖市的妇幼保健院、儿童医院、儿童保健所构成最高一级，其次为区儿童保健院、所，再次为街道卫生院儿保组和街道居民区红十字卫生站等基层群众性卫生组织。农村儿童保健网络则由县儿童保健院、所、站，乡、镇卫生院儿保组及村卫生室三级组成。不仅如此，儿童卫生保健服务还逐渐从医疗服务逐渐扩展到预防服务、保健服务和康复服务，从对儿童生理的保健扩大到对儿童心理的保健。所有这些，均为我国儿童的健康发展提供了良好的社会保障。

（二）学前儿童健康教育

学前儿童健康教育是根据学前儿童身心发展的特点，提高学前儿童健康认识、改善学前儿童健康态度、培养学前儿童健康行为、维护和促进学前儿童健康的系统的教育活动。它包括心理健康教育、体育、身体保健和生活自理教育、饮食营养教育、安全自护教育。

二、学前儿童健康教育的意义

向学前儿童进行健康教育是人类社会进步的必然要求，是学前儿童身心发展的需要，也是学前儿童教育必不可少的组成部分。无论从社会的发展还是从儿童个体的发展来看，都具有十分重要的价值与功能。具体来讲，学前儿童健康教育的意义主要体现在以下四个方面。

（一）学前儿童健康教育是社会发展的需要

在当今生存环境越来越舒适的知识经济时代，人们几乎用不着让自身去适应自然条件，但为此付出的代价却是身心素质的弱化。从社会的发展来看，现代和未来社会更需要身心健康的公民去从事社会的各项工作，这是促使社会进步与发展的重要条件。因此在生活节奏日渐加快、竞争日益激烈的当今社会，人们比任何时候都需要了解如何保持和促进身心健康，即比任何时候都更需要健康教育。健康教育应贯穿人的生命历程的每一阶段，任何时候放松了健康知识的学习与运用，健康就会远离自己。

因此，对学前儿童进行健康教育，是社会发展的需要。重视学前儿童的身心健康，不断提高学前儿童的健康水平，必将能提高新一代人的素质，从而使其将来能更好地适应社会多方面发展的需要，更好地为社会作出贡献。

（二）学前儿童健康教育是全面发展教育的重要组成部分

学前儿童教育就是根据教育总目标，选择适合儿童发展的教育内容和方法，促进每个儿童在不同水平上得到发展，关于人类自身认识与保护的学前儿童健康教育是儿童教育整体结构的重要组成部分之一。在个体的发展历程中，生命的健康是保证人的全面发展的物质基础，人的认知、情感和行为诸方面的发展都必须建立在这个物质基础之上。《纲要》中明确指出"幼儿园必须把保护幼儿的生命和促进幼儿的健康放在工作的首位"，强调了幼儿健康在幼儿身心发展中的重要意义。因此，

---

① 万钫.幼儿卫生保育教程［M］.北京：北京师范大学出版社，1999：6.

健康教育在整个学前儿童教育体系中具有任何其他教育活动不可替代的重要意义。健康教育作为全面发展教育中不可缺少的一个部分，是促进儿童在感知、情感、个性及社会性等方面协调发展的重要途径之一。

（三）学前儿童健康教育对于儿童的身心健康发展具有独特的价值

个体要求得生存并获得社会化发展，必须首先要有健康的身体。学前儿童正处于生命刚刚起步、开始发展的阶段，其身体的基础还相当薄弱，身体各个器官、系统发育不够成熟，对外界环境的适应能力差，对疾病的抵抗能力差，如果缺乏健康知识和自我保健能力，就会使常见病发病率上升，影响体质和健康。而且学前儿童心理发展迅速，易受多种因素影响，发生多种行为问题和心理异常。例如，儿童的骨骼处于固化过程中，如不注意坐立走的姿势，就容易发生脊柱弯曲变形；营养性贫血在7岁以下儿童中患病率也较高，它的临床表现为乏力、易疲乏、不爱活动或者经常出现眼前发黑、头晕耳鸣等现象。这显然不是生活条件差造成的营养缺乏症，而是由于喂养不当或孩子有偏食挑食的坏习惯，缺乏造血物质而导致的营养性贫血。由此可见，儿童时期不仅需要足够的营养物质，而且还需要合理的喂养。

因此，根据学前儿童的生理、心理特点，积极开展健康教育，可以消除危险因素，纠正不良的生活卫生行为习惯，减少发病率，对促进学前儿童正常生长发育具有特殊的意义。通过健康教育能有效地预防儿童疾病的发生，从而为儿童的健康成长提供条件。除此之外，儿童健康教育还具有健身价值、益智价值、育德价值、审美价值、发展个性价值。

（四）学前儿童健康教育是建立完善的学前儿童健康教育体系的需要

在我国，学前儿童健康教育的重要性已经被越来越多的人所重视，但是学前儿童健康教育在实施过程中却存在着随意性较强、计划性较差等问题。学前儿童健康教育缺乏系统性和计划性，它的内容只是部分地散落在学前儿童科学教育（如人体认识、食物的品尝）与学前儿童体育教育（即体育部分）中，还有的则分散在幼儿园日常生活环节中（如生活习惯的培养、饮食与营养卫生等）。这显然不能很好地发挥学前儿童健康教育应有的作用，必须尽快建立完整的学前儿童健康教育体系。因此，对学前儿童进行健康教育是建立完善的学前儿童健康教育体系的需要。

三、学前儿童健康教育的任务

微课
学前儿童健康教育的任务

（一）传授健康的基本知识

健康知识的传授，是学前儿童健康教育的一个重要方面，是使儿童确立健康信念与行为的基础。有些儿童的不健康行为和习惯，往往是由于他们缺乏健康知识造成的。例如，有的幼儿刷牙的方法不正确，是由于他们不懂得应该如何刷牙；有的幼儿在集体生活中不能很好地被别人所接受，是因为他们不懂得应该怎样与别人交往。所以，学前儿童对健康知识的掌握对他们的健康行为和习惯的形成起积极的指导作用。教师和家长要根据儿童身心发育水平和理解能力向其传授可接受的卫生保健知识。对幼小儿童进行健康知识的传授，可结合日常生活来进行，不必要求系统性。健康教育也可寓于讲故事或做游戏等活动中，把知识性和趣味性结合起来，以便提高儿童学习卫生知识的兴趣。

（二）树立健康态度和信念

态度是情感领域的一个重要方面，学前儿童对待健康问题的正确态度，是促使知识转化成为行为和习惯的动力。态度和信念一旦确立，就不容易改变，并能对行为起直接的、持久的影响作用。为了培养儿童自我保健的意识和能力，就要使他们确信，只要自己掌握了必要的卫生保健知识，从小养成良好的卫生习惯，自身的健康将不必依赖医护人员和他人。例如，在进行计划免疫时，有些儿童因怕疼而不愿注射预防针，可向其讲明注射预防针的作用和好处，使其自愿接受注射。有了健康的态度和信念，学前儿童才能逐步自觉地利用一切有益于自身健康的保健机构和保健服务，用以增进自身的健康。

（三）培养健康行为和习惯

《纲要》在关于幼儿健康教育的目标中非常注重健康行为的形成。虽然提高幼儿的健康认识、改善幼儿的健康态度、培养幼儿的健康行为都是健康教育的目标，但幼儿健康行为的养成被视为幼儿健康教育的核心目标。因此，探讨幼儿健康行为建立、改变和巩固的一般规律是幼儿健康教育研究的重点。

健康行为是指人的身体、心理和社会诸方面均处于良好状态时的外在表现。学前儿童健康教育的核心是改变学前儿童的不良行为习惯，引导其养成健康行为。

1. 学前儿童健康教育与健康行为的关系

学前儿童健康教育与健康行为有着非常密切的关系。一方面，健康教育工作者通过健康信息传播活动让儿童掌握了有关健康行为知识，这些健康行为知识是健康行为得以自觉表现的前提。另一方面，通过行为激励、行为矫正、健康咨询等健康教育活动，保持和促进有利于健康的行为发展，减少或阻断不健康的行为，提高儿童健康行为水平。

2. 行为改变的主要原因

学前儿童不健康行为的改变受到多种因素的影响，主要包括以下五个方面。

（1）行为信念。行为信念是人们对于在自己生活中所应遵循的原则和理想的信仰，通常和情感、意志融合在一起，支配着人的行为。例如，儿童一旦有了"多吃蔬菜好"的信念，就容易改变不吃蔬菜的挑食行为。

（2）特殊人物的导向作用。对学前儿童来说，教师、家长以及同伴的行为对其影响很大，尤其是父母的行为对其影响最大。

（3）行为资源。人的行为总是建立在一定的行为资源之上的。这里所说的资源主要是指卫生资源。卫生资源是实现健康行为所必需的技术和资料，主要包括三个方面：第一，保健设施、人员、学校、医院、诊所或任何相关的资源；第二，各种资源的可得性，即费用、距离、交通工具、开放时间等；第三，自我保健技能。例如，对于一个得了病的儿童来说，为了治病而采取的行为就受卫生资源的影响。

（4）传统和文化背景的影响。在这里文化主要指一些正常的行为、信仰、价值及资源，长期形成的生活模式、生活方式和风俗习惯等。不同的地区和民族有着各自不同的衣着、食物、谚语、寓言和风俗习惯，它们不同程度地影响着人们的行为。例如，我国一些农村地区流行着"不干不净吃了没病"的说法，这在一定程度上影响着儿童饭前洗手这一卫生习惯的养成。

（5）模仿学习。人们在社会生活中，通过自觉和不自觉的模仿学习获得了不少行为规范、知识、技能，这是人类学习的一条重要途径。模仿起自婴儿期并持续整个人生，在生活的早期影响最为强烈。因此，必须设立适当和可信的榜样，使之成为学前儿童自我指导的标准。

学前儿童健康教育将学前儿童健康行为的养成视为核心目标。学前儿童的身心健康归根结底取决于学前儿童的健康行为和习惯，学前儿童健康教育所期望获得的结果就是让学前儿童自觉地、主动地产生和形成各种有益于自身、社会和民族健康的行为和习惯。

四、学前儿童健康教育的规律和原则

（一）学前儿童健康教育的规律

学前儿童健康教育有其特殊的规律，我们只有把握这些规律，才能取得健康教育的预期效果。

1. 学前儿童健康教育具有复杂性

英国健康教育专家柯斯特（G. Cust）曾用知-信-行的健康教育模式说明认识、态度和行为在健康信息与增进健康之间的作用，如图1-1所示。

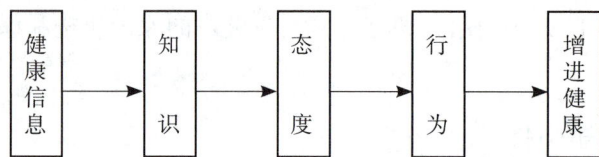

图 1-1　柯斯特的健康教育模式

图 1-1 表明，在健康教育中，认识是基础，态度是动力，行为是目标。为了达到目标，就要使接收信息者"知"和"信"，即教育者想方设法通过种种途径向受教育者传递健康信息，受教育者通过接收信息，掌握健康知识，形成积极的态度和信念，并付诸行动，从而增进健康。这种以"知"为切入点的儿童健康教育，对于年幼的儿童来说，能够提高他们对健康的认识水平，有利于他们形成积极的态度，进而有利于培养他们的健康行为。但是，儿童对健康的认识、态度及行为三者之间并不存在必然的因果关系，即使有关健康的认知水平提高了，也未必产生健康的行为，比如儿童吃东西之前没有洗手并不一定是他不知道有关的道理，所以有些热衷于情感领域的学者又提出了一些新的观点，他们认为仅仅关注与健康有关的知识和技能是不够的，健康教育要更多地考虑儿童的态度和价值观，这种从"情"入手的策略，则更关注知识的过程性以及儿童的情感体验。由于学前儿童对待健康的认识、态度与行为往往不一致，使得学前儿童健康教育具有一定的复杂性。

2. 学前儿童健康教育具有群体性

社会心理学家勒温（K. Lewin）认为，不同的群体会对个体产生不同的影响；个体与群体之间常处于平衡状态，当这种平衡被破坏时，会引起个体的紧张，这种紧张的刺激会促使个体通过努力与群体取得新的平衡。任何个体都是生活在一定的群体中的，学前儿童也不例外。因此，实施集体教育的托幼机构是进行健康教育的有利场所，利用良好的学前儿童群体开展健康教育效果显著。就培养多种卫生行为习惯而言，应该对学前儿童集体进行健康教育，因为要想改变学前儿童个体的不良健康行为，与其针对某个孩子，不如从改变群体的行为习惯入手，这也正是针对学前儿童常有的心态——"大家都这样，我也要这样"采取的行之有效的教育对策。

3. 学前儿童健康教育具有长期性

健康教育的特点决定了健康教育的过程不是简单的过程，而是一种螺旋式的反复实践认识的过程。有些健康教育的内容，可能会在短期内就会取得效果，如不用脏手揉眼睛，但随着儿童认识的淡化或其他因素的影响（如有负面榜样的作用等），儿童往往又很快改变了已形成的健康行为。因此，不少健康教育的内容，往往需要重复安排多次，这种内容的安排和组织是一种螺旋式的上升和提高，而不是简单重复，后一阶段的健康教育是建立在前一阶段的基础之上的，但比前一阶段的水平有所提高。只有坚持开展学前儿童健康教育活动，健康教育的效果才能真正得到体现。

（二）学前儿童健康教育的原则

1. 科学性与实用性相结合的原则

科学性是指对儿童传授的卫生知识应该建立在科学的基础上，做到准确无误，不能似是而非。儿童健康教育的内容必须具备科学性，运用的材料不仅使儿童能够理解，而且应是正确的、可靠的。为了向儿童传授某些健康知识，教师常常对一些材料进行加工和改造，使儿童更容易理解和接受。但是必须保证内容的正确性，如果对材料过分夸大或缩小，甚至歪曲科学事实，就可能使儿童从小对健康知识产生错误或片面的理解。如"龋齿"是因为牙齿里有了"小虫子"，不仅违背了科学事实，也会造成儿童在健康知识上的概念混乱。又如有的教师说多吃香甜的食物会患蛔虫病，细菌是小虫子等，这些说法是错误的、不科学的。当然，更不能用封建迷信的内容来教育幼儿，如当幼儿问到天上为什么会下雨时，教师答是上帝在浇花等，这些都是在向幼儿传播不科学的知识。同时，要从实用的角度出发，结合不同年龄幼儿的身心发育特点，所处的季节、地区、生活条件等情况，有的放矢地进行教育。例如，在夏季要强调饮食卫生、少吃冷饮，进行消化道疾病预防教育；冬春季节应进行避免呼吸道感染和预防传染病的教育；在小班幼儿刚刚入园时，可进行爱幼儿园、爱老师的情感教育。

2. 渗透融合性原则

《纲要》明确要求："教育内容的组织应充分考虑幼儿的学习特点和认知规律，各领域的内容要有机联系，相互渗透，注重综合性、趣味性、活动性……"《幼儿园保育教育质量评估指南》中也指出："关注幼儿学习发展的整体性，注重健康、语言、社会、科学、艺术等领域有机整合。"

学前儿童教育内容包括健康教育、科学教育、社会教育、语言教育、艺术教育。这些领域的内容不是彼此孤立，而是有机联系、相互渗透的，要高质量地实现学前儿童健康教育的目标，必须坚持"五渗透"，即将健康教育的内容和任务渗透到正规的教学活动之中、渗透到各种游戏之中、渗透到一日生活活动中、渗透到物质和精神环境之中、渗透到家庭教育之中，做到事事、时时、处处皆教育。下面以"睡得好，身体棒"教育活动为例说明在健康教育活动中如何进行各领域之间的渗透。

案例

中班健康活动：睡得好，身体棒

活动目标

1. 使幼儿认识到睡眠的重要性，帮助幼儿养成良好的睡眠习惯，促进身体发育。

2. 通过实验培养幼儿大胆探索的精神。

活动准备

教学图片《睡得好，身体棒》，小老鼠道具若干只，纸盒若干。

活动过程

一、观看图片

鼓励幼儿把看到的东西讲给同伴听（自由参观）。

二、组织幼儿谈论图片的内容

帮助幼儿总结：人不吃饭不行，不睡觉也不行，小朋友每天晚上九点钟都要上床睡觉，要把衣服放整齐。早上七点钟起床，穿好衣服、刷牙、洗脸、上幼儿园，进行一天的活动，像图片上的小朋友一样，睡得好，有精神，才能学到很多知识。

三、分组讨论

1. 如何才能睡得好？

2. 如果睡不好觉，会出现什么情况呢？

3. 谈谈自己的睡眠情况。

四、小实验

小老鼠不睡觉会怎样？

五、欣赏《摇篮曲》。

活动延伸

让幼儿画《睡得好，身体棒》的图片，并把绘画作品贴在活动室墙壁上。

活动评析

以上案例在健康教育的内容中遵循了渗透性原则，将教育内容与音乐活动、美术活动相渗透，并且在环境中、生活中渗透睡眠的内容，使幼儿从多渠道、多途径认识到睡眠的重要性，很好地完成了教学目标。

学前儿童健康教育的价值和学前儿童成长的特点决定了幼儿园在进行任何领域的教育时都必须将维护和促进学前儿童的健康放在首位，所以健康教育应该与其他领域相互融合。譬如，在美术活动中应提醒幼儿坐姿端正、握笔正确、手眼保持一定距离等；在语言活动中，应注重发展幼儿的人际交往能力，使其"讲话礼貌""注意倾听""大胆清楚地表达"；在社会学习活动中，培养幼儿融洽的人际关系，使其"乐于与人交往""有同情心""培养其自尊心和自信心"；通过艺术活动，引导幼儿抒

发（发泄）内心的情感，促进健全人格的形成；通过科学活动，满足幼儿的好奇心，培养初步的环保意识。

3. 生活性原则

生活性原则是指健康教育的目标、内容应该是为了学前儿童生活，是源于生活，并从生活中学、生活中用、生活中发展的。

陈鹤琴先生认为："儿童离不开生活，生活离不开健康教育，生活是丰富多彩的，健康教育也要把握时机。"学前儿童健康教育的出发点和归宿是培养学前儿童的健康行为，即养成健康的生活方式。学前儿童健康教育的根本目的是提高学前期的生活乃至生命的质量，学前儿童健康教育的内容涉及学前儿童生活的全部范畴。因此，学前儿童健康教育是生活教育，应当在盥洗、进餐、清洁、睡眠、锻炼、游戏及日常生活中的每一环节渗透健康教育理念，实施健康教育策略。要充分认识到仅仅依靠传统意义上的健康教学活动（尽管这是不可或缺的教育形式）是无法真正达到学前儿童健康教育目标的。日常生活中的健康教育常常比传统意义上的"上课"来得更及时、灵活，可以收到立竿见影的效果。同时，日常生活中的健康教育可以使健康教育活动得以延伸，有利于巩固儿童的健康行为。比如：虽然教师已经专门组织过"不偏食""不挑食"的教育活动，但儿童只是认识上有了提高，至于态度的转变和行为的确立还有待于就餐时的检验，教师正好结合每日的"两餐一点"（或"三餐两点"）进行继续教育。健康教育与日常生活相结合，使儿童在日常生活中促进健康，在健康观念、健康情感及健康行为的指导下生活，能真正实现《纲要》所倡导的"寓教育于生活，在生活中进行教育"的精神。

4. 循序渐进性原则

由于健康教育具有长期性的特点，所以健康行为和习惯的培养可早自初生的婴儿期。开始年龄越早，越容易养成健康的行为和习惯，但是健康教育的内容和形式要不断进行更新与深化，应该根据学前儿童身心发展的规律连续地、渐进地进行，体现由浅入深、由易到难、由简单到复杂、循序渐进的原则。如对小班幼儿可以帮助他们体验与同伴共同游戏的乐趣；而中班幼儿可以讨论与同伴交往的策略，学习化解同伴间矛盾的方法；到了大班，则可以培养他们与同伴协商合作，共同解决困难的能力。

5. 家庭与社会、托幼机构教育相结合的原则

《纲要》中指出："幼儿园应与家庭、社区密切合作，与校区相互衔接，综合利用各种教育资源，共同为幼儿的发展创造良好的条件。"学前儿童健康教育可分为幼儿园健康教育、家庭健康教育、社会健康教育。幼儿园进行有计划、有目的、有组织的健康教育活动固然可以起到一定效果，但如果家庭和社会缺乏良好的、正确的健康教育，缺乏社会、家庭对幼儿园健康教育的配合和支持，就会明显影响学前儿童健康教育的效果。成功的健康教育应该包括家庭、幼儿园、社会三个方面的健康教育。只有充分发挥三者各自的积极作用，避免消极作用的影响，使三者一体化，才能产生综合协同的教育效果。

（1）家庭健康教育

家庭健康教育是非正规的，缺乏组织性、计划性、系统性，主要特点是通过长期、反复的实践活动，教育儿童养成一定的生活习惯、卫生习惯和品德行为习惯。这些习惯的养成明显受家长尤其是父母的影响。如父母喜欢吃肥肉，便经常买肥肉吃或要求儿童吃肥肉，儿童则从小就喜欢吃肥肉，吃肥肉成了他的饮食爱好。因此，在家庭中，要注重从小就培养儿童健康的行为习惯。同时，家庭应与幼儿园同步进行，配合幼儿园开展相应内容的健康教育。儿童进入托幼机构后，就开始接受学校健康教育，主要是良好饮食习惯和卫生习惯的培养、生活自理教育、体育、安全教育，还应培养关心集体、尊重他人等有益于身心健康的教育。但是在托幼机构养成的良好行为习惯在家庭中却会因为家长的溺爱而不能得以巩固和提高，甚至会出现消退的现象。例如，自己穿衣服、自己吃饭、整理玩具等在托幼机构中在老师的督促和指导下能很好地进行，但是在家庭中却由家长包办代替，这无疑对儿童的成长极为不利。家庭是儿童生活的主要场所，家长的言行举止对儿童具有潜移默化的影响。因此，在健康教育过程中，应注重家园共育。家长应与托幼机构加强联系、相互配合，使儿童从小形成良好的生活方式。

（2）幼儿园健康教育

幼儿园健康教育的特点是较少的情感投入和大部分的形式上的措施。幼儿园在考虑如何塑造学前儿童各种健康行为的同时，必须使学前儿童树立对自己行为负责的价值观。当幼儿园的各种价值观同家庭教育价值观一致时，两种社会化的效果得到加强，如果相反，则容易出现"文化冲突"现象，错误的或不同的家庭价值观将削弱幼儿园教育的效果。幼儿园健康教育除受家庭影响外，还受其他因素的影响，如对吸烟行为的研究已经很明显地证实父母的吸烟行为及对吸烟的态度对孩子是否进入吸烟者的行列有重大影响，但同伴团体的影响可能更有力；另如，幼儿园培养幼儿喝牛奶的行为除受父母的影响之外，还受牛奶公司、电视广告等的影响。

（3）社会健康教育

社会健康教育是除了家庭、幼儿园之外的教育机构或团体开展的健康教育。社会健康教育是一项涉及面广、影响因素多、工作量大的社会教育工作，除了幼儿园教育机构以外，还必须发动和依靠全社会的力量，包括各级专业健康教育机构、各级医疗卫生机构、各级宣传和卫生部门、各级卫生和娱乐部门、各级社会团体等。专业健康教育机构是向全社会实施健康教育的职能部门，各级医疗卫生机构实施健康教育具有其他部门和场合所不具备的优势，大众传播具有传播信息快、覆盖面大、权威性强等特点，利用电视、广播、报刊等大众传播工具开展健康教育会产生显著的教育效果，文化馆、俱乐部、儿童游乐场、影剧院等文化娱乐场所也是健康教育的宣传阵地，科协、红十字会、医学会、妇联、社区居委会等社会团体对儿童负有进行健康教育的责任和义务。

总之，家庭、幼儿园、社会在学前儿童健康教育中各自发挥着不同的作用。我们在组织幼儿园开展健康教育的同时，一定要注意与家庭和社会密切配合，发挥三者的积极作用，相互协调、相互补充，避免三者中不利因素的影响，使家庭、幼儿园、社会健康教育一体化，使健康教育产生协同效果。

6. 多种方法相配合的原则

学前儿童注意力容易分散，思维以具体形象为主，对学前儿童进行健康教育时应该考虑儿童的年龄特点，教育的内容与形式不宜单调、枯燥，要以生动、形象、直观的教育为主，注重培养儿童的兴趣和求知欲。健康教育的方法很多，不能单用任何一种方法使人的行为改变并产生持久的影响。因此，必须多种方法相互配合，才能起到良好的效果。比如某幼儿园运用实验法对两盆米兰分别作了缺氧和供氧的实验后，才使幼儿真正体会到不要蒙头睡觉以及与大人分床睡觉的重要性。

游戏是儿童最喜欢的活动，学前儿童的健康教育与其他年龄阶段的健康教育在途径和方法上的不同之处，部分地体现在学前儿童可以通过游戏活动实施健康教育。游戏是符合儿童身心发展要求的快乐而自主的实践活动，是对学前儿童进行教育的主要方式之一，也是健康教育的一种重要活动方式。在设计健康教育活动时，教师应该根据健康教育的目标和内容，结合儿童的思维特点和接受能力，设计出生动有趣、形式多样的健康教育活动，吸引儿童主动参与，使儿童在游戏中自然地学到健康教育知识，培养健康情感，逐步形成健康的行为习惯，如通过"猫抓老鼠"游戏，使儿童在游戏中学会正确地爬的动作。在儿童的健康教育中应将游戏作为一种重要的方法。只有多种方法配合使用，才能使学前儿童的健康教育卓有成效。

拓展阅读

幼儿健康行为培养初探 [1]（节选）

一、通过感知、讨论有关健康的知识，提高幼儿对健康的认知水平

提高幼儿对健康的认识水平不仅有利于他们形成对健康的积极态度，也有利于培养他们的健康行为。在我们的生活中有许多与幼儿健康教育相关的信息，教师要树立"生活即课程"的

---

① 刘珍艳．幼儿健康行为培养初探 [J]．学前教育研究，2006（7）：60.

观念，在日常生活中注意观察，善于运用周围环境中各种有教育意义、有价值的信息，通过有意识的引导，将与健康有关的信息纳入幼儿感知、关注的范围，在幼儿感知后鼓励幼儿运用自己已有的经验讨论、交流，并在这一过程中丰富自己的认知，提高对健康的认知水平。如在午餐后引导幼儿照镜子发现口腔中的食物残渣，通过观察讨论，了解漱口的意义。

二、通过实际操作练习，帮助幼儿获得健康的行为方式

从幼儿的身心发展特点来看，幼儿的操作练习不应是机械的、枯燥的，而应是有趣的、游戏化的。幼儿是活动的主体，在主动活动的过程中，发挥他们的主动性、积极性，将幼儿的兴趣与正确的规则相结合，才能有助于他们树立正确的健康观念，提高对健康的认识，形成正确的健康态度，进而转化为自觉的健康行为。在这一阶段，我们要注重幼儿主动的活动和他们对过程的体验，促使幼儿将知识经验同化到他们的认识结构中去，掌握健康的行为方式，并且在克服困难的同时产生新的认知动力。

三、通过有效的强化方式，巩固幼儿的健康行为

在选择强化方式时，应根据幼儿的年龄特征、兴趣爱好、个体差异做出选择。如年龄小的幼儿对物质强化的反应比对精神强化的反应更为强烈，那么教师就应当多选用物质的强化方式，奖励给幼儿喜爱的玩具、红花、五角星等。而年龄较大的幼儿更看重教师的肯定、同伴的赞许，那么就应多选择精神强化。还有一些强化可以用暗示、语言、动作来进行。如将正确的持筷动作画出来，贴在活动室内，以便幼儿随时对照检查。此外，教师还应对各种强化的方式以及幼儿的反应加以观察、评估，以便总结、归纳出能够有效巩固幼儿健康行为的强化方式。

总之，健康教育的内容是广泛而丰富的，培养幼儿健康行为的策略是多种多样的，幼儿也是不断成长的，在成长过程中会不断出现新问题。所以，教师要做有心人，多观察，多思考，在不断的探索过程中改进教育策略与教育方法。

▶▶ 思考与练习

一、单项选择题

1. 关于WHO对健康的定义，下列说法正确的是（　　　　）。
   A. 1947年，WHO将"健康"定义为：身体、心理和社会的健全状态
   B. 1948年，WHO将"健康"定义为：身体、心理和社会的健全状态
   C. 1947年，WHO将"健康"定义为：身体、心理和社会适应的健全状态
   D. 1948年，WHO将"健康"定义为：身体、心理和社会适应的健全状态

2. 健康不是泾渭分明的，而是不断变化的，这说明健康的特性是（　　　　）。
   A. 整体性　　　　　　　B. 动态性　　　　　　　C. 调适性　　　　　　　D. 可控性

3. 学前儿童健康教育能够引导儿童探究身体的奥秘，体现的价值是（　　　　）。
   A. 谋求儿童身体健康　　　　　　　B. 推进儿童认知发展
   C. 提高儿童思想水准　　　　　　　D. 促进儿童心理发展

4. 儿童的生活方式容易受到父母和同伴的影响，说明改变生活方式的主要因素是（　　　　）。
   A. 团体成员的相互影响
   B. 个体的动机与健康价值取向
   C. 环境品质与生活方式的相互依存
   D. 社会习俗与宗教信仰对生活方式的约束

5. 以下能够促进学前儿童健康的生活方式是（　　　　）。
   A. 少喝白开水　　　　　　B. 按时吃零食　　　　　　C. 关心环境卫生　　　　　　D. 控制情绪表达

6. 影响学前儿童健康的因素不包括（　　　　）。

    A. 环境因素 　　　　　　　　　　　　　B. 机体自身因素

    C. 生活方式 　　　　　　　　　　　　　D. 个体的主观能动性

7. 以下关于健康教育的描述不正确的是（　　　　）。

    A. 健康教育是教育活动 　　　　　　　　B. 健康教育需要社会行动

    C. 健康教育需要行政干预 　　　　　　　D. 健康教育工作者不需要了解健康的决定因素

8. 学前儿童健康教育的核心目标是（　　　　）。

    A. 形成健康的基本知识 　　　　　　　　B. 树立健康的态度和信念

    C. 培养健康的行为和习惯 　　　　　　　D. 提高对健康教育的认识

9. 下列选项中不属于学前儿童健康教育规律的是（　　　　）。

    A. 复杂性 　　　　　B. 群体性 　　　　　C. 长期性 　　　　　D. 实效性

10. 健康教育的目标、内容应该是为了学前儿童生活，是源于生活，从生活中学、生活中用、生活中去发展的。这遵循了健康教育的（　　　　）。

    A. 实用性原则 　　　　　　　　　　　　B. 循序渐进性原则

    C. 生活性原则 　　　　　　　　　　　　D. 渗透性原则

二、简答题

1. 简述健康的概念和特性。

2. 简述学前儿童健康教育的重要意义。

3. 简述学前儿童健康教育的任务。

三、实践实训题

1. 从某一幼儿园中随机抽取大、中、小班幼儿各10名，测量其体格发育情况，分析他们的健康状况是否符合该年龄段幼儿生长发育水平。

2. 搜集资料，了解哪些生活方式有利于学前儿童的健康发展。

3. 调查一所幼儿园，访谈园长对学前儿童健康教育的认识及该园开展健康教育的具体做法。

▶▶ 聚焦考证

1. （单项选择题）根据《幼儿园工作规程》，下列说法不正确的是（　　　　）。（2017年上半年幼儿园教师资格考试《综合素质》真题）

    A. 健康检查不合格的幼儿，可以拒绝其入园

    B. 幼儿一日活动组织应动静交替，应以动为主

    C. 幼儿园的每日户外体育活动不得少于1小时

    D. 幼儿园可按照年龄分别编班，也可混合编班

2. （单项选择题）《幼儿园工作规程》规定，新生入园时，幼儿园要进行（　　　　）。（2021年上半年幼儿园教师资格考试《保教知识与能力》真题）

    A. 幼儿知识与能力测评 　　　　　　　　B. 幼儿智力测查

    C. 幼儿家长测评 　　　　　　　　　　　D. 幼儿健康检查

3. （单项选择题）根据《托儿所幼儿园卫生保健工作规范》规定，3～6岁儿童平均每年健康检查的次数是（　　　　）。（2022年上半年幼儿园教师资格考试《保教知识与能力》真题）

    A. 1次 　　　　　B. 2次 　　　　　C. 3次 　　　　　D. 4次

第二章
学前儿童健康教育的目标和内容

PPT 教学课件

学习目标

1. 掌握学前儿童健康教育的总目标和内容，了解目标制定及内容选择的依据。
2. 能较为准确地制定健康领域教育活动设计的目标，并据此选择较为合适的教育内容。
3. 正确认识学前儿童健康教育的目标与内容，树立正确的教育理念。

内容导航

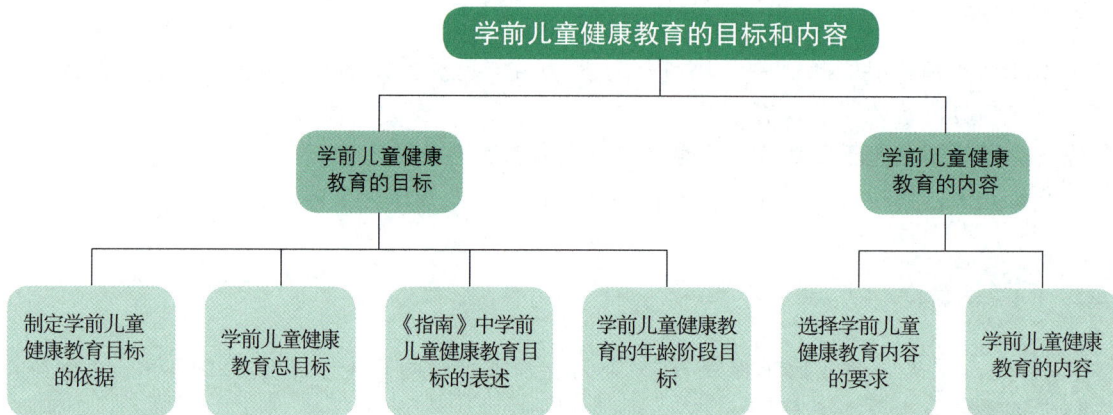

案例思考

　　目标作为幼儿园健康教育活动设计与组织的出发点，时常令一线教师苦恼。根据对一些教师的调查发现，在对健康教育活动目标设计时有的教师是直接照搬教师参考书，有的是抄《3—6岁儿童学习与发展指南》中类似的目标，还有的是把活动过程拆分成段，然后再将其修改成目标。平时组织教学活动的时候，大多数教师对目标的制定是比较随意的，没有那么多思考，只有在公开课的时候会仔细琢磨一下，因此经常被批评。

　　思考： 那么如何设计健康教育活动的目标呢？目标的分类有哪些呢？

　　教育目标反映了一定社会对受教育者的要求，是教育活动的具体努力方向。学前儿童健康教育的目标，实质上是对儿童在家庭、幼儿园的教育、活动期间，在身体素质、自我保健能力等方面应达到的水平的预想，是对学前儿童在健康教育中应获得的发展效益的规定。教育目标在健康教育活动中具有定向、激励和调控的作用，它是建构教育内容、选择教育方法和制定评价内容与标准的基本依据。它不仅是教师工作的依据，而且是学前儿童、保健医生和家长共同谋求的效益。

第一节　学前儿童健康教育的目标

学前儿童健康教育是人一生健康教育的基础。在社会日益发展的今天，保护和促进儿童的生命和健康，应该是家长和教育工作者的首要任务，家长和教师应该明确学前儿童健康教育的目标，从而创设良好的教育环境、确定教育内容、选择教育方法与组织形式，促进学前儿童健康发展。

一、制定学前儿童健康教育目标的依据

（一）儿童需要及儿童身心发展的规律

学前儿童的需要有多种形式和层次，包括现实的需要和未来的需要，意识到的需要和未意识到的需要，还有健康领域要着重考虑的发展身体的需要、维护和增进健康的需要、发展自我保健能力的需要，也包括各个活动领域共同要考虑的发展认知能力、模仿、创新、竞赛、学习、交往、审美、表现意识与能力以及发展自我意识的需要等。

儿童身体、心理和各种能力的发展规律，以及年龄特点和现有的发展水平，是确定学前儿童健康教育目标的根本依据，只有充分把握学前儿童身心发展的现状及发展趋势，才能切实促进学前儿童的身心健康。因此，学前儿童健康教育的目标首先依赖于学前儿童群体发展的一般规律，只有立足于学前儿童健康发展的适宜的目标才有实践与实现的可能。

与此同时，同一年龄阶段的学前儿童，其身心发展存在着一定的差异，身心发展状况很可能是不一致的，即使是同一儿童，其不同时期的生长发育速度也是不一致的，学前儿童健康教育目标的制定者必须进行深入的学前儿童健康教育理论与实践研究。

（二）社会发展的需要

教育目的就其本质来说，是要培养社会所需要的人才，具有社会属性。学前教育作为其中的开端环节，在教育目标上也要考虑社会发展的需求。一方面儿童是生活在现实社会中的，是在现实社会中成长的，需要适应现实社会。另一方面，儿童又是未来社会的创造者，要在身心素质上为创造未来社会做好准备。因此，现实和未来社会对人才素质的要求，应该是确定学前儿童健康教育目标的重要依据。

（三）学前教育和健康教育的总目标

学前儿童健康教育的对象是学前儿童，学前儿童健康教育又是健康教育的基础，因此学前儿童健康教育的目标必须既遵循学前教育的总目标，又遵循健康教育的总目标。

2016年3月1日起开始施行的教育部颁布的《幼儿园工作规程》（以下简称《规程》，也称"新《规程》"）第五条规定了我国幼儿园保育和教育的目标，《纲要》也从五个方面具体化了我国幼儿园教育目标，其中包含了幼儿园健康教育的目标。

《"健康中国2030"规划纲要》中提出："建立健全健康促进与教育体系，提高健康教育服务能力，从小抓起，普及健康科学知识。加强精神文化建设，发展健康文化，移风易俗，培育良好的生活习惯。""将健康教育纳入国民教育体系，把健康教育作为所有教育阶段素质教育的重要内容。""构建相关学科教学与教育活动相结合、课堂教育与课外实践相结合、经常性宣传教育与集中式宣传教育相结合的健康教育模式。"

学前教育的目标和健康教育的总目标是制定学前儿童健康教育目标的最直接的依据，学前儿童健康教育的目标应有助于学前教育和健康教育的总目标的整体实现，学前儿童健康教育也可以说是学前教育和健康教育的具体内容。

（四）健康教育价值观

健康教育价值观是人们基于对健康教育的认识而形成的心理倾向，它是确定健康教育目标、选择健康教育内容和制定评价标准的依据。现代教育目标理论明确提出："教育价值观决定了对教育目的和内容的选择。"17世纪英国伟大的哲学家和启蒙思想家约翰·洛克（J. Locke）认为："人生幸福有一个简短而充分的描述：健全的心智寓于健全的身体。凡身体和心智都健全的人就不必再有什么别的奢望了；身体或心智如果有一方面不健全，那么即使得到了种种别的东西也是枉然。"健康既是学前儿童身心和谐发展的结果，又是学前儿童身心充分发展的前提；健康是学前儿童的幸福之源，离开健康，学前儿童就不可能尽情游戏，也不可能专心学习，甚至无法正常生活；学前儿童时期的健康不仅能提高儿童时期的生命质量，而且为一生的健康赢得了时间。学前儿童健康也是人类生命质量得以提高的基石，学前儿童健康水平的提高体现了人类社会的进步。

（五）教育实施机构的师资和教育条件

教育目标需要教育者来实现。教育者的专业素质、教育态度和教育工作质量都是实现目标的基本保证。《纲要》对教师的角色定位有明确的表述："教师应成为幼儿学习活动中的支持者、合作者、引导者。"因此，教育者的理论素养和专业技能水平的高低、敬业精神、在工作中的付出程度等，大大影响教育目标的实现。同时，家庭、托幼机构的环境创设得当与否，教学设备的多少，教学材料的投放是否合理，都是实现教育目标的物质条件。

二、学前儿童健康教育总目标

微课

学前儿童健康教育总目标

2001年7月颁布的《纲要》，标志着我国幼儿教育的发展进入了一个新的历史时期。《纲要》明确要求："幼儿园必须把保护幼儿的生命和促进幼儿的健康放在工作的首位。"这一提法具有深刻的理论依据和深刻的实践意义。促进儿童身心健康发展既是学前儿童教育的根本目的，也是学前儿童健康教育的终极目标，《纲要》由此提出四条总目标：① 身体健康，在集体生活中情绪安定、愉快；② 生活、卫生习惯良好，有基本的生活自理能力；③ 知道必要的安全保健常识，学习保护自己；④ 喜欢参加体育活动，动作协调、灵活。

上述目标表明了以下的价值取向。

第一，身心和谐发展。学前儿童健康应包括身体健康和心理健康两个主要方面，儿童的身体健康以发育健全、具备基本的生活自理能力为特征，儿童的心理健康以情绪愉快、适应集体生活为主要特征。由于学前儿童的身体健康与心理健康是密不可分的两个方面，因此有的目标如"生活、卫生习惯良好"既针对日常生活中的盥洗、排泄等生理意义的卫生习惯，也针对吮吸手指等心理意义上的问题行为，只有身心和谐发展才能真正既保证身体的健康又保证心理的健康。

第二，保护与锻炼并重。目标既重视通过掌握必要的保健知识提高保护自身的能力，又强调通过体育活动提高身体素质。其中了解必要的安全保健知识并提高相应技能是保健教育的主要目标，培养对体育活动的兴趣、增强动作的协调性和灵活性是体育的主要目标。

第三，注重健康行为的形成。对于健康心理学家以及健康教育工作者而言，最大的挑战莫过于如何鼓励、说服甚至迫使人们养成对健康有益的行为习惯。因此，虽然提高学前儿童的健康认识、改善儿童的健康态度、培养儿童的健康行为都是学前儿童健康教育的目标，但儿童健康行为的养成被视为学前儿童健康教育的核心目标，探讨学前儿童健康行为建立、改变和巩固的一般规律是学前儿童健康教育研究的重点。

三、《指南》中学前儿童健康教育目标的表述

《3—6岁儿童学习与发展指南》（以下简称《指南》）是为深入贯彻《国家中长期教育改革和发展规划纲要（2010—2020年）》和《国务院关于当前发展学前教育的若干意见》（国发〔2010〕41号），指导幼儿园和家庭实施科学的保育和教育，促进学前儿童身心全面和谐发展而制定的。

《指南》以为学前儿童后继学习和终身发展奠定良好素质基础为目标，以促进学前儿童体、智、德、美各方面的协调发展为核心，通过提出3～6岁各年龄段儿童学习与发展目标和相应的教育建议，帮助幼儿园教师和家长了解3～6岁儿童学习与发展的基本规律和特点，建立对学前儿童发展的合理期望，实施科学的保育和教育，让儿童度过快乐而有意义的童年。

《指南》中关于健康领域按照幼儿学习与发展最基本、最重要的内容划分为若干方面。每个方面由学习与发展目标和教育建议两部分组成。目标部分分别对3～4岁、4～5岁、5～6岁三个年龄段末期儿童应该知道什么，能做什么，大致可以达到什么发展水平提出了合理期望，指明了学前儿童学习与发展的具体方向。

《指南》中健康领域从身心状况、动作发展、生活习惯与生活能力三个维度提出的具体目标可见表2-1至表2-9。

（一）身心状况

表2-1　目标1　具有健康的体态

3～4岁	4～5岁	5～6岁
1. 身高和体重适宜。参考标准： 男孩： 身高：94.9～111.7厘米 体重：12.7～21.2公斤 女孩： 身高：94.1～111.3厘米 体重：12.3～21.5公斤 2. 在提醒下能自然坐直、站直	1. 身高和体重适宜。参考标准： 男孩： 身高：100.7～119.2厘米 体重：14.1～24.2公斤 女孩： 身高：99.9～118.9厘米 体重：13.7～24.9公斤 2. 在提醒下能保持正确的站、坐和行走姿势	1. 身高和体重适宜。参考标准： 男孩： 身高：106.1～125.8厘米 体重：15.9～27.1公斤 女孩： 身高：104.9～125.4厘米 体重：15.3～27.8公斤 2. 经常保持正确的站、坐和行走姿势

表2-2　目标2　情绪安定愉快

3～4岁	4～5岁	5～6岁
1. 情绪比较稳定，很少因一点小事哭闹不止 2. 有比较强烈的情绪反应时，能在成人的安抚下逐渐平静下来	1. 经常保持愉快的情绪，不高兴时能较快缓解 2. 有比较强烈情绪反应时，能在成人提醒下逐渐平静下来 3. 愿意把自己的情绪告诉亲近的人，一起分享快乐或求得安慰	1. 经常保持愉快的情绪。知道引起自己某种情绪的原因，并努力缓解 2. 表达情绪的方式比较适度，不乱发脾气 3. 能随着活动的需要转换情绪和注意

表2-3　目标3 具有一定的适应能力

3～4岁	4～5岁	5～6岁
1. 能在较热或较冷的户外环境中活动 2. 换新环境时情绪能较快稳定，睡眠、饮食基本正常 3. 在帮助下能较快适应集体生活	1. 能在较热或较冷的户外环境中连续活动半小时左右 2. 换新环境时较少出现身体不适 3. 能较快适应人际环境中发生的变化。如换了新老师能较快适应	1. 能在较热或较冷的户外环境中连续活动半小时以上 2. 天气变化时较少感冒，能适应车、船等交通工具造成的轻微颠簸 3. 能较快融入新的人际关系环境。如换了新的幼儿园或班级能较快适应

（二）动作发展

表2-4　目标1 具有一定的平衡能力，动作协调、灵敏

3～4岁	4～5岁	5～6岁
1. 能沿地面直线或在较窄的低矮物体上走一段距离 2. 能双脚灵活交替上下楼梯 3. 能身体平稳地双脚连续向前跳 4. 分散跑时能躲避他人的碰撞 5. 能双手向上抛球	1. 能在较窄的低矮物体上平稳地走一段距离 2. 能以匍匐、膝盖悬空等多种方式钻爬 3. 能助跑跨跳过一定距离，或助跑跨跳过一定高度的物体 4. 能与他人玩追逐、躲闪跑的游戏 5. 能连续自抛自接球	1. 能在斜坡、荡桥和有一定间隔的物体上较平稳地行走 2. 能以手脚并用的方式安全地爬攀登架、网等 3. 能连续跳绳 4. 能躲避他人滚过来的球或扔过来的沙包 5. 能连续拍球

表2-5　目标2 具有一定的力量和耐力

3～4岁	4～5岁	5～6岁
1. 能双手抓杠悬空吊起10秒左右 2. 能单手将沙包向前投掷2米左右 3. 能单脚连续向前跳2米左右 4. 能快跑15米左右 5. 能行走1公里左右（途中可适当停歇）	1. 能双手抓杠悬空吊起15秒左右 2. 能单手将沙包向前投掷4米左右 3. 能单脚连续向前跳5米左右 4. 能快跑20米左右 5. 能连续行走1.5公里左右（途中可适当停歇）	1. 能双手抓杠悬空吊起20秒左右 2. 能单手将沙包向前投掷5米左右 3. 能单脚连续向前跳8米左右 4. 能快跑25米左右 5. 能连续行走1.5公里以上（途中可适当停歇）

表2-6　目标3 手的动作灵活协调

3～4岁	4～5岁	5～6岁
1. 能用笔涂涂画画 2. 能熟练地用勺子吃饭 3. 能用剪刀沿直线剪，边线基本吻合	1. 能沿边线较直地画出简单图形，或能边线基本对齐地折纸 2. 会用筷子吃饭 3. 能沿轮廓线剪出由直线构成的简单图形，边线吻合	1. 能根据需要画出图形，线条基本平滑 2. 能熟练使用筷子 3. 能沿轮廓线剪出由曲线构成的简单图形，边线吻合且平滑 4. 能使用简单的劳动工具或用具

（三）生活习惯与生活能力

表2-7　目标1 具有良好的生活与卫生习惯

3～4岁	4～5岁	5～6岁
1. 在提醒下，按时睡觉和起床，并能坚持午睡 2. 喜欢参加体育活动 3. 在引导下，不偏食、挑食。喜欢吃瓜果、蔬菜等新鲜食品 4. 愿意饮用白开水，不贪喝饮料 5. 不用脏手揉眼睛，连续看电视等不超过15分钟 6. 在提醒下，每天早晚刷牙、饭前便后洗手	1. 每天按时睡觉和起床，并能坚持午睡 2. 喜欢参加体育活动 3. 不偏食、挑食，不暴饮暴食。喜欢吃瓜果、蔬菜等新鲜食品 4. 常喝白开水，不贪喝饮料 5. 知道保护眼睛，不在光线过强或过暗的地方看书，连续看电视等不超过20分钟 6. 每天早晚刷牙、饭前便后洗手，方法基本正确	1. 养成每天按时睡觉和起床的习惯 2. 能主动参加体育活动 3. 吃东西时细嚼慢咽 4. 主动饮用白开水，不贪喝饮料 5. 主动保护眼睛。不在光线过强或过暗的地方看书，连续看电视等不超过30分钟 6. 每天早晚主动刷牙，饭前便后主动洗手，方法正确

表2-8　目标2 具有基本的生活自理能力

3～4岁	4～5岁	5～6岁
1. 在帮助下能穿脱衣服或鞋袜 2. 能将玩具和图书放回原处	1. 能自己穿脱衣服、鞋袜、扣纽扣 2. 能整理自己的物品	1. 能知道根据冷热增减衣服 2. 会自己系鞋带 3. 能按类别整理好自己的物品

表2-9　目标3 具备基本的安全知识和自我保护能力

3～4岁	4～5岁	5～6岁
1. 不吃陌生人给的东西，不跟陌生人走 2. 在提醒下能注意安全，不做危险的事 3. 在公共场所走失时，能向警察或有关人员说出自己和家长的名字、电话号码等简单信息	1. 知道在公共场合不远离成人的视线单独活动 2. 认识常见的安全标志，能遵守安全规则 3. 运动时能主动躲避危险 4. 知道简单的求助方式	1. 未经大人允许不给陌生人开门 2. 能自觉遵守基本的安全规则和交通规则 3. 运动时能注意安全，不给他人造成危险 4. 知道一些基本的防灾知识

四、学前儿童健康教育的年龄阶段目标

学前儿童健康教育的年龄阶段目标是以小、中、大各年龄班儿童的身心发展特征为依据而确定的健康教育活动目标。各年龄班健康教育活动的目标既有区别又有联系，由简单到复杂，由易到难，呈螺旋式上升趋势，低年龄段目标的实现是高年龄段目标实现的基础，高年龄段目标是低年龄段目标的延伸和发展。在教育实践中，还应该能够根据儿童的发展水平随时加以调整。在制定不同类别不同年龄学前儿童健康教育活动目标时，应该从知识、信念和态度、行为习惯和技能三方面进行系统建构。下面以"幼儿园营养教育活动目标"的构建为例，说明不同健康教育内容，针对小、中、大班不同年龄的学前儿童，在知识、信念和态度、行为习惯和技能等方面的健康教育活动目标的结构构建（见表2-10）。

表2-10　不同年龄的学前儿童营养教育活动目标

年龄班	知识方面	信念和态度方面	习惯和技能方面
小班	1. 认识几种食物名称 2. 知道不干净的食物不能吃 3. 懂得饭前要洗手，饭后要漱口、擦嘴、洗脸	1. 在成人帮助下爱吃几种食物，主动饮水 2. 进餐时能不哭闹，愉快进餐 3. 愿意和主动饭前便后洗手	1. 初步养成安静进餐、吃饭时不随意走动的习惯 2. 在老师的帮助下，将饭菜吃干净 3. 不用手抓饭，不乱扔食物 4. 学会用勺吃饭 5. 初步养成饭前洗手，饭后漱口、洗脸的习惯 6. 肥胖儿或消瘦儿要适当控制或增加饭量
中班	1. 认识各类常见食物，包括奶类、谷类、蛋类、鱼肉类、蔬菜水果类、豆类及其制品、调味品，结合品尝经验，知道其名称及作用 2. 了解吃多种食物有利于健康 3. 好吃的食物不宜多吃，少吃冷饮多喝水有利于健康 4. 认识消化器官"胃"的名称和作用	1. 能轻松愉快进餐 2. 爱吃多种食物 3. 喜欢与同伴进餐 4. 肥胖儿、消瘦儿有控制饭量的意识	1. 养成安静进餐、不吃汤泡饭、细嚼慢咽、不偏食、吃饭专心、不随意走动的习惯 2. 不剩饭菜，不浪费粮食，学会自己收拾餐具和食物残渣 3. 饭前洗手，饭后刷牙、洗脸 4. 按时吃完饭菜，饭前饭后不进行剧烈运动 5. 在老师的督促下肥胖儿或消瘦儿要控制或增加饭量 6. 能熟练用勺吃饭，并学习用筷子吃饭
大班	1. 初步了解不同的食物含有不同的营养素，健康需要多种营养素 2. 偏食、挑食、过食和暴饮暴食都是不良的饮食习惯，影响健康 3. 懂得少吃零食多喝水的好处 4. 能初步分辨食物的好坏，懂得腐烂变质的食物不能吃，知道有的食物不能多吃 5. 懂得进餐时应愉快安静，饭前饭后剧烈运动影响健康，容易发生胃病 6. 懂得肥胖、消瘦都属于营养不良	1. 进餐时主动保持愉快和安静 2. 有意识克服偏食、挑食、过食等饮食习惯，喜欢吃各种食物 3. 感觉到集体进餐的愉悦，并愿意为同伴服务	1. 巩固和保持良好的行为习惯 2. 遵守进餐时的纪律和要求 3. 能主动收拾食物残渣、食具，摆放好桌椅 4. 认真做好值日生工作 5. 主动做好饭后刷牙、洗脸，饭前饭后不做剧烈运动 6. 掌握正确使用筷子吃饭的技能 7. 肥胖儿或消瘦儿能较自觉地在老师的要求下，控制或增加饭量

　　各个教育活动的目标是这三个层面目标的具体化，应具有可操作性。在设计教育活动时，应首先考虑制定出明确、适宜的活动目标，结合本班学前儿童的年龄特点、发展水平，预估是否能够达到上述目标。有些教育活动的内容比较丰富，所设计的活动应该呈系列化，分别在小、中、大班进行，准确地把握各年龄段的主要目标，做到各个系列活动之间既有联系又有区别，最终实现教育的终极目标。例如对于"认识人体"的有关内容，制定目标时可这样定位：小班能够认识人体某器官或某部位，知道其名称和最基本的保护要点；中班能够了解某器官或某部位的主要功能，知道为什么要保护它的道理；大班能够初步了解某器官或某部位的结构，知道如何保护、如何预防相应的常见疾病或伤害性事故的发生。

附：教育活动设计示例

小班健康活动：高高兴兴来吃饭

活动目标

1. 培养幼儿乐意在幼儿园就餐的习惯。

2. 让幼儿初步懂得进餐时情绪愉快对健康有益。

活动分析

这一活动安排在小班幼儿刚入园之际，对许多情绪波动大的幼儿有较强的针对性。对于教师来说，安抚幼儿的情绪是极其重要的，否则无法进行任何教育活动。实践中发现，有些教师将本活动目标定位在"培养幼儿良好的饮食习惯"上，那样就没有能够抓住刚入园儿童的特点和本次活动的要点。

小班健康活动：自己吃饭真能干

活动目标

1. 教幼儿正确使用小勺。

2. 培养幼儿良好的饮食习惯，使幼儿进餐时能基本做到：坐姿正确；右手拿勺，左手扶碗；细嚼慢咽，及时吃完；保持桌面干净，不大声说笑。

活动分析

这一活动安排在幼儿小班下学期开展，在幼儿对幼儿园进餐环境适应之后，情绪基本稳定的情况下，再培养幼儿良好的进餐习惯。要求幼儿做到坐姿正确；右手拿勺，左手扶碗；细嚼慢咽，及时吃完；保持桌面干净，不大声说笑。这样的目标设计符合小班下学期幼儿的年龄特点。

大班健康活动：牛牛换牙

活动目标

1. 让儿童知道换牙是一种正常的生理现象，不必担心害怕。

2. 让儿童了解换牙时应注意卫生，并学会保护新长出来的牙齿。

活动分析

"牛牛换牙"与小班的"白白的牙齿"及中班的"小熊学刷牙"构成有关牙齿的系列活动。设计目标时，应注意区分出不同的层次，以适应不同年龄段学前儿童的特点。在设计"牛牛换牙"这一活动时，就不应将"认识牙齿""坚持早晚刷牙"等作为目标，否则就与小、中班的活动目标混为一谈，也使本次活动重点不突出；也不应当将"知道怎样长出新牙"作为活动目标，否则会使教育内容难度过大，最终也不可能很好地实现目标。有些内容作为目标提出来不合适，但并不等于教育过程中也不涉及。"知道怎样长出新牙"在教育过程中是肯定要向儿童解释清楚的，但只是为了让儿童能有所了解，并不要求掌握。换句话说，一定要求儿童掌握的，又具有本次活动特色的，最好在目标中提出来。

在学前儿童健康教育实践中，我们应该把握好三个层面目标的内涵及相互关系，并根据目标来创设教育情境，确定教育内容，选择教育方法，从而促进学前儿童健康成长。

拓展阅读 1

根据近年的研究，幼儿园健康教育的年龄阶段目标可具体表述如下。[1]

1. 小班

（1）了解盥洗的顺序，初步掌握洗手、刷牙的基本方法；学习穿、脱衣服；会使用手帕或纸巾；坐、站、行、睡的姿势正确；能及时排便；有良好的作息习惯。

（2）进餐时保持愉快的情绪，愿意独立进餐；认识最常见的食物，爱吃各种食物，主动饮水。

---

① 顾荣芳.学前儿童健康教育论［M］.南京：江苏教育出版社，2009：163-164.

（3）了解身体的外形结构，认识并学习保护五官；能积极配合疾病预防与治疗。

（4）知道过马路、乘坐交通工具、玩大型运动器械时要注意安全，了解日常生活中的安全常识。

（5）知道自己的性别。

（6）喜欢并愿意参加体育活动；能自然地走、跑、跳、爬、投掷；学习听口令和信号做出相应动作；玩滑梯、攀登架、转椅等大型体育活动器械时能注意安全；能合作收拾小型体育器材。

2．中班

（1）初步学会穿、脱衣服，整理衣服；学习整理活动用具，能保持玩具清洁；有初步的生活自理能力。

（2）结合品尝经验，进一步认识各类常见食物，爱吃各类食物的同时，懂得要科学合理地进食，逐步形成良好的饮食习惯。

（3）进一步认识身体的主要器官，逐步形成接受疾病预防与治疗的积极态度和行为；在成人帮助下学习处理常见外伤的最简单的方法，知道快乐有益于健康。

（4）认识有关安全标志，能够在成人提醒下遵守交通规则；不接触危险物品；遇到危险时能告诉成人，有初步的自我保护意识。

（5）愿与父母分床而眠。

（6）喜欢并较积极地参加体育活动；能听信号按节奏协调地走和跑；按要求跳、投掷、抛接，能左右手拍球；能随音乐节奏做徒手操和轻器械操；能注意活动中的安全与合作，爱护公物，能及时收拾小型体育器材。

3．大班

（1）保持个人卫生，关心周围环境的卫生；进一步提高独立生活能力，初步形成良好的学习习惯。

（2）初步理解不同的食物有不同的营养，身体需要各种营养；会使用筷子；进一步养成独立进餐的习惯。

（3）进一步认识身体的主要器官及其重要功能，并懂得简单的保护方法；了解有关预防龋齿及换牙的知识；注意用眼卫生。

（4）获得应对意外事故（如火灾、雷击、地震、台风等）的常识，具有粗浅的求生技能。

（5）知道男女厕所，初步理解性别角色。

（6）喜欢锻炼身体并感到体育活动的有趣；能轻松自如地走、跑、跳、攀登、滚翻；会肩上挥臂投掷轻物并投准目标，能抛接高球；能熟练地听各种口令和信号并做出相应的动作；能随音乐节奏有精神地做徒手操和轻器械操，动作有力、到位；能注意安全，自觉遵守体育活动的规则，合作谦让；能体验到克服困难取得胜利的愉悦；能独立收拾各种小型体育器材。

拓展阅读2

学前儿童健康教育目标分析 [①]

（一）我国学前教育总目标的发展及对幼儿园健康教育目标的相应规定

1. 20世纪50年代初的学前教育目标

（1）培养幼儿基本的卫生习惯，注意其营养，锻炼其体格，保障幼儿身体的正常发育和健康。

---

① 顾荣芳.学前儿童健康教育论［M］.南京：江苏教育出版社，2009：158-161.

（2）培养幼儿准确运用感官和语言的基本能力，增进其对于环境的认识，以发展幼儿的智力。

（3）培养幼儿爱国思想、国民公德和诚实、勇敢、团结、友爱、守纪律、有礼貌等优良品质和习惯。

（4）培养幼儿爱美的观念和兴趣，增强其想象力和创造力。

2. 20世纪80年代初的学前教育目标

（1）保证幼儿必需的营养，做好卫生保健工作，培养幼儿良好的生活卫生习惯和独立生活的能力，发展他们的基本动作，培养幼儿对体育活动的兴趣，提高机体的功能，增强体质，以保护和促进幼儿健康。

（2）教给幼儿周围生活中粗浅的知识和技能，注意发展幼儿的注意力、观察力、记忆力、思维力、想象力以及语言的表达力，培养他们对学习的兴趣、求知的欲望和良好的学习习惯。

（3）向幼儿进行初步的"五爱"教育（爱祖国、爱人民、爱劳动、爱科学、爱护公共财物），培养他们团结、友爱、诚实、勇敢、克服困难、有礼貌、守纪律等优良品德、文明行为和活泼开朗的性格。

（4）教给幼儿音乐、舞蹈、美术、文学等方面的粗浅知识和技能，培养幼儿对它们的兴趣，初步发展他们对周围生活、大自然、文学艺术中美的感受力、表现力、创造力等。

3. 20世纪90年代中期的学前教育目标

（1）促进幼儿身体正常发育和机能的协调发展，增强体质，培养良好的生活习惯、卫生习惯和参加体育活动的兴趣。

（2）发展幼儿智力，培养正确运用感官和运用语言交往的基本能力，增进对环境的认识，培养有益的兴趣和求知欲望，培养初步的动手能力。

（3）萌发幼儿爱家乡、爱祖国、爱集体、爱劳动、爱科学的情感，培养诚实、自信、好问、友爱、勇敢、爱惜公物、克服困难、讲礼貌、守纪律等良好的品德行为和习惯，以及活泼、开朗的性格。

（4）萌发幼儿初步感受美和表现美的情趣和能力。

4. 21世纪初的学前教育目标——《幼儿园教育指导纲要（试行）》领域目标

（1）健康

① 身体健康，在集体生活中情绪安定、愉快；

② 生活卫生习惯良好，有基本的生活自理能力；

③ 知道必要的安全保健常识，学习保护自己；

④ 喜欢参加体育活动，动作协调、灵活。

（2）语言

① 乐意与人交谈，讲话礼貌；

② 注意倾听对方讲话，能理解日常用语；

③ 能清楚地说出自己想说的事；

④ 喜欢听故事、看图书，能听懂和会说普通话。

（3）社会

① 能主动地参与各项活动，有自信心；

② 乐意与人交往，学习互助、合作和分享；

③ 理解并遵守日常生活中基本的社会行为规则；

④ 能努力做好力所能及的事，不怕困难，有初步的责任感；

⑤ 爱父母长辈、老师和同伴，爱集体、爱家乡、爱祖国。

（4）科学

① 对周围的事物、现象感兴趣，有好奇心和求知欲；

②能运用各种感官，动手动脑，探究问题；

③能用适当的方式表达、交流探索的过程和结果；

④能从生活和游戏中感受事物的数量关系并体验到数学的重要；

⑤爱护动植物，关心周围环境，亲近大自然，珍惜自然资源，有初步的环保意识。

（5）艺术

①能初步感受并喜爱环境、生活和艺术中的美；

②喜欢参加艺术活动，并能大胆地表现自己的情感和体验；

③能用自己喜欢的方式进行艺术表现活动。

（二）我国主要历史时期的学前教育目标的基本特点

从内容的完整性来看，各个时期的教育目标都能兼顾学前儿童发展的多个方面，都十分重视学前儿童的身体发展，对心理发展也相当重视，只是不同时期的具体要求不完全一样，使不同时期的教育目标有着较为明显的时代烙印，反映了教育者教育价值观的变化。20世纪50年代初的学前教育，特别重视学前儿童道德品质的培养，将"爱国思想、国民公德和诚实、守纪律、有礼貌"等优良品质作为学前教育培养的目标。20世纪80年代初的学前教育目标更加重视学前儿童的智力发展，强调培养学前儿童的学习兴趣、求知欲望和学习习惯。20世纪90年代中期的学前教育在重视学前儿童智力开发的同时，也重视学前儿童的非智力因素的培养，其中对学前儿童良好个性的重视也意味着对学前儿童心理健康的重视。21世纪初的《幼儿园教育指导纲要（试行）》既符合《幼儿园工作规程》的精神，又有所具体化、有所发展，强调开放教育、终身教育、生态教育、创新教育等教育理念，强调成人对儿童的尊重、儿童与成人的平等以及儿童潜能的发挥。

拓展阅读3

幼儿园健康教育活动的目标 [①]

总目标和年龄阶段目标都必须转化为一个个具体活动的目标，才能落实到学前儿童的发展中，真正得到实现。从理论上讲，若干个活动目标的积累，便构成了年龄阶段目标和终极目标。每一个具体的教育活动在实施前一般都有确定的目标，即使是生成性的活动，教师心中也要有设想好的目标，尽管活动过程中有经验的教师会根据学前儿童的反应随时调整目标。教育活动目标在内容上一般包含认知、情感态度和能力三个方面，但并不意味着每一个活动都需要在上述三个方面确定目标，因为不同活动对学前儿童发展的意义是不完全一样的。

（一）幼儿园健康教育活动目标的三种表述方式

幼儿园健康教育活动的目标需要通过一定的表述方式加以展示，一般而言有三种表述方式，即行为目标、表现性目标和生成性目标，下面分别加以说明。

所谓行为目标，是以具体可操作的行为形式陈述的教育教学目标。行为目标指明教育教学过程结束后儿童所发生的行为变化。泰勒认为，行为目标有助于选择学习经验和指导教学。教育实践中，行为目标使教师更加清楚教学任务，更容易准确判断目标是否达成，可以作为学习效果评价的依据。我国台湾健康教育专家黄松元认为，行为目标在健康教育中运用的价值已经是显而易见的。以行为方式来制定教学目标是分析教学过程的最有意义的方法，这种情况下，教师在拟订教学计划前势必仔细考虑自己的意向，这样教学就具有专业性的、决定的功能。教

① 顾荣芳.学前儿童健康教育论［M］.南京：江苏教育出版社，2009：165-169.

师如能明确知道他所期望的在教学结束后学生所能做的事情，则他除了能制订最恰当的学习计划外，还能有效地评价学生学习成果。美国学者通过研究发现，儿童若能积极参与学习情境，即通过根据健康概念和相关行为目标而设计的学习机会，则比较容易表现出预期的行为。行为目标的表述一般有如下句式："知道……""理解……""学会……""用自己的话来……""区分……""把……配对""对……进行分类"等。譬如在健康教育领域，往往可以看到这样的行为目标："知道吃多种食物对身体有利""分辨常见的蔬菜和水果"。然而，对于行为目标也存在不同看法，譬如有人认为预期的行为改变是不可能的或难以达到的。如果课程的设计只根据可测量的行为，则其重点会过分局限于"短程的""事实为中心"的目标。就健康教育领域而言，学前儿童的健康态度亦常常难以在短时间内以可观察的行为预先确定。

所谓表现性目标是指每一个学生在具体教育情境里种种"际遇"中所产生的个性化表现。教师们常常发现，儿童在具体的教育情境中的行为表现和得到的进步往往出乎预料，因此很难预先规定其发展变化的结果。表现性目标追求的不是儿童反应的同质性，而是反应的多元性。以下举例说明学前儿童健康教育实施中表现性目标的表述方式，如大班心理健康教育活动"微笑"的目标之一"欣赏诗歌《微笑》，讨论愿为别人做什么（让别人高兴）"，又如中班饮食营养教育"我们吃什么菜"的目标之一"参观农贸市场，说说喜欢吃的菜"。表现性目标对学前儿童活动及结果的评价是一种鉴赏式的批评，它不同于行为目标，无法追求结果与预期目标的一一对应关系。

所谓生成性目标是指在教育情境中随着教育过程的展开而自然生成的教育教学目标，它是教育情境的产物和问题解决的结果。生成性目标的本质是过程性，儿童可以对自己感兴趣的问题进行深入的探究，因而产生对结果的新的设计，"尝试……"是生成性目标较为典型的表达方式之一。但生成性目标在实践中是较难确定的，因为有时无论教师还是儿童都不知道学习什么是最好的或是最合适的。另外，值得注意的是，"生成性目标"这一概念不同于"生成的目标"或"目标的生成"。在教育活动中生成的目标同样需要有一定的表述方式，我们可以在上述三种主要的表述方式中选择。就表述方式的选择范围而言，活动中新生成的目标与活动前预设的目标是没有差异的；就目标制定或目标产生的时间及来源而言，生成的目标与预设的目标却是有本质差异的。

（二）儿童健康教育目标制定中的常见问题

以下就学前儿童健康教育目标制定中的常见问题举例分析，这些问题不仅在实践中屡屡出现，而且在一些正式出版的幼儿园教材中也经常出现。

1. 目标内容过于狭隘

某些健康教育活动要么仅有认知方面的要求，忽视态度或行为方面的要求；要么仅有行为目标，忽视认知与态度方面的目标。比如，在大班活动"穿合适的鞋"中，仅有目标"认识几种常见的鞋，知道不同的鞋有不同的用处"，显得单薄，可以增加目标"会自己穿鞋"以及"欣赏各种各样的鞋"。修改的意义不在于目标表述中表面上的面面俱到，即在知识、能力、态度等方面都有所要求，而在于教育者对同一活动的教育价值的深入挖掘以及活动本身的趣味性得以扩展。

2. 目标重点不突出

就某一活动而言，目标的确定意味着教学重点的明确，但有时目标重点不清楚、不确切。比如，大班活动"手绢真干净"的目标之一"让学前儿童知道自己长大了，做力所能及的事，会管理自己的物品"，就没有能够体现该活动应有的重点，或许也说明教育者的思路可能还不够清晰。该活动或许更应突出这样的目标："知道每天更换手帕，保持手帕干净。""会自己洗手帕，愿意做力所能及的事。"目标应当反映活动的重点。

3. 目标超难度

受学前儿童认知能力、客观条件等限制，有些目标是无法实现的。比如，中班"身体的秘密"

活动目标"初步了解人体内部各器官的名称及主要功能"是欠考虑的，"内部各器官"的含义是什么？这样的目标怎可在一个活动中实现？即使有足够的时间开展系列活动，我们也应首先考虑学前儿童的接受能力问题，"内部各器官"因其在"内部"，学前儿童平时看不见，即使是"初步了解"，最终仍是走过场，往往不了了之。为此，对于"身体的秘密"这样一个活动，如果重点是初步了解人体的"内部各器官"，那么对于学前儿童而言可以认识的主要也就是"胃"和"心脏"，对于中班学前儿童而言，后者比前者稍感性些，学前儿童虽看不到心脏但能感受到心跳，无论如何不可能仅通过一个活动就完成原定目标；如果重点是在揭示人体的"秘密"上，那么就不一定局限于"内部各器官"的认识上，学前儿童能够看见的许多外在的人体特征在形状、数量及对称性等方面其实是十分有趣的，我们可以根据不同年龄班降低或提高目标要求。以下是可根据需要加以选择的目标表述："说说跑步后身体有了什么变化，相互听听或摸摸心跳。""知道运动出汗后不要立即喝很多水，学习保护心脏。""注意观察身体，发现身体在大小、对称、多少等方面的有趣之处。"这里，活动目标的针对性有所加强，活动难度有所降低。有人批评幼儿园的健康教育太难、枯燥、说教，这些指责可能的确反映了幼儿园健康教育活动目标的定位还存在问题。

4. 目标要求偏低

学前儿童很可能已经掌握的知识、技能或已经形成的态度和行为等一般不应再作为目标，比如，将"通过演示，使学前儿童学习正确的刷牙方法"作为大班健康教育目标有可能导致目标要求偏低，而这很可能导致教育活动没有难度，儿童的注意力不集中，学习兴趣、参与程度都不高。

5. 表述过于笼统

如小班"今天你喝了没有"活动目标之一"喝牛奶有利于身体健康"，没有能够以通俗的语言揭示牛奶（或其他乳制品）的特殊营养价值是有利于骨骼和牙齿的生长。饮食营养教育中，教育者要想方设法以科学、易懂的语言概括各类食物特有的营养价值，比如，我们可以把每天喝牛奶与个子长得高、牙齿长得整齐相联系，也可以把每天吃蔬菜与减少排便痛苦、防止鼻出血相联系。

6. 表述不精练

有的目标带有具体内容，显得啰唆。比如，活动"少吃冷饮身体好"目标之一"让学前儿童知道冰棍、冰激凌、冰镇饮料等冷饮吃多了会腹痛、腹泻，引起消化不良、食欲缺乏，对人体有害"，可简化为"知道多吃冷饮对肠胃的害处"。至于"有哪些害处"，待活动过程中进一步讨论。

7. 表述方式不统一

有的目标为发展目标，行为主体是学前儿童，常以"学习（学会）……""知道……""认识……""理解……""体验……""感受……"等方式表述；而有的目标却是教育目标，行为主体是教师，常以"引导……""鼓励……""帮助……""培养……""教给……""让学前儿童……"等方式表述。无论以何种方式表述都应前后统一。我们更倾向于发展目标的表述法。比如，大班"牛牛换牙"活动原目标有如下两条：① 知道换牙是一种正常的生理现象，不害怕换牙；② 培养学前儿童保护牙齿的卫生习惯。这里目标①为发展目标，目标②却为教育目标，表述方式不统一，修改时可将目标②改为"逐步形成保护牙齿的卫生习惯"。

我们在思考幼儿园健康教育目标这一问题时，不能不注意到教育活动的结构化程度的高低与目标制定的密切关系。一般而言，结构化程度较高的幼儿园健康教育活动更加关注预设的活动目标，教师的目标指向更为专一；而结构化程度较低的幼儿园健康教育活动更加关注活动的过程，在这种情况下，若教师具有较强的目标意识，则会在活动中不断生成符合教师价值观念的新的目标，但若教师的目标意识不强甚至模糊，则有可能影响教育活动应有效果的发挥。当前，后现代主义的教育观、课程观已逐步影响到学前教育领域，后现代主义的基本特点是强调不确定性、复杂性、差异性和多样性。在学前儿童健康教育目标的制定中，无论采取何种目标表述方式，我们都应具体而不狭隘，明确而留有空间，适中而又有分层，不盲目追求不确定性，也不使目标制定过于死板。

拓展阅读4

从目标定位分析幼儿园健康教育与其他各领域教育的关系 [①]

不同的健康教育活动对幼儿发展的意义不完全相同，即使活动名称相同但目标定位不同，对幼儿发展的意义也会有差异。这里将我们和部分幼儿园老师正在研究中的健康教育活动作为实例，敬请读者加以比较。

案例1

活动名称——酸甜的水果（小班）

原定目标：1. 知道各种水果的名称，喜欢吃水果。

2. 能根据水果的颜色将水果分类。

修改目标：1. 认识常见水果。

2. 能够自己剥香蕉和橘子，喜欢吃多种水果。

修改理由：原目标1中"知道名称"的要求太狭隘，实际上幼儿若能说出水果的名称意味着幼儿对水果有整体认知（如形状、颜色、大小等），因此"认识常见水果"比"知道各种水果的名称"要贴切；原目标2是司空见惯的但却不太适宜的提法，因为许多水果的表皮颜色不是单色的，小班幼儿为此常常拿着自己从家中带来的水果犹豫不决，有时以水果的形状（并不标准的形状）进行分类也会出现类似的问题。

修改价值：符合实际的幼儿教育才是真正有效的教育，这里遵循了幼儿心理发展的实际和事物的实际，牵强附会的领域整合不足取。

案例2

活动名称——蛋宝宝的衣服（中班）

原定目标：1. 认识各种禽蛋，知道经常吃禽蛋有益于身体健康。

2. 喜欢吃各种有营养的蛋。

修改目标：1. 认识几种常见的禽蛋。

2. 会给煮熟的蛋剥壳，愿意蛋黄和蛋白一起吃。

3. 学习用蛋壳拼画。

修改理由：原目标1形同虚设，活动中幼儿几乎无法体验吃了禽蛋是否"有益于身体健康"；而"剥蛋壳"不仅为活动过程预设了操作环节，更重要的是幼儿的生活离不开它；"用蛋壳拼画"关注到健康教育领域与美术教育领域之间的整合。

修改价值：避免了无法让幼儿亲身体验却要幼儿有所感受的时候常常出现的说教，体现了幼儿园健康教育是生活教育，水到渠成地预设了领域整合内容。

案例3

活动名称——食物的旅行（大班）

原定目标：1. 知道食物经过人体的器官名称和顺序。

2. 初步了解消化器官的功能，并能理解"磨""漏""蠕动""进入""送到""排出"等动词用在各消化器官的含义。

3. 能用肢体动作表现食物消化的过程，体验奇妙的乐趣。

修改目标：1. 初步了解主要消化器官的名称和功能，并能理解"磨""漏""蠕动""排出"等动词的含义。

[①] 顾荣芳.学前儿童健康教育论［M］.南京：江苏教育出版社，2009：169-171.

2.能随音乐节奏用肢体语言表现食物消化的过程，体验游戏的快乐。

修改理由：原目标1难度过大，没有实现的可能，也无实现的必要；目标2的修改注意到在健康教育活动中幼儿节奏感的培养。

修改价值：幼儿园健康教育不是小学甚至中学健康教育，幼儿的接受程度以及教育的必要性是确定教育目标的两个不可或缺的要素；有节律的肢体语言能够让人感受到健康教育原本就是身体美和艺术美的统一。

从以上实例中，我们可以看出，幼儿园健康教育具有自身特定的目标体系。上述实例中的目标1、2就是较为典型的健康教育目标，这些目标是其他任何一个领域的教育无法完全替代的。

第二节　学前儿童健康教育的内容

健康教育内容的选择和组织应根据教育目标和教育原则来确定，学前儿童健康教育的目标是为提高儿童对健康生活和行为的认知水平，改善儿童对待个人健康和公共卫生的态度，培养儿童的各种有益于个人、社会和民族健康的行为习惯而设置的。由此，学前儿童健康教育的内容应涉及健康认知、健康情感和健康行为三个领域。它们是缺一不可、不可分割的整体。健康的人应是健康的身体、健康的心理和良好的社会适应性的统一体，缺乏任何一方面，都不是完整意义上的健康。因此，健康教育不仅使学前儿童初步认识和了解自己的机体，按健康的要求自觉维护和增进自身健康，而且还要培养学前儿童积极向上的态度和情感，增强自我接受意识，发展儿童自尊、自信、自主和自控能力，逐步形成自觉抵制有损于身体健康及心理健康的行为和习惯，更好地适应家庭、集体和社会生活，达到健康教育预期的效果。依据健身为主、全面育人健康教育价值观、目标观和教育原则，根据前面所述教育目标确定如下内容。

微课

学前儿童健康教育的内容

一、选择学前儿童健康教育内容的要求

为了确保学前儿童健康教育能取得预期的教育效果，在选择和组织健康教育内容时，应该注意以下问题。

（一）教育内容符合教育目标的要求

一方面教育内容必须以教育目标为依据，另一方面，教育目标也必须以教育内容为依托才能得到落实。例如，教育目标中提出要培养学前儿童不偏食、不挑食的良好饮食习惯，为此就要选择各类食物让学前儿童认识和品尝，使学前儿童喜欢吃各种各样的食物，知道各种食物与人体健康的关系。

（二）教育内容与学前儿童生活经验相关联

健康教育内容的选择应考虑学前儿童身心发展状况以及学前儿童具有的生活经验，提高教育的有效性。例如，小班幼儿刚入园情绪比较紧张，常常会出现咬指甲、咬衣物、吮吸手指的现象，这就需要教师选择有关内容向儿童进行教育，比如设计"大拇指哭了"的教育内容；又如大班幼儿有的已经开始换牙，在换牙过程中，他们会遇到种种情况，此时需要教师针对儿童发生的问题，设计"换牙了"的健康教育内容进行有的放矢的教育。

（三）教育内容与学前儿童的年龄特征及接受能力相吻合

儿童身心发展和社会成熟的程度为儿童的身心发展提供了一种准备状态，超越这种准备状态的健康教育内容是不能被儿童接受的，是无效的教育。同时，儿童的思维具体形象，不能离开具体的、形象的事物，因此，教育内容深浅的选择应该考虑到学前儿童的接受能力，要注意以学前儿童可接受的方式呈现出来，从而取得较好的教育效果。例如，向学前儿童进行营养教育重要的一点是要让学前儿童懂得"膳食均衡"才有利于健康，然而考虑到学前儿童的接受能力，我们不可能直接向儿童介绍"膳食均衡"的道理，只能通过分别介绍各种各样的食物，让儿童了解到每一种食物的最主要的营养价值（即它对人体健康的影响和作用），让儿童感受到只有样样食物都吃才能有利于健康。

（四）教育内容适当考虑社会因素

社会因素是影响学前儿童身心健康的重要因素之一，应结合与学前儿童生活有关的问题对他们进行教育。例如当前家庭现代化正日益普及，因此应教育学前儿童初步了解防煤气、防电、防火的基本知识及技能。又如针对社会问题，应该教给学前儿童一些最基本的保护自己的方法和策略，如教育儿童不随便跟人走，不吃陌生人的东西等，如小班教材《不跟陌生人走》，中班教材《取暖的安全》《爸爸、妈妈不在家》，大班教材《贝贝迷路了》《煤气开关不乱动》等。

二、学前儿童健康教育的内容

学前儿童健康教育的内容广泛，各个年龄阶段又各有侧重，具体来说，学前儿童健康教育包括以下八个方面的内容。

（一）人体知识与身体保护教育

通过接触常见的动物和植物，使学前儿童初步认识生物体简单的结构和功能及生长和发育，在此基础上逐步地或粗略地认识人体各部分的解剖生理特点，学习保护身体的一些方法，逐步建立关心、保护身体健康的意识。这部分内容包括了解人体外形；认识与保护五官；了解身体的主要器官以及主要功能；学会保护器官的基本知识和技能，常见外伤的简单处理知识和方法；了解常见疾病的预防常识。

（二）体育教育

通过体育活动，培养学前儿童的运动兴趣和习惯，促进其身体发育，增强其体质，并促进其智力、品德、心理素质和交往能力的发展。在幼儿园可以开展多种多样的体育活动，可大致分为以下四种。

1. 舞蹈与体操

包括适合学前儿童跳的各种舞蹈、律动及徒手操、轻器械操、模仿操等。

2. 体育游戏

由成人创编或学前儿童自编的锻炼学前儿童运动机能的游戏，富有极大的趣味性，深受学前儿童的喜爱，如球类游戏、呼啦圈游戏等。

3. "三浴"锻炼

所谓"三浴"锻炼，即利用大自然的日光、空气、水对学前儿童进行身体锻炼，增强学前儿童的身体和抵抗力。

4. 其他体育活动

不同地区学前儿童可结合本地气候和地理条件，因地制宜地开展各种体育活动。如在南方开展游泳活动，在北方开展滑冰活动，在山区开展爬山活动等。少数民族地区的学前儿童也可结合民族风俗习惯开展富有民族特色的体育活动。经济条件好的幼儿园可创设现代化的体育活动环境，供学前儿童进行体育活动。

（三）个人卫生和生活习惯教育

通过教育和训练使学前儿童养成良好的个人卫生习惯，如勤理发、洗头、洗脚、洗澡、剪指甲、早晚刷牙、饭后漱口、用自己的茶杯和手帕、不挖鼻孔、不将异物塞入耳鼻内等。让学前儿童逐步懂得个人卫生不仅是个人的私事，还关系到是否尊重他人，是否合乎社会公德和公共卫生的要求。

通过教育和训练，培养学前儿童养成良好的生活习惯，如按时作息、早起早睡、每天参加体育活动和户外活动，按时进餐和排便等。

（四）环境教育

教育和训练学前儿童养成维护公共卫生的意识和习惯。让学前儿童参与力所能及的公共环境的清洁卫生活动，遵守公共卫生准则，不随地吐痰，不乱扔果皮纸屑、不随地大小便，不破坏公共卫生设施，懂礼貌、讲文明、不打扰他人等。加强对学前儿童进行生态环境保护教育，让他们懂得生活环境被污染对人体的危害，增强保护自然生态环境和野生动植物的意识，从而促进全社会都来保护环境。

（五）营养教育

让学前儿童懂得常见食物对机体生长发育的作用、知道营养的重要性。引导学前儿童养成良好的饮食习惯，愉快地进餐，定时定量，不挑食、偏食和过食，细嚼慢咽，不撒饭菜，用自己的食具，饭前洗手，吃饭前后不做剧烈的运动等。

（六）疾病与意外伤害的预防教育

让学前儿童初步了解身心疾病和缺陷的预防知识，树立预防为主的观念，积极主动地接受医生体检和预防注射，认识到传染病不仅引起自己得病，还可能传染他人，初步懂得一些预防措施。

意外伤害包括了意外事故和人为伤害，通过安全教育，加强学前儿童的自我保护意识，学会发生意外伤害时进行自救和向成人求救的方法及措施。

（七）心理健康与社会适应教育

培养学前儿童健全的个性和良好的情绪，使其学会友好与人交往，提高心理健康水平。如注意培养学前儿童健康的心理品质、协调的行为、适度的反应、较强的意志和正常的人际交往，为他们提供学习经验，帮助他们学习表达和调节情绪的方法，合理及时梳理不良情绪，保持积极愉快的情绪。要让学前儿童学会感知和理解他人的情感、懂得分享和合作，乐于帮助他人，热爱集体。

（八）性教育

让学前儿童认识自己的性别，并对自己的性别产生正确而恰当的认同，防止"性混淆"。对学前儿童提出的性问题要自然、简略、科学地回答，不回避、不说谎、不指责，让学前儿童懂得存在男女差别是很自然的事，是没有什么神秘和可怕的。

课堂练习

判断下列内容属于健康教育的哪方面内容？

"学系鞋带""洗洗小手""青菜萝卜我都爱""美味的肉""可爱的小脚丫""能干的小手""保护眼睛""阳台上的安全""不跟陌生人走""乐乐不高兴了""学会快乐""摘果子""投沙袋""过小河""小兔采蘑菇"

附：教育活动设计示例

<h2 style="text-align:center">小班健康活动：尝尝看　特别香^①</h2>

活动目标

1.爱吃常见的几种营养价值高但有特殊味道的蔬菜。

2.了解这几种蔬菜在人体中的特殊作用。

3.初步培养不偏食的良好习惯。

活动准备

胡萝卜、芹菜、香菇、蒜头。

活动过程

一、引发兴趣，了解四种特殊味道蔬菜的名称

1.教师：今天，我们请来了几位小客人，这些小客人经常在我们的饭桌上出现，来看看它们是谁？

2.依次出现：胡萝卜、芹菜、香菇和蒜头，启发幼儿与蔬菜宝宝互相问好。

3.教师：小朋友，你们喜欢这些蔬菜宝宝吗？我们用小鼻子去闻一闻它们身上有什么味道。

（幼儿闻一闻四种蔬菜，教师问幼儿："你闻到了什么味道？"）

小结：小朋友都用鼻子闻了闻，知道这些蔬菜都很香，但每一种菜的香味都不一样，你们喜欢吃这些菜吗？

二、让幼儿了解四种蔬菜的营养价值

教师：这些蔬菜宝宝经常到我们的饭桌上来。有的小朋友喜欢吃，有的不喜欢。它们可喜欢小朋友了，你们想不想知道它们在说些什么？

幼儿一边看实物木偶表演，教师一边提问，让幼儿了解四种蔬菜在人体中的特殊作用。

（胡萝卜宝宝说："我是胡萝卜宝宝，小朋友要和我做朋友，吃了我以后，我们的眼睛会变得更加明亮。"胡萝卜宝宝刚说完，香菇宝宝跑上去说："我是香菇宝宝，我身上有许多的营养，吃了我，身体会更加健康。"芹菜宝宝也抢着说："我是芹菜宝宝，小朋友吃了我以后，就可以天天大便了。"蒜头宝宝头抬一抬说："可别忘了我，吃了我以后，我们就少生病。"）

教师边看边提问：吃了胡萝卜宝宝，我们的眼睛会怎样？吃了芹菜宝宝，会怎样？香菇宝宝身上有什么？吃了香菇宝宝身体会怎样？吃了蒜头宝宝，会怎样？

小结：我们知道了这些蔬菜有许多营养，经常吃，对我们的身体有好处。

三、幼儿品尝四种蔬菜，鼓励幼儿吃完

教师：你们看，胡萝卜宝宝、香菇宝宝、芹菜宝宝、蒜头宝宝又到班上来了，我们一起来尝一尝吧。

鼓励幼儿用牙齿咀嚼食物。

活动建议

1.可用实物胡萝卜、芹菜、香菇、蒜头制作出蔬菜宝宝，拼成图案"鱼"或其他图案，以激发幼儿食欲（切成花状的胡萝卜、油炸香菇、凉拌芹菜、糖醋蒜头）。置于碟中，每碟中每种食物一片或一份。

2.有特殊味道的菜还有很多，如洋葱、香菜、豆腐等。教师可根据实际情况加以选择。

3.建议家长在家庭伙食中多用上述食物。

活动区活动

1.在餐厅游戏中玩"小小餐厅"。幼儿扮演各种小动物到餐厅吃饭，加深对这些特殊食物的认识。

---

① 南京市第二幼儿园陈静设计。

2.在智力角内让幼儿进行匹配活动，如把荤菜和蔬菜匹配，荤菜里有鱼、肉等，蔬菜里有香菜、芹菜、萝卜等。

活动评析

随着人们生活水平的日益提高，挑食、偏食成了许多儿童中存在的一种普遍现象。这位教师在充分了解幼儿的饮食特点的基础上，有针对性地设计这次活动，其内容贴近儿童的生活经验，易被儿童接受。同时，采用情景表演的形式，以儿童乐意接受的"蔬菜宝宝"的方式呈现，生动、活泼、寓教于乐，符合小班儿童具体形象的思维特点及接受能力。本次活动的教育目标清晰、具体，有较强的操作性。教学过程的三个环节紧紧围绕着目标，环环紧扣，层层深入。通过引发兴趣、积极感知及自身体验让幼儿自己体会到这些食物的好处，从而加深对这几种食物的认识，幼儿从"不喜欢吃"变"我爱吃"，使健康态度明显转变，健康行为得以强化。

思考与练习

一、单项选择题

1. 确定学前儿童健康教育目标的根本依据是（　　　）。
   A. 儿童的需要　　　　　　　　　　　　B. 儿童的身心发展规律
   C. 社会发展需要　　　　　　　　　　　D. 学前教育总目标

2. 下列哪一项不是《指南》中健康领域"身心状况"这一维度提出的目标？（　　　）
   A. 具有健康的体态　　　　　　　　　　B. 情绪安定愉快
   C. 具有一定的适应能力　　　　　　　　D. 具有良好的生活与卫生习惯

3. 下列哪一项不是《指南》中健康领域"动作发展"这一维度提出的目标？（　　　）
   A. 具有一定的平衡能力，动作协调、灵敏　　B. 具有一定的力量和耐力
   C. 手的动作协调灵活　　　　　　　　　D. 具有一定的适应能力

4. 下列哪一项不是《指南》中健康领域"生活习惯与生活能力"这一维度提出的目标？（　　　）
   A. 具有良好的生活与卫生习惯　　　　　B. 具有基本的生活自理能力
   C. 具备基本的安全知识和自我保护能力　D. 具有一定的适应能力

5. 《纲要》中提出的健康教育总目标不包括（　　　）。
   A. 身体健康，在集体生活中情绪安定、愉快
   B. 生活、卫生习惯良好，有基本的生活自理能力
   C. 能主动地参与各项活动，有自信心
   D. 知道必要的安全保健常识，学会保护自己
   E. 喜欢参加体育活动，动作协调、灵活

6. 在选择学前儿童健康教育内容时，下列说法错误的是（　　　）。
   A. 教育内容要符合教育目标的要求
   B. 教育内容要与学前儿童生活经验相关联
   C. 教育内容要与学前儿童的年龄特征及接受能力相吻合
   D. 教育内容只需要遵循教育规律，不需要考虑社会因素

7. 下列不是学前儿童健康教育内容的是（　　　）。
   A. 人体认识和保护知识教育
   B. 体育锻炼与健康
   C. 营养教育
   D. 疾病与意外伤害的预防教育
   E. 人际交往教育

8. 下列不是学前儿童健康教育总目标表明的价值取向的是（　　　）。

    A. 身心和谐发展　　　　　　　　　　　　B. 保护与锻炼并重

    C. 注重健康行为的形成　　　　　　　　　D. 考虑社会发展的需要

9. 4～5岁的幼儿连续看电视不超过（　　　）。

    A. 10分钟　　　　　　B. 15分钟　　　　　　C. 20分钟　　　　　　D. 30分钟

10. 《指南》中提出的"会自己系鞋带"这一活动目标的年龄阶段是（　　　）。

    A. 托班　　　　　　　B. 小班　　　　　　　C. 中班　　　　　　　D. 大班

二、简答题

1. 简述制定幼儿园健康教育目标的依据。

2. 简述《纲要》中提出的健康教育总目标。

3. 简述选择学前儿童健康教育内容的要求。

三、实践实训题

1. 下列健康教育活动的目标表述有什么问题？应该如何修改？

  活动名称：酸甜的水果（小班）

  活动目标：

  （1）知道各种水果的名称，喜欢吃水果。

  （2）能根据水果的颜色将水果分类。

2. 选择一个幼儿园健康教育的年龄阶段目标，用本章的相关内容分析目标的合理性。

3. 观摩一次幼儿园健康教育活动，试分析其活动目标的确定、活动内容的选择是否恰当。

≫ 聚焦考证

（单项选择题）幼儿突然出现剧烈呛咳，伴有呼吸困难，面色青紫。这种情况可能是（　　　）。（2016年上半年幼儿园教师资格考试《保教知识与能力》真题）

    A. 急性肠胃炎　　　　B. 异物落入气管　　　　C. 急性喉炎　　　　D. 支气管哮喘

第三章
学前儿童健康教育的实施

PPT 教学课件

学习目标

1. 了解学前儿童健康教育活动的特点及活动设计的原则。
2. 能设计出结构完整的健康教育活动方案，并判断现有的健康教育活动方案是否科学。
3. 愿意尝试不同的学前儿童健康教育活动组织方式，加深对健康领域活动设计的理解，提升自身教育素养。

内容导航

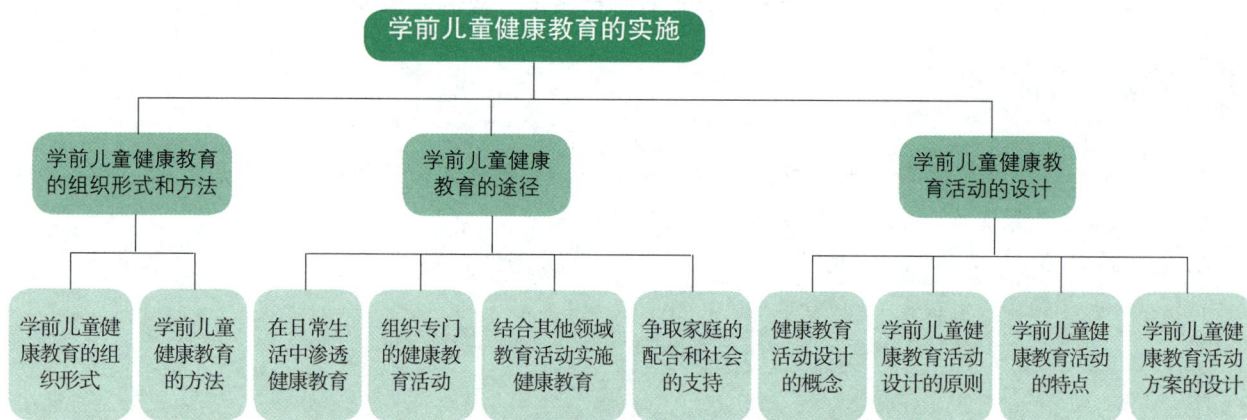

案例思考

　　幼儿园实习教师张芳接到了一个关于健康领域公开课的任务。为了展示自己的教学能力，同时也为了得到园方的认可，张芳很认真地投入公开课的准备工作中。可是，她马上就开始犯愁了：公开课准备什么教学内容好呢？她上网搜索，发现一大堆标注着"优秀""优质"字眼的幼儿园健康教育活动方案，该选择哪个好呢？于是，张芳向同事请教。有的同事说："找某某骨干教师要一份以前的优秀课案例，稍加改动就可以。"有的同事说："应该去翻翻精品教参。"还有的同事说："直接把自己最熟练的一次课拿出来再实施一遍就行。"听完同事的解答，张芳更迷糊了。

　　思考：那么应该怎样选择活动内容，进行活动设计呢？

　　学前儿童健康教育实施是家长或教师根据儿童身心发展特点，结合家庭或托幼机构的实际情况，借助一定的载体，创设一定的环境，组织儿童进行健康教育活动、实现健康教育目标的过程。在确定健康教育实施策略时，既要考虑健康教育的目标、内容，又要考虑学前儿童身心发展的年龄特征，采取行之有效的方式方法，促进儿童的健康成长。

第一节　学前儿童健康教育的组织形式和方法

一、学前儿童健康教育的组织形式

健康教育活动可采取多种组织形式，学前儿童在各种形式的活动中进行主动活动，教师提供适宜的指导和帮助。按教育活动中参加人数的多少可分为集体活动、小组活动和个别活动。

（一）集体活动

集体性的团体活动可以在短时间内提供较多信息，保证健康教育的条理性和连贯性，有利于学前儿童组织性、纪律性的培养；全班同时进行活动，如参观、游戏、运动会、健康检查等，有利于学前儿童交往能力、合作精神的培养。但是，由教师单独控制的、统一要求的集体活动，由于人数众多容易忽视每个学前儿童的兴趣、需要、发展特点，致使学前儿童实践、表现机会少，相互作用机会少，等待时间多。同时，教师很难知道是否已引起所有学前儿童的注意，提供的指导不一定适用于所有的学前儿童，难以向每一个学前儿童表现的行为提供反馈，教育针对性差。因此，难以确保教育活动效果，造成教育效率较低。而且学前儿童参与集体活动时容易注意力不集中、不遵守纪律、畏缩退让，或产生厌倦情绪，从而出现纪律问题。由此可见，过长时间高度统一控制的集体活动，不利于学前儿童各种能力的培养。

（二）小组活动

小组活动有两种形式，一种是按学前儿童兴趣、需要分组，一种是按能力分组。

1. 按兴趣、需要分组的优点

（1）小组活动允许学前儿童以自己的速度和方式活动，能适应学前儿童不同的兴趣、爱好、特点和需要，增加教师接触了解每个学前儿童的机会，有利于因材施教，提高教育效益。

（2）由于增加了学前儿童探索及表现的机会，有利于丰富学前儿童的经验及促进学前儿童语言和思维能力的发展。

（3）有利于师幼之间、学前儿童之间的相互交流和相互影响。学习是师幼之间的一种人际的相互影响。小组交流活动特别适用于情感学习目标（如形成态度、建立合作意识、提高欣赏能力等）和人际关系技能学习目标的达成。

（4）小组学习中，通过相互交往活动，可以培养学前儿童决策、解决问题等在认知领域中属较高层次的技能。利用小组活动时间还可以增强学前儿童社会交往能力，因为它向学前儿童提供了尝试了解别人并认识自己的很好的机会。此外，在小组讨论中，还可以引导学前儿童去思考个人的行为对团体的影响以及如何处理等方面的问题。

（5）小组交流有利于提高学前儿童组织和表达思想的能力，分享相互间的经验。通过组织小组活动，还能锻炼学前儿童的组织、领导能力。

（6）教师对小组的管理往往比对大团体更能得心应手。在小组活动期间，教师通过讨论可以了解教育活动各个阶段的成效，并获得改进教育活动的建议。

但是，要使小组活动达到预期的效果，要求教师必须具有丰富的教育学、心理学知识，必须透彻地了解学前儿童，为学前儿童提供丰富的操作材料，采用各种各样的方法，灵活地适应学前儿童的多种需要。在活动过程中，教师必须密切地观察学前儿童，协调、帮助和指导学前儿童的活动，使之在原有的水平上得到发展。

2. 按能力分组

按能力进行的分组，由于它忽视了学前儿童的主动性及意愿，尽管它有利于教师因材施教，但不具有上述分组方式所具有的优点，且由于它无形中给学前儿童贴了标签，因此不宜提倡。

（三）个别活动

个别活动鼓励学前儿童自己寻找和获取知识，也重视教师与少数或个别学前儿童一起活动、讨论，并对学前儿童进行帮助和指导。它可使不同的学前儿童在相应的条件下以不同的进度进行学习，有利于激发他们学习的主动性，帮助他们及时了解学习结果，体验成功的快乐。因为学前儿童自己承担学习责任，所以有利于培养其个人良好的行为习惯、责任感和独立工作能力。此外，它还有利于教师因材施教及学前儿童的个性发展。但由于教师面对个别学前儿童，效率较低，因此需要与其他组织形式配合使用。

总之，上述教学组织形式都具有自身的特点和运用范围，且各有利弊，只有把各种教学组织形式有机地结合起来，因时间、地点、活动目标、内容、要求的不同，不断改变组织形式，才能发挥其长处，从而使学前儿童教育取得最佳效果。

二、学前儿童健康教育的方法

（一）学前儿童健康教育的基本方法

微 课

学前儿童健康教育的基本方法

在健康教育中，可以运用的方法是多种多样的。学前儿童健康教育注重儿童将获得的知识和形成的态度化为良好的行为习惯，在教育方法上要求教师根据教育目标和教育内容及不同教育情景的变化灵活地加以选择。下列方法是学前儿童健康教育过程中常常采用的方法。

1. 动作与行为练习

让学前儿童对已经学过的基本动作与基本技能、健康行为与生活技能等进行反复练习，加深儿童对它们的理解和掌握，形成稳定的动作、行为习惯，使儿童业已形成的动作和行为巩固、完善，并逐步实现自动化，使儿童付出最少的努力，获得最大的活动效果的方法。如盥洗的基本顺序、衣服的穿脱与整理、持筷的方法等，都必须在教师和家长的具体指导下反复练习，才能真正掌握。

2. 讲解演示

儿童的思维具体形象，根据这一特点教师的讲解演示可以借助多种教育手段，通过多种感官具体而形象地向儿童讲解粗浅的健康知识，并结合身体动作或实物或模型加以演示，从而帮助儿童尽快掌握有关技能技巧，并提高儿童对健康的认识水平。这是使儿童获得健康教育知识和技能最直接的一种方法。例如：在教给儿童新的动作之前，教师总是要给予适当的示范与讲解；在了解各种食物的营养价值、认识人体的内外器官和介绍如何使用体育器材时，也必须结合实物和模型进行生动有趣的讲解演示。

3. 情境表演

教师或学前儿童就特定的生活情景加以表演，然后让儿童思考分析教育情境中所涉及的健康教育问题的方法。情境表演的方法直观性强，富有趣味性，深受儿童的喜爱。由于情境表演的主题来源于学前儿童的现实生活，能激发学前儿童的兴趣，故这种方法能较好地帮助儿童认识生活中可能遇到的问题和冲突，领悟到解决问题的方法和技能，提高儿童对健康问题进行决策和辨别是非的能力，做出合乎健康要求的行为。比如，就"有些食物儿童不宜吃得太多"这一实际问题进行情境表演，让学前儿童分析判断，懂得日常生活中要能控制饮食才有利于健康这个道理。

4. 讨论评议

讨论评议是儿童积极地参与教育的过程，在讨论过程中，为他们提出问题、发表意见、自己得出结论提供机会。这种方法能有效地帮助学前儿童表达自己的真实想法，能鼓励学前儿童对他人的言行加以评价，从而提高学前儿童判别是非的能力。在组织健康问题讨论时，要鼓励儿童结合自己的生活经验，发表不同看法，给儿童提供对健康问题思考的空间。例如：教师就多吃冷饮的害处让儿童进行讨论，提高儿童的认识，指导儿童的行为。

5. 感知体验

这种方法让学前儿童通过感觉器官参与体验活动，从而认识、判别事物的特性，帮助儿童加深对事物的印象，同时由于加入身体动作，更能激发儿童的兴趣，引起儿童的注意。例如：在介绍各种有营养的食物时，可以带来多种蔬菜让儿童亲眼看一看，亲手摸一摸，亲口尝一尝，儿童往往十分乐意，留下的印象也比较深。

6. 电教手段的利用

电化教育直观形象，能将一些重要的现象再现、放大，并能表现其发展过程，这一特点不仅能激发学前儿童的兴趣，而且能使学前儿童较好地理解所学的知识。同时电化教育还不受时间、空间的限制，因而具有弥补学前儿童直接经验不足的优势。例如，在"食物的旅行"这一活动中，教师为了让学前儿童了解食物在身体里"旅行"经过的器官，用投影片制成各器官的示意图，用波纹片移动，展现食物在各器官中的流动过程，使学前儿童清晰地看到食物在各器官中被消化吸收的过程，因而也就较好地理解了食物是如何被消化吸收的。

附：教育活动设计示例

小班健康活动：牙齿多漂亮[①]

活动目标

1. 知道吃完东西会有食物留在牙齿上，对牙齿有损害。
2. 认识刷牙用品，学习正确的刷牙方法。
3. 养成刷牙、漱口的良好卫生习惯。

活动准备

每人一个漱口杯、一支一次性牙刷，黑芝麻糖若干，白色脸盆若干，牙齿模型，蛀牙图片，《刷牙》儿歌。

活动过程

一、开始部分

品尝芝麻糖：芝麻糖香不香？黑乎乎的颗粒是什么？（引导幼儿自由交流）

二、基本部分

（一）发现问题

教师引导幼儿观察同伴的牙齿，发现芝麻糖粘在牙齿上的现象。

教师小结：残留在牙齿上的食物时间长了会变质，把我们又白又坚硬的牙腐蚀坏了（出示蛀牙图片），不仅使我们牙疼，而且会影响我们吃东西。怎么才能把牙齿上残留的食物清除掉呢？

（二）尝试解决问题

1. 教师示范漱口，幼儿一起观察教师吐出的漱口水，利用脸盆中黑乎乎的残渣激起幼儿漱口的欲望。

2. 漱口后相互观察牙齿，发现牙齿上还有一些没有清除的残渣，怎么办呢？

（三）认识牙具，学习刷牙方法

1. 教师利用牙齿模型讲解正确的刷牙方法。

2. 教师示范正确的刷牙方法。

3. 幼儿学习刷牙。幼儿每人一支一次性牙刷，学习正确的刷牙方法。教师个别辅导。（用饮用水漱口刷牙，同时播放儿歌《刷牙》：小牙刷手中拿，上牙从上往下刷，下牙从下往上刷，

---

① 高庆春. 学前儿童健康教育（第四版）[M]. 北京：高等教育出版社，2021：83-84.

咀嚼面来回刷，里里外外都要刷，牙齿刷得白花花）

教师小结：从今天开始，小朋友每天晚上睡觉前和早晨起床后都要刷牙，饭后要漱口，少吃糖果和零食，比一比哪个小朋友牙齿保护得好。

三、结束部分

幼儿露出自己的牙齿，比一比谁的牙齿更漂亮，并随歌曲《刷牙》做刷牙律动。

活动延伸

1. 到社区医院牙科参观。

2. 娃娃家游戏：牙科医院。

幼儿进行角色游戏，表演"牙科医院"，请小医生帮助检查牙齿。

3. 操作区：幼儿利用牙齿模型练习刷牙。

（二）选择健康教育方法应注意的问题

健康教育方法、手段的选择和运用取决于以下四个方面的情况。

1. 取决于教育内容

根据不同的教育内容，选择相应的方法。例如生活习惯的培养，教师不仅要运用讲解演示的方法，使学前儿童知道做什么，怎么做，而且更为重要的是要通过动作和行为练习，使儿童学会这一动作，并逐步养成习惯。教育儿童认识各种食物时，教师不仅要引导学前儿童认识食物的形状、颜色，说出它的名称，更重要的是应让儿童尝一尝，知道它的味道，让他们感觉到这是一种很好吃的食物，让儿童愿意吃它，喜欢吃它。而保护学前儿童自身安全这一内容，大多是向学前儿童进行安全教育，防患于未然，但教材中所提到的情况，可能在个别学前儿童身上发生过，也可能在他的家庭中或朋友中出现过，因此，开展这一活动时，教师应结合已有经验引导儿童讨论，使儿童知道什么样的行为是对的，什么样的行为是不对的，应该做什么，不能做什么。

2. 取决于学前儿童的年龄

对于小班儿童应较多地通过动作和行为练习，使其学会某一动作，养成良好的行为。例如，教育活动"自己吃饭真能干"，教师让儿童练习右手拿勺，左手扶碗，学习一口饭、一口菜，细细嚼，慢慢咽，学习正确进餐的行为，学习正确使用餐具。在小班还需要多采用情景表演的形式向儿童进行教育，使儿童对教育内容易于理解和接受。例如教育活动"小猪变干净了"，采用情景表演的形式，向学前儿童进行教育。对于中、大班儿童，有的教育内容仍应该通过行为练习的方式，让儿童学习某一动作；有的教育内容，中、大班儿童已经有一定的经验，教师则可以在此基础上，引导儿童讨论，使儿童明白应该怎样做或是需要注意什么问题，例如大班健康活动"牛牛换牙"，教师就可以结合儿童换牙过程中出现的情况、儿童的感受向儿童进行教育。总之，教师在进行健康教育时，必须依据学前儿童年龄特点，选择合适的教育方法，才能取得较好的教育效果。

3. 取决于教师自身的素质

教学有法，但无定法，贵在得法。教师是教育活动的策划者、组织者和实施者，是提高教育效果的关键。不同的教师，知识水平的侧重点不同，兴趣爱好不同，性格能力也不同，这些均会影响教育活动实施的效果。因此在选择教法时，教师除了考虑教育内容及儿童的年龄特点外，同时也要考虑自身的发展状况，设计出充分发挥自己优势的最佳教法，探索行之有效的师本课程。

4. 取决于本园本地的环境和物资设备

如条件好的托幼机构，可以通过创设情境，让儿童进行感知体验，也可以通过电化手段，使儿童获得生动深刻的印象。山区或农村的托幼机构，也可以充分利用自己的环境优势，如爬山等，通过动作锻炼或实地感知进行教育。

第二节　学前儿童健康教育的途径

一、在日常生活中渗透健康教育

（一）利用一日生活进行习惯养成教育

陈鹤琴先生说："儿童离不开生活，生活离不开健康教育，儿童的生活是丰富多彩的，健康教育应把握时机。"学前儿童健康教育应该渗透在日常生活中，幼儿教师为儿童组织的健康教育活动也离不开生活。幼儿教师在学前儿童的一日生活中随时随地都在进行着健康教育，通过盥洗、进餐、睡眠、锻炼、游戏等环节培养幼儿良好生活行为习惯，以促进他们的健康发展。例如，盥洗时要排队，要按正确的程序洗手；进餐时要保持安静，不狼吞虎咽，不挑食；睡眠时不说笑，不蒙头，不把一些小玩具塞入口鼻内；锻炼时有秩序、不争抢；游戏时不乱跑；等等。

（二）在生活环境中加入健康教育元素

环境作为一种隐性课程，有着重要的教育价值，对学前儿童各方面的发展有着重要影响。在实施健康教育活动时，应重视在日常生活环境中为儿童加入健康教育元素，利用墙饰、活动角、楼梯等的提示，使儿童在潜移默化中习得健康行为。例如，园内的警示标志、玩具架上的归类标识、自来水龙头旁的洗手图示等，以及通过墙饰、教育专栏宣传健康知识与预防传染病的基本常识。

（三）创设良好的精神环境

宽松、愉悦的精神氛围可以给学前儿童安全感，使他们全身心地投入教育活动，使活动进行更顺利、效果更理想。因此，在健康教育活动中，应充分重视精神环境的构建，营造理解、和谐的氛围，使学前儿童在温馨、友爱的环境中形成健康的人格。

和谐的精神环境创设包括五个要素：① 建立平等的师幼关系；② 建设关爱的情感环境；③ 尊重学前儿童的年龄特点与学习特点；④ 关注学前儿童的个性化需要；⑤ 争取家长的理解、支持与主动参与。

二、组织专门的健康教育活动

专门的健康教育活动是实施托幼园所健康教育的重要途径。幼儿园专门的健康教育活动是指教师专门为幼儿设计并组织的，以维护和促进幼儿身心健康为目的的教育活动。它通常围绕健康教育目标而开展，这些健康教育目标主要涉及幼儿的生活教育、安全教育、心理健康教育、饮食营养教育、身体保健和生活自理能力教育等方面。例如，为了促进学前儿童四肢协调、加强肌肉锻炼而专门组织的足球课，为了提高学前儿童的安全防火意识进行的消防演习等。

三、结合其他领域教育活动实施健康教育

《指南》中指出："儿童的发展是一个整体，要注重领域之间、目标之间的相互渗透和整合，促进幼儿身心全面协调的发展。"因此，学前儿童健康教育活动要重视与其他领域的整合。其他领域的学习可以促进学前儿童身心健康发展，实现健康教育的某些目标。例如，通过唱歌、表演活动可以抒发学前儿童内心的感情，培养其积极的情绪情感；通过绘画、手工制作可以促进学前儿童小肌肉动作的发展；通过科学活动探索人体结构、植物生长，增长学前儿童的健康知识等。

学前儿童健康教育活动的实施离不开其他领域特有的教育形式的配合。例如，朗朗上口的儿歌、轻松欢快的音乐、栩栩如生的画面、生动活泼的绘本等都是开展健康教育活动的重要媒介和素材。教

师可以把单个教育活动设计整合到整个课程的活动设计中，使具体的教育活动成为整个课程的有机组成部分；可以把各个教育领域的内容按合理的方式整合；可以将各种教育活动形式整合，将上课、游戏、休息、日常生活的安排加以整合，将集体活动、小组活动、个别活动整合，等。

四、争取家庭的配合和社会的支持

家庭对学前儿童的发展发挥着最为直接、最为深远的影响。学前儿童健康行为的养成与家庭有着密不可分的关系。家庭是学前儿童个人卫生、饮食习惯等诸多生活习惯养成的重要场所，如果仅靠学前教育机构的健康教育而没有家庭教育的积极配合，那么学前儿童健康教育的效果将会事倍功半；如果家庭教育与学前教育机构健康教育协调一致，那么学前儿童健康教育的效果则会事半功倍。

学前教育机构可以适时开展家长沙龙或家长指导讲座，讲授有关健康的知识，更新家长的观念，提高家长的科学育儿水平。此外，学前教育机构可以充分挖掘、利用家长资源，如请医生职业的家长参与班级活动，指导儿童如何预防疾病等。总之，要培养学前儿童的健康行为必须充分认识到家庭教育的重要性，主动寻求家庭的支持与配合，全方位地促进学前儿童的身心健康发展。

另外，学前教育机构也不能忽视社会对儿童的影响，如电视等媒体的影响等。教师应加强学前教育机构与家庭的相互沟通，充分利用自然环境与社区的教育资源扩大儿童的生活范围，丰富儿童的生活经验，从不同的角度发挥教育的整体效应。

🎯 拓展阅读

培养小班幼儿良好的喝水习惯

小班幼儿刚入园，生活自理能力差，而且对幼儿园生活还不适应，哭闹现象非常严重，再加上喝水少，从入园的第二周，幼儿就陆续生病。大部分幼儿是上火、发炎。这导致许多家长的不放心，担心幼儿在园的生活，所以不能坚持每天送幼儿来园，出勤率普遍较低。这严重影响了我们正常教育活动的开展。因此，我们在日常教学与生活中十分注重幼儿喝水习惯的培养，以求能有效地促进小班幼儿积极饮水，从而使他们的身体健康发展。

1. 开展关于水的主题教育活动

开展教育活动可以比较有效地达到教育目的。为了促进幼儿饮水，在小班上学期，我班开展了许多关于水的主题活动，如"口渴了，怎么办？""天热了，喝什么？""白开水，我爱喝""多喝水，身体棒"等。幼儿从这些活动中懂得了白开水对人体的重要性，温开水是最好的饮料，不用消化就能被人体直接吸收利用。为了巩固这一目标，在日常生活中，我们会有意识地与幼儿一起运用故事中的对话，如"你渴了，快来喝杯水吧！"和"白开水，真好喝"。由于幼儿对故事较熟悉，所以喝水时，许多幼儿都能做出积极回应。此外，为了调动幼儿饮水的积极性，我们收集并创编了一些相关的儿歌教给幼儿，如"小茶杯，小茶杯，亲亲嘴，亲亲嘴，咕噜咕噜喝下水"，同样收到了较好的效果；还给他们讲小动物爱喝水的故事或用生动的比喻引导其喝水，如把孩子比喻成小禾苗，不喝水就会干枯；把孩子比作小鱼，离开水就活不了等。这些活动让孩子感到饮水是很自然的事情，不是一种负担。

2. 提供饮水的便利条件与良好环境

为保证幼儿有足够的水喝，每个班级都配备有饮水机，随时提供温开水。每个幼儿配备一个贴有卡通图片的、专用的、定期消毒的杯子，饮水机和杯子放置的高度很方便幼儿拿取。教幼儿接水的顺序是先接凉的再接热的，这样杯子里的水就不会烫伤自己。在饮水区，布置一些与饮水相适应的环境，来提高幼儿对饮水的兴趣。为了激发幼儿喝水，我班结合小班幼儿的特点以图文并茂的形式布置了"小草要喝水，小狗要喝水，小朋友也要喝水"的区角环境。每次喝水时，幼儿都会指着念一念。幼儿喝水时，要教育他不要玩水，以免水洒落在桌面上、地面上。喝水要一口一口喝，不要太急，不要说话，剧烈活动后不要马上喝水。剧烈活动后心脏跳动加快，喝水会给心脏造成压力，容易产生供血不足，所以，大量活动后一定不要马上喝水。

3. 养成定时喝水的习惯，保证喝水量

幼儿的特点是兴奋过程强于抑制过程，活泼好动，注意力不集中，喜欢做自己喜欢的事情，一玩起来，吃饭、喝水、大小便，什么都顾不得了。所以，我们根据幼儿在园时间，安排幼儿定时喝水。早晨与午餐之间有三个半小时，是幼儿活动量最大、消耗体能最多的时间。这段时间要让幼儿定时喝两次水，午睡起床后要定时给幼儿喝一次水，到吃午点后还要给幼儿喝一次水，每次喝水不少于150毫升。但是有的幼儿在定时喝水时只喝少量的水，为了保证幼儿的喝水量，我们在幼儿的茶杯上刻上刻度（150毫升），规定幼儿每次喝水量必须在规定刻度以上。刚开始老师应亲自监督，幼儿适应后，可以让幼儿互相监督，慢慢地帮助幼儿养成自觉的行为。

4. 结合实际，随渴随喝

在培养幼儿定时喝水习惯的同时，还不能忽视培养幼儿随渴随喝的习惯。由于气温不同，幼儿活动量大小不一样，饮食结构、身体状况也不一样，定时喝水未必能满足所有幼儿对水的需要，他们随时有渴的可能。所以，在幼儿活动、游戏中要提醒幼儿结合自己的实际感受，随渴随喝。为了让幼儿自己判断是否缺水，我们还特意在厕所墙壁上贴了两张娃娃脸的画，一张是笑娃娃（正常的），一张是哭娃娃（上火了），娃娃脸的下方分别挂着两个瓶子，一个装有正常的尿，一个装有上火时的尿。教幼儿学会观察小便的颜色，并进行对比，确定自己是否需要饮水。若"上火了"便要主动去喝水。

5. 发挥教师的榜样作用

根据小班幼儿"喜模仿""爱表扬"的特点，我利用集体氛围的渲染作用，用情绪感染他们，为他们树立榜样。孩子们知道白开水对人身体有很多好处，但是仍然会有部分幼儿逃避喝水。因此每次到了喝水的时间，我都会说："老师渴了，想去喝点儿白开水，你们谁觉得渴，咱们一起去喝水吧！"有时，老师们会故意当着孩子的面说"闲话"："薛老师，我最爱喝白开水，自从多喝水，我再也不生病了。""哟，我这几天嗓子疼，那我也得多喝水，可不能让自己生病！"于是，我们两位老师捧起水杯，大口地喝起水来。好像水十分香甜的样子！孩子们受到了感染，也不知不觉地大口大口地喝起水来。

为激发幼儿喝水的积极性，教师经常以这样的话激励幼儿："看看某某小朋友多爱喝水呀！"幼儿很喜欢模仿。他们经常的反应是："老师，我也爱喝水。"每一个孩子在幼儿园都希望得到老师的表扬和奖励，因此他们即使不爱喝水，当看到别的小朋友因大口大口地喝水得到了老师的表扬时，自己也会去喝水。经过一段时间后，幼儿的饮水习惯就会自然而然地养成了。

6. 家园配合促进幼儿饮水

家园教育是否一致对幼儿园教育效果的好坏起着至关重要的作用。我们及时召开了全班幼儿家长会，向家长讲解了我们的教育目标及重要性，得到了广大家长的认可，他们表示会积极配合。此外，我们还收集了相关信息，通过家园联系栏进行宣传，如"宝宝的主打饮料——白开水"和"宝宝需要多少水"等，使家长了解许多科学知识，并愿意主动配合幼儿园的工作。

第三节　学前儿童健康教育活动的设计

一、健康教育活动设计的概念

健康教育活动的教育效果在很大程度上取决于对健康教育活动内容的设计情况。健康教育活动设

计或称为设计健康教育活动方案，是根据上一层次教育目标、所教儿童的水平和教育条件，确定活动目标和选择、创编、安排教育内容的过程，是计划如何使教育内容各要素达到理想状态，使其相互作用达到适宜程度，以求理想的发展效益的过程，是师、幼共同参与、协同一致、创造性构建教育内容的过程，是儿童在教师引导下认识自我、发展自我的过程，是教师发挥和发展教育能力的过程。它既是教育准备阶段，也是教育实施阶段。

二、学前儿童健康教育活动设计的原则

健康教育活动设计的原则是教师设计健康教育活动时必须遵守的。它既体现了一定的理论观点，又反映了教育活动自身的特点。

（一）时代性原则

时代性原则是指教育活动的设计要具有时代感，要考虑到所处时代政治经济发展状况和教育发展的要求。教育活动设计的时代性原则是社会对教育的要求，是教育规律在儿童教育中的反映。教育是培养人的社会活动，一定社会的教育只有反映一定社会的政治、经济、文化发展状况，适应社会对人的要求才能实现其价值。现代社会要求儿童具有更多适应当今社会发展需要的品质、素养、知识、技能，这就需要教育工作者与时俱进、顺应时代的发展，通过多种教育活动，培养全面发展的儿童。

（二）活动性原则

活动性原则是指健康教育设计应立足于活动，教师通过对有目的、有计划的活动过程的指导，促进儿童全面发展。活动性原则是《规程》精神的体现，是儿童年龄特点对教育提出的要求。学前儿童正处于好奇、好动、好模仿的时期，他们对问题的探求不是通过理性的思考，而是通过摆弄、操作、观察等动作思维来进行。因此，游戏成为儿童的基本活动，活动成为教育的手段和形式。将教育立足于活动，要求教师在设计、指导活动时必须做到：① 活动应具有目的性、计划性、层次性；② 活动应渗透保教结合的原创。

（三）发展性原则

发展性原则是指设计教育活动时，要考虑儿童年龄特点和发展趋势，活动的难易要适度，使学前儿童能"跳一跳，摘桃子"。

发展性原则是教育活动设计的出发点，教育的本质就在于促进受教育者的发展。要考虑受教育者已有发展水平、潜在发展能力和可能发展趋势，考虑孩子间的统一性和差异性。发展性原则强调只有使所有儿童都在原有水平上得到发展，才能实现其教育的价值。因此，贯彻这一原则必须做到以下两点。

1. 设计教育活动力求全面，既考虑全体又考虑个别儿童

"全体"和"个别"构成了教育活动中的共同特征，"个别"代表的是教育活动中的个性差异，教育要促进儿童的发展，就必须兼顾全体和个别，保证每个儿童在原有水平上的提高。这要求教师在设计教育活动时，既要考虑本班儿童的年龄特点、实际状况，又要考虑个别儿童的发展水平，对内容和活动过程的某些环节进行适当的增删，或在设计一些具体情节、问题、操作活动时，提供与儿童发展水平相适应的活动，保证活动内容的层次性和多样性，使儿童在同一内容不同水平的活动中得到发展。

2. 设计教育活动力求形式多样，集体活动、小组活动、个别活动相结合

不同的活动形式产生的教育影响是不同的。集体活动能在较短的时间内提供较多信息，保证教育的条理性、连贯性，且有利于儿童组织纪律性的培养。小组活动则允许儿童以自己的速度和方式活动，增加了儿童间的交流机会，有利于不同层次儿童的发展，使儿童的潜能和兴趣得到较好的发展。集体活动、小组活动、个别活动相结合的活动设计方式，从形式上保证不同层次儿童发展的同时，也

增加了儿童发展的空间和学习机会，为儿童的发展提供了条件。因此，教师在设计教育活动时，应以儿童的发展为出发点，设计多样性的活动，使儿童在丰富的活动过程中得到发展。

（四）主动性原则

主动性原则是指教育活动设计要能引起儿童的学习动机，使儿童发生浓厚的学习兴趣。

教育活动设计的主动性原则是《规程》精神的反映，是教育的要求，是教育取得成效的关键。学习过程是一个复杂的过程，只有内因也发挥作用，才能真正发挥教育的作用。贯彻这条原则必须做到以下三点。

1. 学习前要引起儿童学习的动机

动机是人们学习的内在驱动力，引起儿童的学习动机，实质上是引起儿童对认知对象的注意和兴趣，它常能使儿童由被动的接受变为主动的探索、学习。

2. 重视儿童的学习过程，鼓励儿童大胆尝试

儿童学习的过程，就是其积极性得以发挥的过程。重视儿童的学习过程，就是重视教学过程中教师"教"的积极性与儿童"学"的积极性，使儿童在积极的、大胆尝试的学习过程中，得以发展。

3. 多给发展较差的儿童提供参与活动的机会

儿童的发展存在个体差异，要使所有儿童都得到发展，都能主动参与活动，都能发挥其主动性、积极性，就应承认其差异，给发展较差的儿童多一些机会，使其保持参与活动的积极性，并能主动参与活动。

（五）整合性原则

整合性原则是指在设计教育活动时，不仅要充分发挥活动内容、形式、过程等各个因素的功能，还应加强各因素间的协调、配合，发挥其综合效能，从而促进儿童的整体发展。

运用综合整体观来分析教育活动、设计教育过程是教育的要求，是儿童发展的需求。教育过程实质上是多种因素构成的综合活动过程，教育只有将各影响因素联系成相互影响、相互促进的整体，才能充分发挥其作用，更好地促进儿童素质的提高。贯彻这一原则必须做到以下三点。

1. 教育内容的整合

实现教育内容的整合，要求教师在设计教育活动时，尽可能把多种活动内容科学地组合起来，既考虑儿童的发展、兴趣、需要，又要兼顾教育内容在逻辑上的科学性和系统性，形成合理的、科学的网络结构，发挥综合教育的效应，实现多方面的发展目标，促进儿童的和谐发展。

2. 教育活动形式的整合

幼儿园教育活动的组织形式是多种多样的，每种形式都有其自身的特点和价值，也存在着不足。在设计教育活动时，教师要根据活动目标，从实际出发恰当选择、综合利用多种形式，形成教育合力，使教育形式真正成为实现目标、完成内容的手段。

3. 教育过程的整合

教育过程是引导儿童实现目标、得到全面发展的过程。因此，它不仅仅取决于教师的教，也不完全取决于儿童的学，而是取决于两者的协调一致。要实现教育过程中各因素间的协调，设计教育活动时应考虑到活动与活动之间，活动与儿童之间，教师引导与儿童参与的积极性、主动性之间，教育过程中教育环境以及玩教具的操作使用与教育内容之间的联系和配合，使教育活动过程成为促进儿童发展的过程。

（六）内容编排的合理性原则

内容编排的合理性原则是指教育内容的编排应做到由易到难，由简到繁，由具体到抽象，由儿童已知到儿童未知。

内容编排的合理性原则是儿童身心发展的要求，是儿童学习能力的体现，是儿童认识事物特点的反映。贯彻这一原则要求做到注意各部分知识之间的有机联系，适当注意内容的逻辑性。

编排教育内容时，一般采用直线式或螺旋式上升的方式，以保证儿童在学习时的循序渐进、反复感知，逐步加深认识。

（七）地方性和季节性原则

地方性和季节性原则是指教育活动的设计应考虑当地经济发展状况、自然环境特点以及四季中自然界的物体与现象发展变化规律。

我国幅员辽阔，人口众多，南北差异、城乡差异普遍存在。而儿童思维的具体形象性又要求幼儿园的教育具有直观性。因此，地方性和季节性原则既满足了儿童的认知需求，又满足了教育需求。贯彻这一原则时要做到以下两点。

1. 设计教育活动时，突出地方特点，注重季节特征

地方特点、季节特征一直是幼儿园设计教育活动的依据之一。教育活动设计的地方性，保证了儿童对事物认识的直观可感性；教育活动设计的季节性则帮助儿童把头脑中已有的零散知识，在四季明显变化的规律中，联系成相对的整体。因此，设计教育活动时，应将本地区有特征的内容纳入教育活动中，并注重季节对儿童的教育作用，适时适地地组织设计活动，如北方儿童为了更好地认识"雪"，可以在冬季下雪的时候，确定"瑞雪飘飘"这样的活动，使儿童在感知雪的基础上，了解雪的外形、雪的性质，雪与动物、植物以及人类的关系。

2. 设计教育活动时，强调因地制宜、就地取材

因地制宜、就地取材是幼儿园设计教育活动的要求之一，是指要尽可能地考虑本地区、本园所一切可以利用的条件和因素，动手动脑、利废利旧，充分发挥教师的创造性，做到少花钱、见成效。

健康教育活动的设计原则是一个有机联系的整体，教师在设计教育活动时，只有全面把握，相互渗透，才能设计出高质量的教育活动，实现教育目标。

三、学前儿童健康教育活动的特点

学前儿童健康教育以丰富知识、改进态度、传授方法、训练行为、培养习惯为目的，目标的多样性决定了教育过程的复杂性。学前儿童健康教育活动有以下四个特点。

（一）情感体验和习惯养成性

学前儿童健康教育受学前儿童的认知水平、理解能力等的限制，虽然也重视儿童掌握必要的健康知识，以提高其健康认识，但是，学前儿童的健康教育不以传授知识为主要任务，而是要强调改善学前儿童的健康态度、培养学前儿童的健康行为，即注重健康教育中的情感体验和习惯养成。

学前儿童的情感体验就是根据学前儿童的特点，采取相应措施，运用一定的教育教学手段，激发学前儿童的健康情感，使其"乐意、自愿"接受健康和卫生知识，改变不正确的健康和卫生态度，形成良好的情感品质。例如，学前儿童知道蔬菜有营养，能补充人体必需的维生素，但大多数儿童仍然不喜欢吃蔬菜。如果只是空洞地说教蔬菜如何有营养，要多吃蔬菜，儿童会感到枯燥无味，教育效果也不会好。教师可以组织丰富多彩的活动，采取诸如看动画、做游戏、动手操作等互动形式，使儿童能在轻松愉快的气氛中受到感染，从而产生喜爱蔬菜和喜欢吃蔬菜的情感和意识。

学前儿童健康教育不仅注重形成学前儿童良好的认知和态度，而且注重学前儿童健康行为习惯的培养。学前儿童健康行为的养成被视为学前儿童健康教育的核心目标。学前儿童健康教育习惯的养成就是要养成学前儿童良好的生活习惯、卫生习惯和品德行为习惯。健康行为一旦发展成为健康习惯便能形成一种无形的力量，约束个体的行为，使个体"不知不觉"地执行并完成。学前儿童健康教育活动就是教师创设一定的条件和环境，让学前儿童有机会进行各种健康实践活动，在教学活动中对一些生活技能、健康行为反复练习，从而加深理解，形成稳定的动作和行为习惯。如：在"合理饮食"教学中，让儿童自己搭配营养自助餐，养成不挑食的好习惯。

（二）环境的渗透性

《纲要》指出："环境是重要的教育资源，应通过环境的创设和利用，有效地促进幼儿的发展。""幼儿园应为幼儿提供健康、丰富的生活和活动环境，满足他们多方面发展的需要，使他们在快乐的童年生活中获得有益于身心发展的经验。"儿童是在特定的环境中成长的，学前儿童健康教育活动的开展，很大程度上是通过创设和利用幼儿园的环境资源，渗透健康教育理念，使学前儿童在美好、和谐、健康的环境中潜移默化地感受生活，提高健康认识，养成健康习惯的。

健康教育环境包括物质环境和心理环境。首先，通过丰富多彩的物质环境渗透健康理念。例如，营造安静的进餐环境、整洁活泼的活动室、安静温馨的寝室、生动有趣的创造角等。还可以引导幼儿积极动手装饰、布置墙饰，对幼儿良好健康习惯的养成进行潜移默化的熏陶。如在幼儿园每层楼梯旁的墙上，贴上交通标志；在盥洗室的墙面上，画上许多以健康教育内容为主的画，如"六步洗手法""小心地滑"等，运用这些画来提醒幼儿，自然而然地促使其养成良好的生活习惯。其次，构建宽松和谐的心理环境。《纲要》指出："教师的态度和管理方式应有助于形成安全、温馨的心理环境，言行举止应成为幼儿学习的榜样。"教师应"以关怀、接纳、尊重的态度与幼儿交往"。幼儿园通过构建健康的心理生活环境，创设宽松和谐的班级氛围，建立平等鼓励的师幼关系和互帮互助的家园关系，使幼儿情绪安定、心情愉快、心理健康。

（三）健康教育的综合性

健康教育的综合性包含两方面的内容。其一是教育方式的综合。在健康教育活动中，教师要综合、灵活地采用多种方法，增进儿童的健康。在教育过程中，既要通过集体教育的方式增进儿童的健康常识和行为，又要根据各个儿童的特殊情况，有针对性地进行个别教育，以免浪费时间，造成教育资源的隐性浪费。其二是教育资源的综合。教育好孩子是家庭、社会、幼儿园三方面的责任。学前儿童健康教育也应该是家庭、社会、幼儿园密切配合、共同提高的过程。如饮食习惯问题、安全问题等，如果仅有幼儿园的集体教育而没有家庭教育的积极配合，学前儿童健康教育的效果将事倍功半；反之，如果幼儿园的集体教育与家庭教育协调一致，学前儿童健康教育将起到事半功倍的作用。所以，学前儿童健康教育必须得到家庭的积极配合，家长理应成为儿童健康教育的指导者。另外，儿童健康教育也不能忽视社会的影响，如电视等宣传媒介的影响。

（四）教育效果评价的过程性

学前儿童的教育活动，以游戏为基本活动方式，学习不是学前儿童的主要任务，学前儿童教育的目的在于激发学前儿童学习的兴趣，培养他们良好的学习习惯。因此，学前儿童健康教育活动教育效果的评价，不能只注意结果，更要重视过程，重视学前儿童身心的发展过程。例如，对"洗洗小手讲卫生"（活动目标：① 知道洗手的重要性；② 掌握洗手的正确方法；③ 养成清洁卫生的好习惯）评价的指标就可设定为：儿童能说出应该什么时候洗手，儿童在没有帮助的情况下能自己正确地洗手，儿童能自觉、主动地洗手。

四、学前儿童健康教育活动方案的设计

（一）确定活动课题名称

活动名称就是教育活动的名字，活动名称要表明教育活动所属的领域及主要内容。规范的写法是"班级＋领域＋具体内容"。如"小班健康活动：白白的牙齿"。

（二）制定健康教育活动目标

目标是实现活动的前提，也是具体教育活动的方向和实际活动时要取得的结果。目标明确、具体才能切实保证活动的方向，并使儿童获得一定的发展，达到教育的效果。目标的制定可从以下三个方

微　课

学前儿童健康
教育活动方案的
设计

面来考虑：知识技能、情感态度、能力和习惯。目标的提出，有两种方式，一种是站在教师的角度，一种是站在儿童的角度。站在教师的角度，表述为"教给""教会""培养""提高"等；站在儿童的角度，表述为"学会""懂得""知道"等。例如小班健康教育活动"可爱的小脚丫"的目标可以这样来设计：

1. 观察小脚丫，感知小脚的结构和作用。（知识目标）
2. 能爱护、保护小脚，养成良好的清洁卫生习惯。（能力目标）
3. 知道脚会长大，萌发对成长的渴望之情。（情感目标）

在设计健康教育活动时，教师要考虑健康教育的终极目标要求，结合儿童的发展特点和接受能力，以及教育内容的不同，设计出明确、具体、适宜的活动目标。例如，根据《指南》中提出的健康教育的营养的要求，设计中班健康教育活动"蛋宝宝的衣服"的活动目标是："1. 认识几种常见的禽蛋；2. 喜欢吃各种有营养的蛋及蛋制品；3. 尝试自己剥蛋壳，学习用蛋壳拼画。"

（三）选择健康教育活动内容

活动内容是实现目标的载体，内容选择恰当与否，会影响目标实现的程度。健康教育活动内容的选择应该考虑贴近儿童的生活，注重科学性、趣味性、通俗性，具有较强的可操作性，使儿童对活动内容感兴趣，从而乐于参与，积极投入，充分发挥学习的主体作用，通过有目的、有计划、系统的活动内容的学习，提高儿童的健康认知水平及态度，形成健康行为习惯。

（四）做好教育活动准备

这是进行健康教育活动必需的一个环节。活动准备是多种多样的，可以是教具材料的准备，如实物、器械、模型；也可以是学习环境的准备，如身体锻炼活动场地的准备或情境表演中表演环境的准备；也可以是相关知识的准备，如讲授饮食与营养时，儿童应该知道的各种食品的营养价值等。

（五）精心设计活动过程

学前儿童健康教育活动的过程可以分为开始部分、基本部分和结束部分。

1. 开始部分

万事开头难，良好的开端意味着成功的一半。好的开端，能抓住儿童的心理，激发儿童参与活动的兴趣，为活动的开展打下良好的基础。开始部分又叫导入部分，在开始部分中，教师可以通过多种多样的方式来吸引儿童的注意力，调动儿童的情绪，使儿童乐意积极参与到教学活动中。经常采用的导入方法有以下五种。

（1）直接导入。直接导入是教师直接点出活动主题，阐明活动程序，提出活动要求的一种导入方法，也称"开门见山""单刀直入"。直接导入具有简洁明快的特点，能引起儿童的有意注意，帮助儿童把握活动的方向。凡是儿童较熟悉的或是较简单的活动，均可采用这种导入方式。但是由于学前期注意的特点是无意注意占优势，有意注意比较差，所以，在学前期，教师要尽可能少采用此种方法进行导入。

（2）经验导入。经验导入是指教师根据儿童已有的生活经验和现实素材，通过生动而富有感染力的讲解、谈话和提问，引起儿童回忆和联想，自然地导入新活动的一种导入方法。经验导入通过让儿童回忆自己的生活经历与经验，让儿童带着好奇心主动去探索，使儿童有话可说、有物可循，在轻松愉快的气氛中进入新的活动。凡是与儿童的生活实际密切相关的活动都可以采用此种导入方式。

（3）激趣导入。激趣导入是指教师通过采用猜谜、唱歌、跳舞、讲故事、设置悬念、游戏等形式，激发儿童兴趣而导入活动的一种导入方式。

①谜语导入。谜语导入可激发儿童的想象，符合学前儿童的心理发展特点。同时，通过对谜语的分析，也可培养儿童的思维能力。凡是与形体有关的且儿童比较熟悉的活动主题均可采用猜谜语的方

式导入活动。如"学会用筷子"活动中，用"兄弟俩，一样长，是咸还是淡，它们先来尝"的谜语导入；在"可爱的小脚丫"活动中，用"两棵大树十个叉，走路爬山少不了它，踢球跳舞它都会，小朋友要爱护它"这一谜语导入。

②歌舞导入。歌舞导入符合学前儿童好动的年龄特点，学前儿童在与主题有联系的歌舞之中极易进入活动状态。凡是与音乐、歌舞有关的或者由户外转入室内的活动，均可采用歌舞导入的方式。

③故事导入。利用与活动内容有关的故事导入活动，可以帮助学前儿童展开思维，丰富联想，可以引起学前儿童浓厚的兴趣，满足他们的心理需要，自然地导入最佳的活动状态。凡活动主题与传说、寓言、故事有联系的，均可采用此种导入。如小班健康教育活动"不跟陌生人走"，可用"妈妈不见了"的故事导入。

附：故事

妈妈不见了

"六一"节到了，兔妈妈带着小兔到商店里去买新衣服。商店里的人可真多呀！当兔妈妈在给小兔挑选衣服的时候，小兔给另一边的玩具吸引过去了，玩具多好玩呀，小兔看着、看着入了迷。等小兔抬起头，发现妈妈不见了，害怕得哭了起来。这时，一只从没见过的狐狸走到了小兔的身边，对小兔说："别哭！别哭！我认识你妈妈，我带你去找妈妈吧。"

小兔想了想说："我不认识你，我不跟你走，我会自己找妈妈。"小兔跑到离自己最近的玩具柜台的熊猫阿姨面前，请求熊猫阿姨帮忙。熊猫阿姨把小兔带到了商场的广播室。不一会儿，广播室里传出了："小兔的妈妈请注意，您的孩子现在在广播室里，请您听到广播后马上到广播室来。"

小兔终于安全地找到了自己的妈妈。熊猫阿姨对小兔说："以后出门一定要跟着大人，不要自己走开了。"小兔说："知道了。谢谢熊猫阿姨，再见！"

故事讲完后，可以组织幼儿讨论：小兔应该跟狐狸走吗？为什么？请幼儿帮小兔想出找妈妈的办法。

④游戏导入。游戏导入在幼儿园活动中经常用到。它符合学前儿童好奇、好动、好游戏的年龄特点。游戏导入必须有一个明确的目的，要与活动的主题相符合，有一定的趣味性。

附：案例

小班健康活动："会说话的身体"的导入环节。

教师组织幼儿听音乐玩游戏，引导幼儿认识身体的主要部位。

幼儿随歌曲《碰一碰》的音乐玩游戏，结束后先引导幼儿说一说与同伴碰了身体的哪些部位，然后请幼儿根据教师的指令再次游戏，重点引导幼儿相互碰一碰头、手、腿、脚等部位；引导幼儿随健身操音乐随意做摇头、点头、摆手、屈膝、踢腿、蹦跳等动作，让身体各部位充分动起来。

小结：头、手、腿、脚是我们身体的重要组成部位，多让它们动起来，身体才会变得更灵活。

（4）直观导入。直观导入就是通过让儿童观察实物、标本、模型、挂图、幻灯片、电影、电视录像等，引起儿童兴趣，从而提出问题、创设活动情景的一种导入方式。由于儿童思维具有直观形象

性，而直观导入具有直观、形象、具体、生动等特点，易被儿童理解和接受，所以此种方法在幼儿园活动中极为常用。

（5）旧知导入。旧知导入就是通过教师引导儿童回忆已掌握的有关知识导入活动的一种方式。运用此种方法，要求教师要理解儿童原有的知识水平，抓住新旧知识联系的支点，沟通新旧知识的联系，引起儿童联想，从而完成以旧引新的任务。与旧知有密切联系的活动内容，均可采用此种方式导入活动。

2. 基本部分

在基本部分中，教师要善于设疑启思，通过各种手段和方法，激发儿童学习活动的主动性，使儿童在教师设计的有目的、有计划、有步骤的活动中，达到增进儿童健康认知和态度，形成健康行为能力和习惯的目的。教师要根据活动内容性质的不同，以及学前儿童的发展水平及教育条件，有针对性地选择相应的活动形式和活动方法。活动形式有三种，即集体教学、分组活动、个别指导，教师可以根据内容的需要选择适合的形式，活动方法可以是一种，也可以是多种方法的有机组合，使儿童在生动有趣的活动中，通过师幼互动，充分发挥学习的主动性、创造性，使每个儿童都能获得发展。在选择活动方法时，需要注意以下几点：① 重视儿童的感知和体验；② 重视动作与行为练习；③ 充分利用电教手段；④ 注意多种方法的有效应用，如情境表演、儿歌、故事等。

3. 结束部分

结束部分中，教师应当让儿童在愉快、轻松的状态下结束学习。教师要小结学习收获及儿童学习态度，提出新的要求，引起再学习的愿望。在结束部分中，常用的有以下四种方式。

（1）复述式结束。复述式结束是指教师指导儿童用口头语言重复所学知识的结束方式。通过复述，加深儿童对知识的理解，使所学知识得到进一步巩固，同时培养儿童的记忆力和口语表达能力。在幼儿园实际教学活动中，复述可具体分为两种形式，即儿童复述所学知识和教师有目的、有针对性地重复重点知识。但无论采用哪种复述方式，都应注意避免简单重复活动内容，要使复述过程充满创造性、趣味性。

（2）游戏式结束。游戏式结束是指在教育活动的结尾，安排与活动内容相关的游戏，促进儿童对所学知识技能的理解、掌握和运用的一种结束方式。这种结束方式符合儿童的心理特点，能提高儿童参与活动的积极性，适用范围较广，是幼儿园教育活动经常选用的一种结束方式。

（3）小结式结束。小结式结束是指教师通过概括、总结教育活动，使儿童把握活动内容的精华，简约化、系统化地掌握知识技能的一种结束方式。这种结束方式简便易行，给人以自然而然、水到渠成之感。它也是幼儿园教师结束教育活动的主要方式之一，适用于以传授知识技能为主要活动目标的教育活动。

（4）提问式结束。提问式结束是指教师通过提出问题，检查儿童知识、技能的掌握情况，启发儿童进一步展开想象、进行思考的结束方式。根据功能，可以把提问分为诊断性提问和引发性提问。用诊断性提问结束教育活动时，其作用近似于复述式结束和小结式结束。引发性提问是提出问题、引发儿童丰富的想象、激发儿童积极思考的提问方式。这种高层次的提问对培养儿童的想象力、思维力，增强儿童的求知欲具有十分明显的作用。任何教育活动结束的设计，只要是活动目标侧重培养儿童进一步的探索欲望，发展他们的想象、思维等心理品质的，都可以采用这种方式。

（六）注重活动延伸的设计

健康教育的目标是"促进幼儿身心和谐的发展"，这一目标的实现不是通过一个或几个教育活动的设计进行即可达到的，要与儿童的生活相联系，在生活中进行教育，在教育中进行生活。因此，教师在设计教育活动时，不仅要考虑到儿童当前的需要及课堂中的教育，也要考虑活动延伸部分对儿童的影响，考虑活动内容在生活、环境、家庭中的渗透、延伸，以帮助儿童加深印象，巩固强化，保证教育活动目标的实现。

附：教育活动设计示例

小班健康活动：玩纸

活动目标

1. 通过撕纸、抛纸、团纸、扔纸球等活动锻炼小肌肉和大肌肉的动作。

2. 乐意参加集体活动，体验游戏的快乐。

活动准备

1. 各种质地、大小的纸张。

2. 大纸箱一个，质量较好的大塑料袋两只。

3. 在活动室上空吊挂纸盘（内盛满碎纸，一拉就会飘下许多碎纸）；地上撒一些撕碎的小纸片。

活动过程

一、开始部分

1. 师生一起做手指游戏。

2. 做游戏"小小脑袋藏起来"。

二、基本部分

1. 撕纸。

（1）教师边撕广告纸边说：大纸变小喽，又变小喽，变得很小很小喽，真好玩！快来，快来，我们一起来把大纸变成小小纸吧！

（2）孩子们自由撕纸，教师巡回观察，帮助力气小的孩子撕纸，鼓励孩子合作撕纸。

2. 抛纸。

（1）教师把地上的碎纸用力向上抛，吸引孩子们玩碎纸。

（2）教师与孩子们一起抛纸。

（3）引导孩子把纸抛向悬挂着的纸盘，鼓励个别孩子去拉绳子，使碎纸飘落下来，启发孩子想象这一情景与生活中的哪些情景相似。（放鞭炮、下雪等）

3. 团纸。

（1）教师将碎纸片团捏成小纸球，扔向孩子的小屁股，以吸引孩子参与。

（2）孩子们自由地团纸球，扔纸球，教师巡回观察，并适当帮助不会团捏的孩子。

（3）教师：这里还有一个大纸箱呢！让我们把球扔进去吧！

（4）教师：我们把大筐里的小球变成两个大球，好不好？来，让我们一起装。（教师与孩子们一起把筐里的纸球装进两只塑料袋并扎紧袋口。）

三、结束部分

将大纸球放置在有坡的草地上，让孩子们在自由活动或体育活动时继续玩，还可以提供其他材质的大球，让孩子们体验滚动不同材质的球的不同感受。

活动评析

这个集体活动由"撕纸—抛纸—团纸"三个环节构成，这些正是孩子们感兴趣的活动。教师分别在三个环节中渗透了以下教育内容：

在"撕纸"环节中，教师提供了各种不同大小、厚薄、硬度的纸张，让孩子们在锻炼小肌肉动作的同时积累有关不同纸张的经验；

在"抛纸"环节中，教师在引导孩子们宣泄情绪的同时关注对生活经验的回忆与表达（如把空中飘落碎纸想象成放鞭炮、下雪等），引导孩子们感受和体验有趣的现象；

在"团纸"环节中，教师针对不同能力的孩子分别提出团小球和团大球的要求，指导孩子们用手指或手掌捏纸团，并将纸团扔进纸箱，锻炼孩子的大肌肉动作。最后教师与孩子们一起将纸箱中的小纸球倒进大塑料袋，变成"大球"，将游戏推向高潮。

中班健康活动：红眼咪咪

活动目标

1. 了解咪咪患红眼病的原因，知道红眼病会传染。
2. 学习处理眼睛异物的简单方法。
3. 自觉爱护眼睛，养成讲卫生的好习惯。

活动准备

小花猫手偶，故事《红眼咪咪》视频，儿歌《爱护眼睛》，预防红眼病的视频。

活动过程

一、开始部分

教师讲故事《红眼咪咪》。

教师出示小花猫手偶，并放故事视频：有一只小花猫叫咪咪，它有一双漂亮的大眼睛。一天，咪咪在草地上玩皮球，突然一阵风吹来，一粒灰沙吹进了咪咪的眼睛里。眼睛真难受，咪咪用手揉，用擦过鼻涕的手帕去擦。揉呀揉，擦呀擦，眼睛越来越疼。妈妈见了说："哎呀！咪咪的眼睛怎么变成小白兔的眼睛了？"没过几天，妈妈的眼睛也红了，眼睛又痛又痒，还怕光、流眼泪，真难受呀！

二、基本部分

1. 幼儿讨论：小花猫的眼睛为什么变成小白兔的眼睛了？妈妈的眼睛为什么也红了，而且又痛又痒，还怕光、流眼泪呢？

2. 播放有关预防红眼病的视频，了解红眼病的原因、病症、预防及得了红眼病以后怎么办。

3. 与幼儿一起得出结论。

（1）咪咪的眼睛为什么变红了？（灰沙进了眼，用手揉，用脏手帕擦，就把细菌带进眼睛里，使眼睛发炎，眼球充血变红）

（2）妈妈的眼睛怎么也红了？（妈妈被咪咪传染了，红眼病是传染病）

4. 幼儿讨论。

（1）怎么预防红眼病？（注意眼睛卫生，不用手揉，不用脏手帕擦眼睛）

（2）灰沙被吹进眼睛应该怎么办？（可以闭上眼，让泪水慢慢和灰沙一起淌出来）

（3）妈妈怎样才能不被传染？（如果知道周围的人得了红眼病，就不能再与他接触）

（4）得了红眼病会怎样？该怎么办？（得了红眼病后，眼睛会流泪、怕光、会疼和传染给别人。应在家休息，避免和别人接触，不用别人的毛巾、手帕，等病好了才能上幼儿园。得了红眼病后还要及时到医院治疗，点眼药水，用干净的手帕擦眼泪，不到公共场所去）

5. 情境表演：妈妈和咪咪去医院看病，医生为他们清洗了眼睛，还开了眼药水，让咪咪回家好好休息，不要和同伴一起玩了。妈妈也不要上班了，免得传染给其他人。

三、结束部分

幼儿随《爱护眼睛》儿歌做律动。

小结：勤洗手、擦油、剪指甲，冬天戴手套，不咬手指，不玩尖锐的东西，不用手做危险的事情。

活动延伸

生活中，教师组织儿童进行自我服务小竞赛，如穿衣服比赛、系鞋带比赛、扣纽扣比赛等，教育儿童自己的事情自己做，增强儿童自我服务的意识。

>> 思考与练习

一、单项选择题

1. 下列不属于学前儿童教育的特点的是（　　）。
   A. 习惯养成　　　　　　B. 环境渗透　　　　　　C. 综合性　　　　　　D. 结果性

2. 在户外活动时，教师指导幼儿一起围成正方形、心形、三角形、五角星等形状。这种活动属于（　　）。
   A. 集体活动　　　　　　B. 小组活动　　　　　　C. 个别活动　　　　　　D. 班级活动

3. 设计教育活动时要考虑学前儿童的身心发展特点及发展趋势，活动的难度要适宜，使学前儿童能"跳一跳，摘桃子"，这体现的是教育活动设计中的（　　）。
   A. 时代性原则　　　　　B. 活动性原则　　　　　C. 发展性原则　　　　　D. 适宜性原则

4. 下面不是教学目标所涉及的三个维度的是（　　）。
   A. 知识与能力　　　　　B. 过程与方法　　　　　C. 情感态度与价值观　　D. 过程与结论

5. 下列不是影响健康教育活动方法、手段因素的一项是（　　）。
   A. 教育内容　　　　　　B. 儿童的年龄特点　　　C. 幼儿园考核要求　　　D. 教师自身素质

6. 设计教育活动时，不仅要充分发挥活动内容、形式、过程等各个要素的功能，还应加强各因素间的协调、配合，发挥其综合功效，从而促进幼儿的全面发展，这指的是活动设计要遵循的（　　）。
   A. 发展性原则　　　　　B. 活动性原则　　　　　C. 统一性原则　　　　　D. 整合性原则

7. 为了抓住幼儿的心理，激发幼儿参与活动的兴趣，为活动的开展打下良好的基础，我们在活动设计时需要做好（　　）。
   A. 活动目标　　　　　　B. 活动准备　　　　　　C. 活动导入　　　　　　D. 活动总结

8. 让幼儿对已经学习过的基本动作与基本技能、健康行为与基本技能等进行反复练习，加深理解和掌握，形成较为稳定的动作和行为习惯的教学组织方法是（　　）。
   A. 讲解示范法　　　　　B. 练习法　　　　　　　C. 情景表演法　　　　　D. 游戏法

9. 为幼儿创设一定的情境，让幼儿思考其中所涉及的健康教育问题，这种教学组织方法是（　　）。
   A. 讲解示范法　　　　　B. 游戏法　　　　　　　C. 情境表演法　　　　　D. 感知体验法

10. 教师通过讲解、谈话和提问等方式，引起幼儿的回忆与思考，自然地导入新活动的导入方法是（　　）。
    A. 直接导入　　　　　　B. 经验导入　　　　　　C. 激趣导入　　　　　　D. 游戏导入

二、简答题

1. 简述学前儿童健康教育活动的组织方法。
2. 简述学前儿童健康教育的实施途径。
3. 简述学前儿童健康教育活动设计遵循的原则。

三、实践实训题

1. 请对"教师组织大班幼儿练习正确使用筷子的方法"这一内容，进行导入部分的设计。要求：提出导入方法，设计出导入活动过程。
2. 请对"教师组织小班幼儿了解每天要喝一定量的白开水有益于身体"这一活动内容选一个最恰当的方法，并设计出活动的基本部分。
3. 结合幼儿园教育见习经验，针对儿童健康教育的具体内容，设计一个学前儿童健康教育活动教案。

>> 聚焦考证

（单项选择题）午餐时，有些幼儿边吃边玩，为了让幼儿专心就餐，李老师正确的说法是（　　）。
（2016下半年幼儿园教师资格考试《综合素质》真题）
A. 没吃完的不许睡觉　　B. 比比谁吃得最快　　　C. 我看看谁吃得最香　　D. 看看谁还在那磨蹭

第四章
学前儿童心理健康教育

>> 学习目标

PPT 教学课件

1. 了解学前儿童心理健康的标志，理解影响学前儿童心理健康的因素。
2. 掌握学前儿童健康教育的目标和内容、途径和方法。
3. 了解学前儿童常见的心理问题及矫正方法。
4. 能够运用学前儿童心理健康教育理论进行教育方案的设计与实践。

>> 内容导航

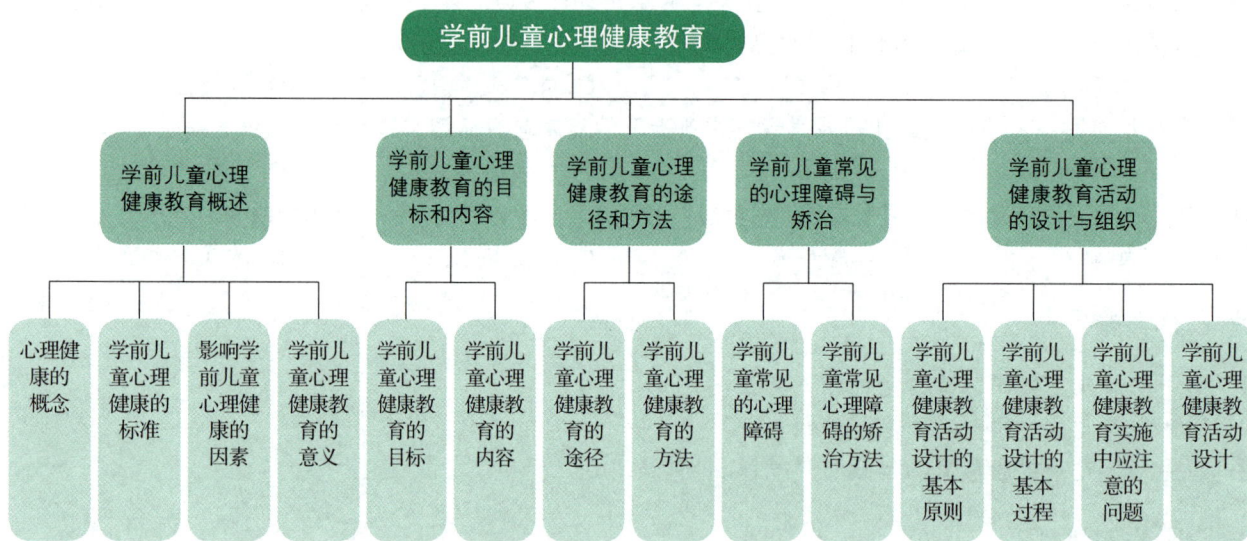

>> 案例思考

霸 道 的 小 刚

小刚上幼儿园大班，个子长得很高、身体很结实，出手有力，争强好胜。在幼儿园里，他好强霸道，经常欺负其他幼儿：不是用手推、抓旁边的幼儿，就是用东西扔别人，要么就用彩色笔涂脏他人的书本画册。老师批评后，他会暂时有所收敛，但很快又旧态复萌，继续有意无意地碰、撞、踩、踢他人，班上幼儿很讨厌他，老师也感到头痛。

思考：小刚的行为属于什么问题？这种问题产生的原因是什么？如何对其进行矫正？

第一节　学前儿童心理健康教育概述

一、心理健康的概念

随着时代的发展，人们对心理健康在人的健康中的重要作用，认识越来越清晰，心理健康已成为现代文明人的一个重要标志，现代人不再仅仅满足于身体没病，更追求心理的健康。心理健康也是学前儿童的教师、家长乃至全社会都日益关注的问题。有的家长说，孩子长得高、吃得多是否为心理健康？孩子经常耍脾气，是不是心理有问题？回答这些问题要从心理健康的概念说起。

究竟什么是心理健康呢？对于这个概念，许多心理学家、精神病学家、社会学家都作了说明。心理学家赫尔曼·艾宾浩斯指出："心理健康是一种持续的心理情况，当事者在那种情况下，能做良好的适应，具有生命的活动，而能充分发挥其身心的潜能，这乃是一种积极的丰富的情况，不仅是免于疾病而已。"我国台湾柯永河教授指出："良好习惯多、不良习惯少的心态谓之健康；而良好习惯少、不良习惯多的心态谓之不健康。"《简明不列颠百科全书》的解释为："心理健康是指个体心理在本身及环境条件许可范围内所能达到的最佳功能状态，但不是指绝对的十全十美的状态。"

由于界定者所站的角度和出发点不同，"心理健康"这一概念至今在国际上仍无公认的定义，但我们仍然可以吸取各种说法之长处。本书认为心理健康是一种生活适应良好的状态，它包括两方面的含义：一是指心理健康状态，个体处于这种状态时，不仅自我情况良好，而且与社会契合和谐；二是指维持心理健康，减少行为问题和精神疾病。另外，心理健康还有狭义和广义之分。狭义的心理健康主要目的在于预防心理障碍或行为问题；广义的心理健康，则是以促进人们心理调节，发展更大的心理效能为目标，即人们在环境中健康生活，保持并不断提高心理健康水平，从而更好地适应社会生活，有效地为人类做出贡献。

· 想一想 ·

1. 当前社会背景下，如何全面理解学前儿童心理健康的概念？请举例说明。
2. 孩子长得高、吃得多是否为心理健康？
3. 孩子经常耍脾气，是不是有心理问题？

二、学前儿童心理健康的标准

学前儿童的心理健康是指心理发展达到相应年龄组学前儿童的正常水平，情绪积极、性格开朗、无心理障碍，对环境有较快的适应能力[①]。学前儿童心理健康的标志如下。

微　课

学前儿童心理健康的标准

（一）智力发展正常

智力发展正常是学前儿童心理健康的重要标志，它是人们生活、学习和工作的基本心理条件。智力一般是指人的观察力、记忆力、想象力、思考力和操作能力的综合。心理学工作者通常采用智力测验的方法测量儿童的智力水平。如最常用的韦氏学前儿童智力量表（WPPSI）将学前儿童的平均智商定为100分，IQ在140分以上的称为天才，IQ低于70分的可能存在智力低下。

---

① 教育部基础教育司.《幼儿园教育指导纲要（试行）》解读［M］.南京：江苏教育出版社，2002：80.

个体之间的智力水平存在着差异，但是在大部分智力发展正常的儿童之间，这种差异并不悬殊。如果某个儿童的智力明显地低于同龄儿童的平均发展水平，那么该儿童的智力发展水平就可能是不正常的，其心理也就不可能是健康的。群体学前儿童的智力呈正态分布，即天才与智力低下者是少数，大多数学前儿童处于中间状态，IQ在85分至115分。智力正常的学前儿童能够适应幼儿园的学习生活，能与周围环境取得平衡。智力低下的学前儿童社会适应能力差，常常不能适应幼儿园的集体生活与学习，心理压力大，需要特殊的保教和护理。

（二）情绪稳定乐观

情绪稳定乐观是心理健康的主要标志。心理健康者与不健康者的主要区别，不在于是否产生消极情绪，而在于这种消极情绪持续时间的长短，以及它在人的整个情绪生活中所占的比重是否恰当。心理健康的学前儿童以积极的情绪表现为主，积极情绪多于消极情绪，经常保持心境良好、愉快、乐观、开朗，这样的情绪有助于提高活动的效率，经常会受到家长和教师的表扬与称赞，而积极的情绪又得以强化，使孩子进入良性循环。健康的学前儿童也有喜、怒、哀、乐，会出现短时的消极情绪，如在受到教师的批评或家长的惩罚时会表现出哭闹、委屈等，但是心理健康的学前儿童能主动调控自己的不良情绪以适应外界环境，这就是情绪稳定性的表现，而一些消极的情绪表现有助于他们不满情绪的发泄，有助于维护心理健康水平。学前儿童的情绪带有很大的冲动性和易变性，因此，教师与家长要注意学前儿童的情绪保健，为他们创设良好的情绪外部条件，让他们的各种情绪都有适当表现机会，并注意引导他们逐步学会用理智控制情绪，变消极情绪为积极情绪。

（三）意志品质健全与行为协调适度

意志是自觉地确定目的并根据目的来支配和调节自己的行动，克服内外困难的心理过程。意志通过行为表现出来。意志品质健全表现在意志行动的自觉性、果断性和顽强性上。心理健康者在活动中有明确的目的性，并能适时做出决定而且自觉去执行，还能够保持长时间专注的行动去实现既定目标。意志不健全的儿童挫折承受力差，怕困难，违拗，做事三心二意，注意力不集中，缺乏自控力。

行为协调是指人的思想与行为统一协调，人的行为像是心理的镜子，通过它可以反映出人的心理是否正常。人与动物的不同之处在于人的行为有自觉的目的，受意识的支配，行为反应的水平与刺激程度相互协调。心理健康者行为有条不紊，做事按部就班，行为反应与刺激的程度与性质相配；心理不健康的儿童在行为表现上前后矛盾，思维混乱，语言支离破碎，做事有头无尾，行为反应变化无常，为一点儿小事可以大发脾气，或是对强烈的刺激反应淡漠。因此，要注意从小培养儿童的健康意志品质，提高他们的自制能力，并训练他们形成良好的行为与习惯，学会对生活环境中各类刺激做出正确反应与应对。

（四）性格特征良好

性格是人的个性中最本质、最核心的表现，学前儿童的性格是在与周围环境的相互作用中逐渐形成的。儿童的性格一经形成，就出现了相对的稳定性。学前儿童的个性虽然没有稳固形成，但已表现出一定的性格特征。心理健康的学前儿童性格相对稳定，一般具有热情、勇敢、自信、主动、谦虚、诚实、慷慨、合作、乐于助人等性格特征；在自我意识上，开始正确认识与评价自己，自尊感在发展，寻求独立性，对自己充满了信心。而心理不健康的学前儿童性格发展不良，表现出胆怯、冷漠、吝啬、孤僻、敌意、自卑和缺乏自尊心。学前儿童的性格可塑性很大，要注意从小培养，尤其在自我意识方面，要让他们学会正确认识和评价自己，多给他们成功的机会，以表扬为主，对挫折与失败不要过分求全责备，以增强他们的自尊心和自信心。

（五）人际交往和谐

人际交往和谐是指能与人友好相处，关系协调，共享欢乐。人际关系代表着人的心理适应水平，是心理健康的一个重要标志，人际交往不良常常是心理疾病的主要原因。

学前儿童的人际关系主要是指学前儿童与家长、教师以及同伴之间的关系，从这些人际交往中可以反映学前儿童的心理健康状态。心理健康的学前儿童乐于与人交往，善于与同伴合作和共享，理解与尊敬教师，待人慷慨而友善，也容易被别人理解和接受。心理不健康的学前儿童不能与人合作，对人漠不关心，缺乏同情心，斤斤计较，猜疑，嫉妒，退缩，不能置身于集体，与人格格不入。

学前儿童的人际关系虽简单，但交往的技能较差，需要逐步地教育训练。家长要鼓励孩子多与其他小朋友一起玩耍，让孩子们在共同的游戏活动过程中交流思想与情感，遵守活动规则，学会一定的交往技能。教师在培养学前儿童人际交往方面，要做好示范，充满爱心，建立良好的师生关系。

三、影响学前儿童心理健康的因素

影响学前儿童心理健康的因素是多种多样的，它们来自生理、心理和社会诸方面。了解这些影响因素，对学前儿童心理健康的预防和促进具有重要意义。

（一）外部压力

外部压力是指外界环境中存在着不良的应激源（刺激），形成一种压力，对学前儿童心理产生影响，它包括生理性、心理性以及社会性的应激源。

学前儿童生活环境中的生理性应激源有很多，如不适当的温度、湿度、照明、空间和噪声等刺激长期作用，会导致学前儿童生理上难以忍受，并影响到情绪和行为。调查表明，在生活空间小的环境中生活的儿童侵犯性行为增多，焦虑水平高；室内气温过高，会使儿童头痛、恶心、多汗、烦躁不安、反应迟钝。

在心理性应激源方面，不良的人际交往是最重要的应激源。学前儿童与家长、教师和同伴之间的关系不协调，会导致学前儿童心理发展不平衡，尤其遇到家长体罚、教师冷落、同伴讥笑时，其心理压力加剧。如果家长与教师本身性格古怪，脾气暴躁，情绪多变，更会使应激源的强度增加。

社会性应激源也对学前儿童产生作用，如家庭的突然变故、亲人的去世、父母的离异和再婚、经济状况的改变等都会使学前儿童难以适应社会环境，产生不良的情绪体验。其中，家长和教师对学前儿童的期望水平以及教养方式最为重要。对学前儿童期望过高，要求过严，教养方式简单、粗暴或不一致，会造成学前儿童心理负担过重，难以忍受，发生心理行为的异常。

（二）内部压力

内部压力是指学前儿童的身心需要未能满足，产生了挫折感，形成一种内部压力，影响到情绪和行为。学前儿童的身心需要包括很多方面。在生理需要上，学前儿童需要一定时间的睡眠和休息，需要合理营养，需要适当的运动。在心理需要上，学前儿童需要一定的安全感，需要成人的保护；在情感上，需要亲情和友爱，需要自尊，尤其是需要受到老师的公正、合理评价，并被同伴所接受；需要独立，要自己动手去解决生活问题；需要成功，即通过自己的努力，达到一定的目标，完成老师布置的任务，成为一名人见人爱的好孩子。学前儿童的这些身心需要如果长期得不到满足，行为的动机不能实现，就会产生强烈的挫折感，内部压力加大，最后出现一系列心理行为问题。

（三）自我强度

自我强度是指个体应对内外压力的能力，这种能力与学前儿童的身心素质有关。由于遗传和环境条件的不同，学前儿童的身心素质在个体间差异很大，如身体健康的学前儿童能正确感知和判断外界刺激，做出恰当反应，而患病的学前儿童体质虚弱，感知与判断力下降，对环境不适应。学前儿童的气质特征对自我强度有明显影响，如有的学前儿童动作灵活，行动果断，对周围环境刺激敏感，并能很快做出反应；而另一些学前儿童行动迟缓，反应慢，沉默寡言，或是注意广度和持久性低，易分心，很难适应环境。另外，学前儿童的性格、能力、兴趣、爱好、价值观念等都会对自我强度产生影响。

根据上述所讨论的影响心理健康的因素，增进学前儿童心理健康需要采取综合措施，有效控制环境中的各类不良应激源，缓解外来压力，满足学前儿童的身心需要，并通过心理卫生教育和疾病防治等系列措施提高学前儿童的自我强度。

四、学前儿童心理健康教育的意义

（一）关注心理健康状况是社会发展的必然结果

当代社会是一个迅速发展和变化的社会，无论是科技文明和社会生产，还是人的生活方式和思想观念都在不断变化更新。在这个日新月异的时代里，需要的是具有一定竞争意识、有较强的独立性和自我决策能力的人。只有勇于开拓进取，才有可能在今天竞争日益激烈的社会中立于不败之地。因此，社会的发展必然呼唤一种新的教育模式，即有意识地、有目的地和科学地培养学前儿童良好的心理品质和健全人格。心理健康教育就是顺应社会的发展，培养学前儿童具有坚强的意志、健全的人格、独立自主勇于挑战的精神，增强学前儿童的心理承受力。

（二）开展心理健康教育是学前儿童心理发展的实际需要

学前期是人身心发展的最迅速的时期，学前儿童对于外界环境及其变化的影响十分敏感，极易受到各种不良因素的影响，心理承受能力很脆弱，自我评价和自我调节的能力很差，这一阶段中的生活经历与环境教育都对学前儿童的发展产生重要的影响。因此，早期学前儿童生活环境与教育是否适当，直接关系到他们良好心理品质的形成。适当的心理教育可以促进学前儿童良好心理品质的形成，不适当的环境影响与教育作用会导致学前儿童心理问题或心理障碍的产生，乃至不良心理品质的形成。有关研究资料显示，学前儿童的心理和行为问题是比较普遍的。脾气暴怒、说谎、爱骂人、语言障碍、咬手指甲等问题行为存在于不少学前儿童中。对于这些心理问题与不良行为，如果不及时予以纠正，就会直接影响到他们的心理健康与发展。因此，开展心理健康教育有助于解决学前儿童发展中存在的心理问题与不良行为，是学前儿童心理发展的实际需要。我们要爱护学前儿童，注意保护学前儿童的心理不受伤害，使学前儿童能在托儿所、幼儿园中愉快地生活和学习。

（三）心理健康是个性全面发展的重要基础

心理健康对学前儿童成长的意义是十分重要的，它是学前儿童个性全面发展的基础。健康的心理如同健康的身体一样，对于受教育者来说具有重要意义，能够对他们个性的各个方面、学习和生活的各个领域产生积极影响。例如，一个心理健康状态比较好的学前儿童与一个心理健康状态有一定问题的学前儿童相比，在各个方面都更容易取得进步。积极的自我意识能够使学前儿童在学习中不怕困难，和谐的人际关系使学前儿童更勇于和乐于参与幼儿园各项活动等。

第二节　学前儿童心理健康教育的目标和内容

一、学前儿童心理健康教育的目标

（一）学前儿童心理健康教育的总目标

学前儿童心理健康教育的目标是要提高学前儿童对心理卫生的粗浅认识，改善他们对待个人和群体心理卫生的态度，培养他们的各种有益于个人、社会和民族的行为方式和习惯，提高他们维护和增进心理健康水平的能力。具体来讲，心理健康教育的目标主要包括以下几个方面：学习适当表达情绪情感和思想的方法；培养对他人的积极情感；改善与人交往的技能；形成与人合作、分享和商量的品质；增强积极的自我意识；发展自尊、自信、自主和自我控制；养成良好的习惯以及培养对问题的决策能力，自觉抵制有损于心理健康的行为[1]。

（二）学前儿童心理健康教育的年龄阶段目标

1. 3～4岁儿童
（1）培养生活自理能力，初步养成良好的卫生习惯。
（2）学习用适当的方式表达情绪，初步学会排解自己的不愉快情绪，喜欢与别人分享快乐。
（3）在他人的帮助下能较快适应集体生活，转换新环境时情绪能较快稳定，睡眠、饮食基本正常。
（4）愿意与同伴合作玩玩具和游戏，能勇敢地玩一些户外大型玩具。
（5）知道男女在外形上的差异，了解并认同自己的性别角色。

2. 4～5岁儿童
（1）经常保持愉快的情绪，不高兴时能较快缓解。
（2）能较快适应人际环境中发生的变化，如换了新老师能较快适应。
（3）喜欢幼儿园的集体生活，能与小朋友互相合作、团结友爱，愉快地与同伴一起参加各类活动。
（4）能自觉遵守活动的规则和要求，初步形成良好的日常行为习惯。
（5）培养求知欲，初步形成良好的学习习惯。
（6）关心周围的人、事、物，学会爱自己的亲人、朋友与老师。

3. 5～6岁儿童
（1）学会与人合作、分享，学会换位思考，用积极的心态理解、帮助他人。
（2）学会思考，培养独立学习、生活的能力。
（3）学会正确对待挫折、困难，勇敢坚强。能体验成功带来的喜悦，对力所能及的事情有自信，具有较强的竞争与合作意识。

二、学前儿童心理健康教育的内容

（一）教会学前儿童正确表达情绪情感的方法

儿童情绪的表达在很大程度上取决于触发他们产生情绪反应的情境以及儿童对这种情境的理解和认识。学前儿童的健康行为与儿童能否以稳定的、平衡的、积极的方式认识、分析、解释和交流情绪情感有密切的关系。

微课

教会正确表达情绪情感的方法

1. 调整认识
学前儿童情绪反应的强度和持久程度，在一定程度上取决于他们对于触发情绪反应的情境的理解、认识和评价。对于同一情境或刺激，不同的学前儿童可以产生很不一样的情绪反应。例如，两个儿童为了争夺一个玩具而发生了殴打，他们同样受到了老师的批评。但是，这两个儿童的反应可能是不同的，一个儿童只产生了轻微的不快，而另一个儿童则表现出极度的不安，这主要是由于儿童对老师批评的认识和评价不一样。因此，教师和家长应该努力帮助儿童提高对外界情境和刺激的认识水平，平时让儿童懂得哪些要求是合理的，哪些要求是不能给予满足的；哪些目标是能够达到的，哪些目标是力不能及的。教育儿童遇到不高兴的事情时，不大哭大闹，而是采用适当的方法向亲近的人表露自己的情绪情感。另外，还可教育儿童用自我说服法、换位思考法对自己的认识进行调整。

2. 合理疏泄
弗洛伊德（S. Freud）充分肯定了合理疏泄对维护心理健康的价值。他认为，讲出一切来，能够减轻精神上的症状。学前儿童在生活中积累的不良情绪应该以适当的方式加以宣泄，而不应采取压抑的方法。家长和教师要让儿童有机会在遭遇挫折或感受到不愉快时尽情地倾吐自己内心的体验，也可

[1] 朱家雄. 现代儿童保健百科全书［M］. 上海：中国大百科全书出版社上海分社，1994：339.

59

以设置冲突的情境让儿童通过想象表述自己的感受。对于儿童表达的情绪体验和感受，家长和教师不应妄加批评和评论，而是通过商量和评论让儿童自己进行评价，寻找应对矛盾的对策，让儿童自愿地、心悦诚服地按照大家都能接受的方法去做。

知识链接

案例：快乐的出气筒

在区域活动时，中班几名小朋友很快就进入"宣泄区"。天天小朋友的小脸涨得通红，他用木块使劲敲打铁皮筒，嘴里还喊着："嘿！嘿！嘿！"天宇小朋友皱着眉，戴着拳击手套一边猛击大灰狼，一边说："让你再欺负小动物！"凯凯小朋友则不声不响地猛抽陀螺。慢慢地，他们的脸色越来越缓和，动作逐渐变慢，终于，他们满意地离开了宣泄区，兴高采烈地投入到其他区域的活动中去。

在本例中教师设置了一个别具特色的宣泄区，帮助幼儿释放不良情绪，他们在社会交往中产生的委屈、焦虑、愤怒等不良情绪会在宣泄区中通过对物体的敲打、捶击而烟消云散。这样既稳定了幼儿的情绪，又在很大程度上减少了他们之间的"暴力侵犯"，可谓一举两得。

3. 教给对策

在生活中，学前儿童经常会感受各种形式的心理压力。如果他们不能正确应对，就会产生持续的心理紧张，所以家长和教师要培养儿童适应环境的能力，指导儿童学习积极、主动地应对各种心理压力的正确策略，以保持他们与环境之间以及自身内在的平衡。

（1）学习运用转移的方式消除不良情绪。当遇到冲突和挫折时，不要将注意力集中在引起冲突和挫折的情境之中，而应该尽快地摆脱这种情境，投入到自己感兴趣的其他活动中去。

（2）以支持的方式应对心理压力。应教育学前儿童在遭遇到冲突或挫折时将心中的感受告诉家长和教师，以寻求他们的同情和安慰。

4. 培养积极的情绪

积极的情绪是防御外界环境或机体内部不良刺激困扰的有力屏障，应该教育学前儿童做到经常保持情绪愉快，不生闷气，不长时间情绪低落，不乱发脾气；不总回忆不愉快的事，能主动寻找愉快的事情做；感到不愉快时，能自行调整，逐步消除不愉快的情绪。为此，应让学前儿童积极、热情地参加各种活动，并经常获得成功的情绪体验。

案例

中班健康活动：情绪温度计[①]

活动目标

1. 对情绪有初步的认识，知道人的情绪会变化。

2. 会用情绪温度计记录自己的情绪。

3. 懂得保持良好的情绪对身体的好处。

活动准备

1. 气温温度计一个。可调试情绪温度计若干。

2. 脸谱图：兴奋、高兴、伤心。《快乐舞》《小熊的葬礼》的音乐。

---

① 周晓兰，朱蓉. 健康活动新设计［M］. 桂林：广西师范大学出版社，2001：57.

活动过程

1. 认识气温温度计，知道气温的变化可以用温度计来测量。

2. 认识情绪，知道人的情绪也会变化。

（1）请幼儿欣赏音乐《快乐舞》和《小熊的葬礼》，感受自己的情绪变化。

（2）出示不同的情绪脸谱并认识它们：兴奋、高兴、伤心，让幼儿说说自己有没有过这样的情绪。

（3）认识情绪温度计：知道情绪同气温一样会变化，可以用情绪温度计来记录自己的情绪。

① 幼儿操作自己的情绪温度计，并同旁边的幼儿说一说自己的情绪。

② 请个别幼儿把自己的情绪温度计给大家看，让人猜一猜他的情绪是怎样的，使幼儿懂得情绪温度计不仅可以记录自己的情绪，也可以了解别人的情绪。

3. 通过故事，了解情绪对健康的影响。

（1）提问：你喜欢什么样的情绪？为什么？什么样的情绪最让人舒服，对身体最有益？

（2）讲故事《小兔过生日》《长颈鹿丢了花帽子》，让幼儿懂得过分高兴和伤心对身体不利，最让人舒服、最利于健康的情绪就是"高兴"。

活动评析

"情绪温度计"是一个培养幼儿良好情绪情感的活动设计。通过一系列幼儿感兴趣的各种活动的设计，使幼儿懂得了各种情绪对幼儿身心发展的作用，教育幼儿在生活中应自觉培养积极的情绪，克服不良情绪，维护身心健康。

（二）学习社会交往的技能

研究表明，2～6岁是儿童社会能力快速发展的时期，儿童在这个阶段通过学习而获得的社会交往技能对其一生的社会适应能力具有非常重要的作用。但是儿童并非生来就知道如何适应社会生活和如何与人相处的，他们必须向他人学习，这就要求成人要帮助学前儿童掌握一定的社会交往的技能和方法。

1. 感知和理解他人的情感

皮亚杰（Jean Piaget）认为，年幼的儿童是以自我为中心的，而儿童与他人相处的过程就是学习克服自我中心、学习考虑别人的思想和情感的过程。在托幼机构中，教师可鼓励儿童向他人表露自己的情绪情感，让其他儿童知道自己的愿望。儿童的相互表述和讨论能有益于他们将自己置于他人的立场考虑问题的认识和能力的发展。另外，角色游戏也是让学前儿童感知和理解他人情感和愿望的良好途径。通过让学前儿童扮演各种角色，丰富学前儿童的生活经验，理解别人的情绪情感，懂得别人是怎么感受和认识外部世界的，培养儿童感知和理解他人的情感。

2. 分享与合作

研究表明，儿童的利他行为可以通过学习而获得。教师可以通过言语评论赞扬儿童的利他行为，也可以通过树立榜样促进儿童的利他行为，但是注意不要依靠外部的力量迫使儿童这样做，而要注意激发儿童内部的行为动机，还要为儿童安排尽可能多的玩具和材料，避免儿童为了使用这些材料而等待。当儿童的需要基本上得到满足以后，他们就会自愿地让其他儿童与其共同分享。

儿童的合作行为会导致儿童与他人亲密关系的形成。家长和教师要教导儿童与他人一起活动或合作，并为儿童提供一起工作、共同完成任务的机会，让儿童感受通过合作而获取成功的快乐。同时还应教给儿童一定的交往策略。如游戏时如果缺少某种物品或想玩别人的玩具，能与同伴协商；看见其他几个小朋友做游戏，自己也想加入时，能根据当时的具体情景采取适当的方式并能得到同伴的接受。

3. 乐于助人

培养学前儿童乐于帮助他人的精神，对于改善儿童的人际关系、增进学前儿童社会交往能力有很大益处。家长和教师要教育儿童认识到帮助别人是一件有意义的事，并能从中体验到愉快和满足。对于学前儿童，帮助别人虽然都是一些小事，如帮助别人拿毛巾、送碗筷等，但是这些行为能帮助儿童感受利他行为的价值，克服自我中心。

4. 认识自己，接受自己

帮助学前儿童认识自己和接受自己是建立良好的人际关系的一个前提。学前儿童的自我认识和评价往往带有主观色彩，较多的儿童表现出过高地估计自己的倾向，对自己过分自信，只注意成功，很少考虑困难等，只有少数的儿童对自己有过低的评价。对于后者，家长和教师要及早发现这些儿童，对他们尽早进行干预和教育，使他们摆脱自卑感，帮助建立符合其本身情况的目标。

家长和教师对儿童评价的正确态度会直接影响儿童自我评价和自我认识的正确性。年龄越小，受成人评价的影响程度越大，所以家长和教师对学前儿童的评价要客观，并要注意方式方法。对于自我评价较低的儿童，教师可多讲他的长处，不讲或少讲其短处；对于自我评价过高的儿童，教师对他的评价可比其实际状况略低一些，这样做有益于儿童自我意识的发展，帮助儿童正确认识自己和评价自己。

（三）培养良好的生活习惯

良好的生活习惯有益于儿童的情绪保持稳定。学前儿童已经形成的生活习惯一旦受到破坏，就会产生消极的情绪体验，导致儿童的心理紧张，因此，学前儿童的心理健康是与生活习惯密切相关的，家长和教师应该指导儿童通过反复实践，形成有益于心理健康的良好的行为习惯。

1. 有规律的日常生活

学前儿童的日常生活包括按时睡眠、起床、饮食、排便以及室内外的活动等。儿童年龄越小，所需要的睡眠时间越多。家长和教师要在每天固定的时间让儿童按时睡眠，一旦动力定型形成以后，每到睡眠时间，儿童就会自动入睡。良好的饮食习惯是保证儿童健康成长的需要，家长和教师可结合图片故事或案例对儿童进行教导，使儿童养成按时按量进餐、细嚼慢咽、不吃零食、不暴饮暴食、不挑食偏食等良好的饮食习惯。

排便习惯应在1.5岁左右开始训练，家长应培养儿童养成每天按时大便的习惯，一般应在起床后5分钟进行。经过训练，大多数儿童在不长的时间内都可养成定时大便的习惯。

总之，培养学前儿童有规律的生活习惯，让他们按时睡眠、按时进食、按时活动和按时排便等，能使他们机体的活动按照一定的生物节律进行，可满足他们的各种需要，促进他们心理的健康发展。

2. 良好的卫生习惯

良好的卫生习惯对于儿童保持良好的精神状态和健康的身体具有积极的作用，所以从小就要教育学前儿童养成勤理发、勤剪指甲、勤换衣服、勤洗澡、饭前便后洗手、吃东西前洗手、不抠鼻子、不挖耳朵等各种良好的个人卫生习惯。家长和教师应让学前儿童懂得，个人的清洁卫生不只是自己的事，还关系到是否尊重别人，是否能够得到他人的认同，教育学前儿童自觉形成良好卫生习惯。

（四）接受性教育

性教育是一种知识教育，也是人格教育。研究表明，5岁前是性教育的关键期，儿童早期形成的性观念和性准则，是成人明确的性概念和性信念的前身，可成为成年期行为形成的主要因素。因此对儿童的性教育应该从儿童刚出生时就开始，与儿童的身体和心理发展同步进行。

孩子出生后，其生物性别已经确定，社会性别的认同却还要在环境影响下逐渐形成。3岁以前的儿童已经开始对自我性别实现认同了，5岁的儿童则能以自己的性别角色适应社会生活，家长在儿童时代给孩子起名字、买玩具和衣服、与儿童的交流等要注意考虑其性别特征，帮助他们意识到自己的性别角色，逐步培养他们以自己的性别角色适应社会生活。

幼儿从3～4岁起便开始认识到男女之间在外生殖器上的差别，对成人及其他儿童的生殖器产生好奇心，并会向父母提出"我是从哪里来的""××为什么站（蹲）着小便"等问题。

1. 让幼儿正常认识性别角色

幼儿对男女性器官的关注和好奇是自然的和正常的，幼儿在认识自己的身体时，性器官就如眼睛、鼻子、嘴巴、手或脚一样，都是自己身体的一部分，并无差别。在家庭和社会的要求下，随着年龄的增长，幼儿的自我性别意识会逐渐地增强，但如果在这方面出现差错，就可能造成心理问题，甚至产生心理变态。家长给孩子洗澡、穿衣服时，教师在组织活动或与儿童进行交流时，都要考虑其性别特征，进行正确的引导。

2. 消除幼儿对性的神秘感

幼儿对自然界的一切感到新奇，求知欲也十分旺盛。看到任何不理解的事情都喜欢问为什么、怎么回事，对性的问题也不例外。对于学前儿童提出自己是从哪里来的，为什么自己有"小鸡鸡"而邻居的小妹妹没有等这类问题，家长和教师应该用平静的态度告诉他："你是妈妈生的。""站着小便的是男孩，蹲着小便的是女孩。"还有一些不便回答的问题，可用转移注意力的方法不予回答，或说："等你长大了就知道了。"对于这些问题，成人不必大惊小怪，也不要神秘地压制，或哄骗孩子。应该根据自然现象本身，根据孩子的理解能力简略真实地回答。

（五）预防心理障碍和行为异常

教师要依据心理健康的标准，通过调查、观察、筛查和诊断等方法，及早发现学前儿童的各类行为问题、心理障碍和心理疾病，确定问题的性质，采取有针对性的措施，进行早期教育、早期干预或早期治疗，详见本章第四节内容。

第三节　学前儿童心理健康教育的途径和方法

学前儿童心理健康教育是健康教育的组成部分，充分利用各种有效的途径，采用多种方法，有目的、有计划地组织实施心理健康教育，才能将其落到实处。

一、学前儿童心理健康教育的途径

（一）注重活动环境的创设

环境是重要的教育资源，同时也是一种重要的隐形教育，能对幼儿产生熏陶、感染作用，能对幼儿的心理健康教育起到"此处无声胜有声"的独特效果。具体来说，幼儿园的环境包括物质环境和精神环境。

1. 丰富的物质环境

《纲要》强调："幼儿园应为幼儿提供健康、丰富的生活和活动环境，满足他们多方面发展的需要，使他们在快乐的童年生活中获得有益于身心发展的经验。"只有良好的环境互动，才能满足他们的求知欲，才能使其获得各方面的发展，释放出最大的潜能。

首先要创设儿童化的设施环境。独特造型的建筑设计能令儿童赏心悦目、心旷神怡。其次是清新绿化的自然环境。按审美的法则和儿童的认识需要来布局和种植花草树木，物种要多样且清新优美。再次是美化、教育化的装饰环境。室内各个墙壁都进行精美的布置、装饰，使之既具有教育意义，又具有美的熏陶。最后是自主、开放的游戏环境。各班在室内外创设自主开放的游戏场所，提供丰富的游戏材料，缓解儿童的压力，满足儿童的心理愿望和需要。

创设宽松的物质环境会让儿童身心放松，增加心理和身体的活动空间，为师幼之间积极的互动提供宽松、愉快的氛围。例如在"感受春天"的活动中，可以带幼儿到大自然真实的课堂中去寻找春天，感受春天花草、树木的变化。当幼儿来到户外草地上看到春天鲜艳的花朵、碧绿的小草、嫩绿的叶子时，与大自然亲近的情感油然而生，当教师允许幼儿自由观察、自由讨论、自主选择时，他们探索的积极性会格外高涨，会主动地与环境、同伴、教师相互作用，有效发挥自身的主动性和积极性。

2. 宽松的精神环境

心理健康教育是有师生共同参与、相互影响的动态过程。宽松自由的心理环境，能促进儿童心理的健康发展。首先，教师应与儿童建立一种平等的伙伴关系，蹲下身来和他们讲话，倾听他们诉说苦恼，和他们分享快乐，了解他们的兴趣，关注他们的需要。同时，教师还要尊重儿童的人格，遵从他们的意愿，他们的事让他们自己做主。其次，教师要注意自己的一言一行、一举一动，处处给儿童树立典范，用积极的情绪去感染儿童，用自身愉快的情绪引导儿童每一天快乐地成长与生活。最后，教师还要时刻意识到自己角色的特殊作用，随时调控自己，保持积极愉快的情绪及良好的心境，处处给儿童提供积极的影响。对于儿童的合理需要，教师要尽量满足和给予帮助，使其产生安全感与愉悦感，从而保持乐观、积极向上。

（二）运用区角和游戏活动

游戏是幼儿时期最主要的活动，一日活动中，游戏贯穿始终。除了游戏本身的教育作用外，心理健康教育融合于游戏中，能发挥增效作用。在角色游戏中，幼儿通过对游戏主题的确立、角色的选择和情节的发展等活动，学会如何与同伴友好相处，如何发展合群情感，如何使社会化和个性化协调发展。例如，教师可以通过设计游戏活动，在活动中观察幼儿的情绪情感。

知识链接

游戏中幼儿的情绪、情感观察

观察目标

观察小班幼儿能否按意愿选择自己感兴趣的游戏；找寻帮助幼儿满足自己游戏愿望，获得愉快的情绪体验的策略。

观察过程

幼儿开始选择游戏，冬冬、丁丁、小文都向娃娃家走去。冬冬抓住娃娃家的碗和勺；丁丁站在炉子前面右手拿铲子，在锅里来回地铲来铲去；小文坐在小床边，抱起了娃娃。冬冬左手拿碗，右手拿勺，走到娃娃面前："爸爸喂娃娃吃饭！"小文用手推开冬冬："妈妈要哄娃娃睡觉！"冬冬哭了。这时，丁丁拿着锅烧菜，嘴里嘟哝着："我是娃娃的爸爸！"

观察分析与思考

从幼儿游戏中可以看出，幼儿对娃娃家游戏非常感兴趣，他们都按照自己的意愿在娃娃家中找到了自己的角色，并玩起独自的游戏。随着游戏情节的推进，他们各自的情节在同一个娃娃家中产生了冲突，从而产生了不愉快的情绪体验，他们开始委屈、不满。但是，从幼儿的社会性发展来看，幼儿的社会交往从独自游戏开始向平行游戏发展，幼儿间的纠纷因发展而引发，是一个教育的契机。

教育机会与策略

1. 教师提供明显的角色服饰，帮助幼儿明确自己的游戏角色，满足游戏愿望。例如，妈妈的长发、围裙、漂亮的发夹，爸爸的眼镜、领带等。

2. 教师与幼儿一起谈话，如"妈妈在家里会做哪些事情？爸爸在家里会做哪些事情？哪些事情是爸爸妈妈一起做的？"，以此帮助幼儿丰富游戏情节，促进幼儿游戏发展。

（三）组织专门性的心理健康教育活动

1. 专门的心理健康教育

这是指根据学前儿童心理健康教育的目的和内容，或是针对当前存在的实际问题，向学前儿童进行有关的心理健康教育。这种教育活动要根据学前儿童的年龄特点和心理发展水平，制定切实可行的心理卫生教育的目标，根据目标选择适宜的教育内容。其方案的实施既可以在课堂内进行，也可以在课外活动中进行。

2. 专家的心理咨询和一般的行为指导

心理咨询师通过谈话的方式，提供学前儿童需要的知识，增进学前儿童的自我认识，开发学前儿童的潜在能力，帮助学前儿童克服困难，达到身心健康发展的目的。心理咨询的效果，取决于进行心理咨询的教师和医生的知识、态度、咨询技术以及职业道德和操作规则。

狭义的行为指导具有行为矫正的意思，主要是运用条件反射学说和社会学习理论纠正儿童的不良习惯。行为指导一般采取正负强化的奖惩方式进行训练。广义的行为指导还包括道德与情操培养、榜样作用、规范行为的建立与训练等。

3. 心理治疗

心理治疗是运用心理学的方法，对已经产生较严重心理障碍的人进行专门的调节，使其恢复到正常状态。

（四）日常生活中随机教育

在日常生活中，儿童人际交往相对频繁，心理品质也能自然显露，心理健康教育更多地应在日常生活中进行。教师应在一日生活的各个环节中关注学前儿童的心理问题，抓住教育契机，及时对他们进行教育。例如，早上入园时，要主动向老师问好，与爸爸妈妈告别；如厕时，提醒他们男女分厕，自然地将性教育融入其中；就餐时，提醒儿童注意卫生，不挑食，不争抢，互相谦让，学会分享；午睡时，保持安静，迅速入睡，不大声喧哗影响别人休息等。教师可以设计心情记录册，让儿童每天记录自己的心情，学习情绪管理和情绪控制。

（五）托幼机构、家庭和社区相互合作

托幼机构、家庭和社区紧密合作、共同努力，是实施学前儿童心理健康教育的重要途径。托幼机构是学前儿童最早加入的集体教育机构。学前儿童对教师存在着很大的依赖性，如果儿童与教师之间的关系不亲密、不融洽，往往会导致心理上的不平衡。教师应对学前儿童充满爱心和耐心，尊重学前儿童的兴趣、要求和愿望，谅解学前儿童的缺点和不足；为学前儿童组织各项活动时，要考虑其承受能力，对学前儿童提出的要求要适合其心理发展水平，不能过高或过低。

家庭是学前儿童社会化的主要场所。学前儿童即使上了幼儿园，家庭生活仍然占去了其生活的大部分时间，因此，父母的教养态度、家庭成员之间的相互关系、他们自身的各种特征等，都直接或间接地对学前儿童的心理健康发生着影响。为了营造有利于心理健康的氛围，父母的教养态度要一致；家庭成员之间的关系要和谐，互相关心，互相爱护；父母的情绪要乐观、愉快，让孩子生活在充满爱和有安全感的家庭环境中。

学前儿童不只是生活在家庭和托幼机构中，同时也生活在具有复杂关系的社会-文化体系之中，社会经济状况的剧变、社会文化的变迁、社会关系的变化等，都可能成为学前儿童行为不良的诱因。因此应创设和谐安定的社会大环境，使学前儿童的基本权益得到保障，人格得到尊重，以保护和增进儿童心理的健康发展。

社会应设立儿童心理健康服务机构，通过筛查等方式及早发现有心理障碍的儿童，并进行心理治疗。综上，家庭、幼儿园或托儿所、社会的环境，都应有利于学前儿童心理的健康。

二、学前儿童心理健康教育的方法

学前儿童的年龄特点以及心理健康教育的内容，决定了方法在实施学前儿童心理健康教育过程中的重要性。常用的学前儿童心理健康教育的方法如下。

（一）榜样示范

在心理健康教育中，树立榜样，让儿童通过模仿从无意到有意、从自发到自觉学习榜样的行为和

习惯，这是心理健康教育的一种行之有效的方法。榜样可以是同龄儿童的良好行为，或是儿童喜欢的媒体中的人物形象的良好言行。值得注意的是，在学前儿童良好行为形成的过程中，具有决定性影响作用的是父母和教师的行为。在运用这一方法时，家长和教师要以身作则，为儿童树立模仿学习的典范。同时，家长和教师在为儿童选择榜样时，要注意榜样的典型性、权威性和情感性，使榜样和范例能对儿童的行为起到启动、控制、矫正的作用。

（二）情景演示

情景演示是指让儿童以表演的方式，思考和表现在不同的社会情景中做出行为对策的教育方法。情景演示的内容源于儿童的生活实际，它能帮助儿童认识到一定情景中可能遇到的问题和冲突，并对之作出合乎社会行为规范的反应。在运用这一方法时，家长和教师要注意引导儿童积极思考，锻炼他们判断是非的能力和学习选择办法的能力。

（三）行为练习

行为练习是指让儿童对已经学过的技能和行为进行反复练习，加深儿童对某个行为或技能的理解和掌握，从而形成稳定的行为习惯。在运用这一方法时，家长和教师要注意行为练习的兴趣性、持续性和指导性，这样才能取得良好的效果。

（四）讲解说理

讲解说理是指向儿童传递、讲授有关心理健康的一些粗浅的知识，以提高儿童的认知水平，帮助儿童改善对心理健康的态度。在运用这一方法时，应注意讲授的生动有趣、形式的活泼多样，切合儿童的生活实际，符合儿童的年龄特征。

（五）讨论评议

讨论评议是组织儿童参与心理健康教育的过程，通过提出问题、发表意见、共同交流而取得较一致的认识。这种方法的运用，可以是在同伴之间的，也可以是在儿童和成人之间的。应当允许儿童发表不同的看法，也应当鼓励儿童表达自己真实的情绪和情感，以及对他人发表评议。

第四节　学前儿童常见的心理障碍与矫治

一、学前儿童常见的心理障碍

（一）情绪障碍

情绪障碍表现为情绪不稳定、焦虑、抑郁、暴躁等倾向，据有关研究人员所作的流行病学调查，至少有3%～5%的儿童有较为严重的情绪障碍。但随着年龄的增长，大多数儿童的情绪障碍能自然消失，只有少数人才会影响成年后的心理。

1. 儿童期恐惧

案例

玲玲四岁半，上幼儿园中班。她的妈妈出差一个礼拜，每天由她的爸爸照顾，但由于爸爸工作很忙，总是很晚才到幼儿园接孩子。玲玲感到孤单、害怕，总是担心爸爸忘了她，加上晚上玲玲又在电视上看到一些死亡的镜头，令她恐惧万分。后来妈妈回来了，玲玲总是要妈妈陪着，不敢离开妈妈半步，也拒绝到幼儿园上学，一听到去幼儿园就大哭大闹，晚上睡觉也不安稳，有时会从梦中惊醒，哭闹不止。

玲玲患的是儿童恐惧症。儿童期恐惧是学前儿童中较为常见的一种情绪障碍。恐惧的对象主要有两类，一类是某些具体的事物，另一类是某些抽象的概念。年龄越小的儿童，越容易对具体事物产生恐惧，如有的孩子害怕毛茸茸的玩具动物，有的不敢触摸柔软的棉花，而更多的孩子则害怕水、火、陌生人。有些年龄稍大些的孩子，对某些概念开始理解，但又不完全理解，似懂非懂产生焦虑，比如对"死亡"概念的恐惧等。儿童对某一特定对象恐惧的持续时间比较短暂，仅仅在某一年龄阶段或某一时期表现得较为明显，则无须对其进行特殊治疗。但如果儿童的恐惧程度严重，且持续时间较长，就要进行专门治疗，否则有可能发展成为儿童恐惧症。

对儿童恐惧症常用的方法是示范疗法和行为脱敏法，采用这些方法可以消除或减轻儿童的某些过分的恐惧情绪。

对儿童期恐惧的预防，关键在于教育。要鼓励儿童去观察和认识各种自然现象，学习科学知识，探索自然的奥秘。在任何情况下都不要对儿童进行恐吓，不要让他们看恐怖的电影、电视、书刊和图片。要培养儿童良好的睡眠习惯，晚上不要过度兴奋；要鼓励儿童多参加集体活动，培养坚强的意志，以此克服种种恐惧情绪。

2. 拒绝上幼儿园

学前儿童初次离开家庭到集体中生活，由于环境是陌生的，周围的人也是陌生的，而在家里能受到亲人百般的照顾和呵护，所以他们不愿意上幼儿园，并出现哭闹等情绪波动。大多数儿童经过父母和教师的引导能够较快地适应新的环境。但也有一些孩子情绪波动过大，持续时间过长，甚至害怕上幼儿园，一谈到幼儿园或硬让他们上幼儿园时，他们的脸部表情便变得呆板或惊恐，心跳加速，肌肉紧张，严重时还伴有出汗、呕吐、腹痛、腹泻等症状。

案例

小红今年3岁半，刚刚上幼儿园。从第一天入园起，她的情绪就特别不稳定，经常哭闹，开始是一进班就哭，后来是一进园就哭，几天后，甚至在离园几十米处，就开始四处乱跑、躲藏、耍赖、哭叫，脸上充满了慌张和恐惧，不肯上幼儿园的态度之坚决令大人吃惊，已近乎歇斯底里。

造成小红这种行为的主要原因可能是由于父母对子女溺爱和娇惯，形成过分强烈的亲子依存关系，一旦离开父母，就有了害怕的情感体验，而回到父母身边，则减少了害怕情绪，增加了安全感。也有的儿童是因为刚入幼儿园，就碰上了一个过分严厉的教师，进而发展成不愿意上幼儿园。此时，若父母对学前儿童的不满、害怕采取附和、同情的态度，则会加重学前儿童的依附症状，他便以家庭为保护伞而拒绝上幼儿园。

对于拒绝上幼儿园的学前儿童，正确的做法是要尽量减少他们的心理压力，鼓励他们多参加集体游戏和集体生活，增强他们社会适应的能力；努力改善亲子关系、师生关系和同伴关系，让儿童在家庭和集体生活中感受到温暖；另外从小注意对学前儿童坚强性格的培养，要让他乐观、开朗，增强独立性。

（二）品行障碍

品行障碍表现为说谎、偷窃、打架、逃学、攻击性行为等，这类行为往往是儿童心理冲突的结果，并非完全是道德范畴的问题，它的发生诱因是多方面的，而家长和教师的言行举止对儿童品行的塑造起着至关重要的作用。下面主要介绍攻击性行为的产生原因及其矫正。

攻击性行为指有意伤害他人心理或身体的行为，表现为儿童在遭受挫折时采取打人、咬人、踢、抓、扔东西等方式引起别人的对立或争斗。这类行为多见于男性儿童，在学前期和学龄初期儿童中较为常见，到学龄后期日渐减少。

本章开头处的"案例思考"中，小刚的行为就属于攻击性行为。分析攻击性行为产生的原因主要有以下方面：同伴的攻击性行为的示范作用；周围环境的不良影响（如电视武打片）；家长不正确的教育思想（如不打不成材）和对男性儿童的性别期待等。

矫正学前儿童的攻击性行为，应注意改变亲子之间、师生之间以及同伴之间的关系，对这些关系中的紧张因素进行分析，指导学前儿童正确地处理和解决。在有些情况下，可用暂时隔离法进行治疗。对儿童攻击性行为的矫正和教育的过程，也是促进儿童社会化的过程。

（三）语言障碍

语言障碍包括发育性语言障碍、发音性语言障碍和口吃。这里主要介绍儿童中最常见的心理问题行为口吃的预防及矫正。

口吃为常见的语言节律障碍，表现为正常的言语节律受阻，不自觉地重复某些字音或字句，发音延长或停顿，伴有跺脚、摇头、挤眼、歪嘴等动作才能费力地将字进出。口吃出现的年龄以2～5岁最为多见。需要注意的是，2～5岁的学前儿童，言语功能还不完善，说话时常有迟疑、不流畅的现象，一般到上学前就正常了，这不属于口吃。

由于口吃影响到学前儿童与人的正常交往，所以口吃患者常遭人嘲笑而变得自卑、孤独、易激动和焦虑。

案例

亮亮是一名小班的幼儿，他由于有口吃的毛病，在集体活动时，有些孤僻、胆怯，不愿向同伴交流自己的思想，不敢向老师提出正当要求，更不敢当众发言。一旦老师向他提问，他总是喜欢用摇头和点头来回答，面部表情很紧张，双手紧握衣角搓来搓去，双腿不自然摆动，害怕接触老师的目光，须在老师的再三启发下，才能憋足劲，吞吞吐吐、断断续续讲出话来。全班幼儿常常为此哄笑。

口吃的原因较复杂，一般认为与下列因素有关：儿童受到惊吓、被严厉斥责或惩罚、家庭失和、环境突变、让习惯用左手的孩子突然改用右手等；学前儿童善于模仿，出于好玩对口吃患者加以模仿，时间长了就形成口吃；因疾病而导致大脑皮质功能减弱；等等。

根据以上原因，矫正口吃最好的办法是消除心理紧张因素。家长不能过分注意或当众议论孩子的口吃，也不能模仿或嘲笑他，更不能强迫他说流畅话，否则他就会越紧张越结巴，只能加重其心理负担。家长要多给孩子以温暖和关怀，不能对孩子提出不切实际的要求，尽量减少和消除孩子的精神压力。家长要帮助孩子树立克服口吃的信心，要心平气和地与其说话，使他们说话时不着急、呼吸平稳、全身放松。必要时还可以采用一些特殊的言语矫正措施。

（四）排泄障碍

学前儿童的排泄障碍主要有遗尿症和大便控制不住。这里主要介绍学前儿童常见的遗尿症的预防与教育。

儿童在5岁以后仍经常不能从睡眠中醒来自主排尿，称为遗尿症。遗尿有原发性和继发性之分。原发性遗尿症指的是从未建立过对于排尿的控制的遗尿；继发性遗尿症则指曾一度能自行控制排尿，以后由于某种原因再度发生遗尿，多数发生在6～7岁。

<blockquote>
案例

明明上幼儿园大班，近半个多月来，晚上他总是尿床，平均每两天就尿床一次，严重时一个晚上还会尿床两三次。每当尿湿的床单晾出来，那"地图"就成了小朋友的笑柄，遗尿成了明明严重的精神负担。
</blockquote>

明明所患的就是遗尿症。一般两三岁的孩子就开始能够自行控制排尿，仅在夜间偶尔遗尿，属正常情况。而在5岁以后经常遗尿的儿童中，有10%左右是由于疾病造成的遗尿，如大脑发育不全、膀胱炎、肾盂肾炎、蛲虫病、糖尿病等，故称器质性遗尿；另有90%左右的儿童是由于大脑皮质及皮质下中枢功能失调所造成的遗尿，称为功能性遗尿。预防和治疗儿童遗尿症的有力措施是：不让儿童过分疲劳和兴奋，从小训练排尿习惯（出生后10～18个月即可开始训练），消除引起儿童心理紧张和情绪不安的精神因素，及早治疗儿童的各种躯体疾病。

治疗单纯的功能性遗尿症的常用方法是行为治疗中的经典的条件反射法，即让患儿睡眠时躺在电铃－褥垫装置上。当儿童遗尿时，刚排出的少量尿液浸湿了褥垫，就可使电路接通，与电路连接的电铃鸣响起来，把儿童从睡梦中唤醒，起床排尿。这样铃声与儿童膀胱充盈的刺激多次结合，条件反射逐渐建立，儿童能被膀胱充盈所引起的刺激唤醒。此外，还应该控制儿童晚上的饮水量，尽量减少儿童的排尿次数。

（五）睡眠障碍

睡眠障碍常表现为在临睡前不愿上床，上床后很难入睡，在睡眠时说梦话、磨牙、哭喊等。由于夜间睡眠不安，白天往往精神不振，坐立不安，饮食不佳和容易发脾气。

1. 梦魇

梦魇是学前儿童中较为多见的一种睡眠障碍，以儿童做噩梦为主要表现。儿童在做噩梦时，伴有呼吸困难、心跳加快，自觉全身不能动弹，在惊醒或被唤醒后，仍有明显的情绪不安、焦虑和惧怕，出冷汗、脸色苍白等。诱发学前儿童梦魇的因素有许多种，例如儿童患上呼吸道感染或肠道寄生虫病，或者遭受挫折等。消除儿童的内心矛盾冲突，缓解其心理紧张，对其躯体疾病进行及时治疗，这些都是预防和消除学前儿童梦魇的必要措施。

2. 夜惊及梦游症

夜惊是一种意识蒙眬状态，即在开始入睡一段时间后突然惊醒，瞪目坐起，表情恐怖，有时喊叫，内容与受惊因素有关。持续时间一般为10分钟左右，随后又自行入睡。患儿当时神志迷糊，清醒后不能回忆，或偶有片段回忆。部分患儿在发作时伴有梦游症，或在床上走动，或起床下地做一些机械的动作，清醒后完全不能回忆。发作次数不定。导致夜惊及梦游的主要因素为受惊，如睡前听了紧张刺激的故事，初次离开父母进入陌生环境等。对于夜惊及梦游的儿童，一般无须药物治疗，主要应从解除产生夜惊及梦游的诱因入手，同时也应改善儿童的睡眠环境，及时治疗躯体疾病。应注意避免过分兴奋紧张的事情，同时要培养勇敢、坚强的性格。

（六）其他行为问题

1. 退缩行为

退缩即畏缩，是指与他人相处时表现出胆小、害怕或局促。大多数学前儿童在陌生环境中，可表现出短暂的退缩，随着时间的推移，能够较快适应新的环境。而有退缩行为的学前儿童，适应新的环境较困难。他们从不主动与其他小朋友交往，也很少交朋友，沉默寡言，在人多的场合，他们总是静坐一旁。他们宁愿一个人在家中玩，也不愿主动与小朋友一起玩耍，有时家中来了陌生人，也要躲起来。这种行为问题，多见于5～7岁的儿童。

退缩行为的出现，与学前儿童后天的教育和环境因素有关。家长的过分娇宠、过度保护则与退缩行为的形成有直接的关系。如家长怕孩子出去玩受欺负，不让孩子与别的小朋友玩，只让他生活在自己的小天地里，一切随心所欲。一旦到了集体环境中，他除了感到陌生外，还会觉得不如家中如意，在这种情况下，很容易导致退缩行为。

要防止退缩行为，从小就要培养学前儿童的交往能力，父母既不能溺爱孩子，也不能以粗暴的态度对待孩子的过失。对于已有退缩行为的儿童，父母要态度温和而有耐心，多用鼓励的方法，让孩子在心情放松的情况下，帮助孩子发展社会交往的技巧，一步一步建立他的自信心。如创造机会让孩子做些力所能及的事，这些事的难度要适宜，太容易会使他们不感兴趣，太难会加重挫折感，自信心会低落；又如让孩子参加一些合唱等不十分强调个人表现的活动；也可和孩子谈谈心，让他知道"退缩"是日常生活中一种许多人都有的普遍行为，然后再告诉他这种行为会带来哪些不好的后果，并告诉他应该怎样克服。在帮助孩子克服退缩行为的过程中，切忌操之过急，如逼孩子与小朋友一起玩，如果他不肯就责骂他；避免用难听的话羞辱他，如"胆小鬼""缩头乌龟"等；避免拿别人擅长的行为与他比较。

2. 缄默症

指儿童在无任何言语障碍情况下的缄默不语。患儿不在同伴或他人面前说话，仅与家人有不多的言语往来。这是在受惊、生气、恐惧等精神诱因刺激下的保护性反应，常见于身体衰弱和心理胆怯的儿童。有些患缄默症的儿童还有其他异常行为。缄默症也可能是其他疾病（如伤寒病、舞蹈病）的伴随症状，应注意鉴别。消除精神紧张、适当改变环境、转移儿童对自己言语的注意力，是较为有效的治疗方法。

3. 吮吸手指

指儿童将手指放入口内吮吸的行为。婴儿饥饿时常吮吸手指，这是生理上的习惯，但如持续时间太长，尤其是两岁以后仍保留这种行为，则不易戒除。经常吮吸手指，将引起手指肿胀局部化脓，还可引起消化道感染和肠道寄生虫病。若此习惯延续到换牙之后，会导致下颌发育不良、牙列异常、上下牙对合不齐，妨碍咀嚼功能。同时，吮吸手指的儿童可能因遭受同伴的嘲笑、成人的指责而感到焦虑、害羞，从而影响心理发展。

4. 咬指甲癖

这种现象在学前儿童中的发生率比在其他人群中高，有的儿童能把每个手指的指甲都咬得很短，有的甚至咬得出血。

案例

5岁的华华爱咬指甲的坏习惯令家人非常头痛，几天前，华华爸爸将华华指甲剪得干干净净，可是晚上华华就把指甲咬得流血了。在无可奈何之下，华华爸爸将华华10个手指头全涂上了紫药水，这个方法第一天还挺管用，可是第二天他还是照咬不误。

出现这种情况与儿童内在心理紧张有很大的关系，如家庭、幼儿园的环境使儿童情绪不安、高度焦虑，则会产生这种现象。如果父母和同伴中有人先有此习惯，也可引起儿童的模仿，久而久之，形成习惯，甚至可持续终身。纠正咬指甲癖的关键在于消除儿童的紧张心理，而劝诫、惩罚、涂辣物等均不能取得良好效果。成人应为儿童创设良好的生活环境，适当安排儿童进行体育活动，使患儿心情愉快，注意力得到转移，同时应调动患儿的积极性进行自我矫正。

5. 习惯性阴部摩擦

指儿童用手抚弄自己的生殖器，或用其他方式刺激阴部的行为习惯。这种问题行为在学前儿童中比较多见，到学龄阶段则会减少。儿童除了用手抚弄自己的生殖器外，部分女性儿童有时两腿交叉上下移擦，年龄稍大些的儿童可在突出的家具角上或骑在某种物体上活动自己的身体，摩擦阴部。在发生这种行为时，儿童常常面部发红、眼神凝视，而且伴有出汗、气喘等不自然的现象，这种情况大多在入睡前或刚醒来时进行，持续数秒钟。

> **案例**
>
> 　　小鹏是一个聪明内向的孩子。在一次分区活动中，他独自坐在一角，默默无语，表情有些异样。老师走向他，准备鼓励他参加游戏。想不到，出现在老师面前的，竟然是这样的情景：只见他满脸通红，额上渗着汗，浑身都在颤抖，双手紧夹在大腿内侧。见到老师来了，他马上抽出了双手，一副十分尴尬的模样。

　　小鹏的这种行为就是习惯性阴部摩擦。发生这种现象时，教师和家长不要惊慌和焦虑，更不要责骂孩子，而要寻找原因，对症治疗。这种不良习惯有时是由于局部的疾病如湿疹、包茎、蛲虫病以及衣裤太紧等原因引起的局部瘙痒感而产生，也有人认为是不良的环境引起儿童情绪不安所致。预防学前儿童习惯性阴部摩擦的方法主要是：培养儿童良好的生活卫生习惯，经常清洗外生殖器，平时不要让儿童过早卧床；在睡前进行一定的体育活动，使儿童感觉疲惫以便上床后很快入睡，醒来后立即起床；不要让儿童穿得太多太热，宜穿较宽松的裤子。一旦见到孩子发生这个动作，立即让其看图画、小人书和电视，以此转移他的注意力。

二、学前儿童常见心理障碍的矫治方法

（一）行为治疗

　　行为治疗亦称行为矫正，是应用学习原理以改变或消除不良行为或症状，并教以顺应社会的良好行为的心理治疗方法。此方法以巴甫洛夫经典条件反射、桑代克工具条件反射、斯金纳操作条件反射及班图拉观察学习理论为基础，是一个着眼于改变行为而不是改变人格的学习过程。

　　行为治疗的方法有很多，如阳性强化法、系统脱敏法、消退法、暂时隔离法等。应用时具体选择哪些方法，则应考虑治疗者、被治疗者的行为特点，以及被矫正行为的程度等因素。

　　行为治疗的主要内容有：第一，帮助儿童学会某些技能，指导他们做得更好一些，如教会他们控制大小便、穿衣服、系鞋带、用餐等；第二，增加儿童的某些行为，如对于不爱说话的儿童，应增加他与别人交谈的机会，对于孤僻不合群的儿童则要增加他与同伴一起玩的时间；第三，减少儿童的某些行为，如通过训练减少儿童胆怯、尖叫、说谎、攻击性行为等；第四，改变儿童的某些行为，使之切合时间、地点等不同情景，如纠正儿童随地扔纸屑、吃饭时打闹等不适合的行为。

　　在具体实施时，首先要了解儿童的主要问题，如在什么情况下发生口吃，频率如何；同时，应了解在儿童的生活中，可能存在的阳性强化和阴性强化因素，包括父母对儿童的态度、喜爱的活动、喜爱的食物等；还应了解儿童主要的优缺点，以及平时对待教育的态度等。然后，根据上述资料，选定需要治疗的靶子行为。靶子行为越具体越好。如果儿童有多种行为问题，先选择容易纠正的行为，再逐步深入到较难纠正的行为。每次重点解决一个行为，再根据疗效巩固的情况，逐渐增加需要纠正的行为的内容。

　　行为治疗可用于治疗大多数儿童的行为问题，只要运用得法，并有计划地进行，疗效就比较巩固。行为治疗在治疗儿童心理问题上已被广泛运用。

（二）游戏治疗

　　游戏是儿童的基本活动，儿童在游戏中可以自然地发泄其内在的心理冲突以及用语言所不能

表达的情绪情感。儿童所生活的客观环境不可能无拘无束地满足他的各种欲望，因而就会累积挫折感、紧张感、不安全感、困惑、恐惧和攻击的欲望。在游戏治疗时，治疗者为儿童创设游戏环境，让儿童去做自己想做的任何事情，没有人评价他行为的对错，没有人强制他做这做那，也没有人与他争夺玩具，他想怎样玩就怎样玩，不用遵守任何游戏的规则。在这种情景中，他们把真实的自我完全放开，尽情发泄心中的各种抑郁，满足自己的各种欲望，释放紧张的情绪。这样，儿童在现实情景中被压抑的、不能满足的欲望和需要得到了补偿，儿童减少了焦虑和抑郁，获得了情绪上的松弛，发展了自我的力量，提高了自制力，逐步地实现了自我控制，从而能较好地适应社会。

美国著名的心理治疗师亚瑟兰（M. Axline）提出，在实施游戏治疗时治疗者必须遵循以下八项原则：第一，治疗者必须与儿童建立亲近、友善的关系；第二，治疗者必须接纳儿童真实的一面；第三，治疗者应宽容儿童，使儿童能够自由表达自己的感受；第四，治疗者要善于识别儿童所表达的感受，并以能让儿童领悟自己行为的方式把这些感受反馈给儿童；第五，治疗者要尊重儿童解决自己问题的能力以及做出选择和着手改变的行动；第六，治疗者不要指导儿童的行动或谈话；第七，治疗者不要急于抓治疗的进度；第八，治疗者只能规定一些必要的限制，这些限制为的是使治疗符合真实生活，以及让儿童认识自己在治疗过程中应负的责任。

（三）家庭治疗

家庭治疗的主要观点是，如果把家庭看作是一个系统，儿童则是这个系统中的一部分。在这个系统中，儿童的言行不断影响着周围的人，而儿童本身也受到家庭其他成员的影响。因而，在进行治疗时，着眼点不能只放在儿童身上，而是要了解儿童的行为、情绪问题发生的整个背景环境，以及这些环境因素与儿童之间的相互影响。如果只去消除儿童的问题，而不触及家庭中的潜在问题，那么儿童的问题也不可能得到解决。因此，在家庭治疗中，治疗的对象是整个家庭，而不仅仅是儿童本人。如发现儿童胆怯是由于父母过度保护等原因造成，则要指导父母逐渐改变对儿童的教养方式，使父母能从心理治疗的角度对儿童施加影响，以达到改变儿童的行为并能持久地保持下去的目的。

第五节　学前儿童心理健康教育活动的设计与组织

一、学前儿童心理健康教育活动设计的基本原则

（一）主体性原则

学前儿童心理健康教育的对象是学前儿童，儿童是主体，心理健康教育必须从学前儿童的生理和心理发展特点出发，充分发挥学前儿童的主体作用，将教师的教学活动与学前儿童的积极主动参与真正有机地结合起来，使学前儿童认识自己的心理状态和表现，体验不同的情绪，认识和感受他人情感，学会初步的调适。

（二）发展性原则

学前儿童的心理和生理都处于不断的发展过程当中，学前儿童的心理健康是随着其心理和生理的发展而不断完善和提高的。因此，在进行学前儿童心理健康教育活动设计时对学前儿童要保持积极的心态和正确的认识，重视教育对儿童发展的作用，并以儿童心理健康的发展为重点。

（三）活动性原则

学前儿童的心理健康教育要突出以活动为特点，把学前儿童的心理健康教育寓于生活活动中，结

合一日生活中的各项活动渗透心理健康，使儿童保持良好的情绪和精神状态，培养互助友爱、团结合作的精神，鼓励儿童相互交往，提高社会适应能力，养成良好的行为习惯。教师在各项集体教育活动的组织中要鼓励儿童积极参与，大胆创新，体验成功的快乐。

二、学前儿童心理健康教育活动设计的基本过程

（一）确定活动目标

学前儿童心理健康教育活动目标的设计要依据两个方面。一方面是学前儿童心理发展的基本特点。例如，小班儿童的情绪发展特点是不稳定，对他人情绪的觉察和识别能力比较差，因此在对小班儿童进行情绪方面的心理健康教育活动时，目标就定位于"情绪比较稳定，很少因一点小事哭闹不止""有比较强烈的情绪反应时，能在成人的安抚下逐渐平静下来"。另一方面是学前儿童心理健康教育本身的规律和目标。心理健康教育活动的主体是学前儿童，载体是活动，目标是发展。因此在进行学前儿童心理健康教育活动目标设计时，要考虑到学前儿童在活动中的可接受性和参与性程度；思考活动对学前儿童是否合适，能否促进学前儿童的发展，促进学前儿童哪些方面的发展。

心理健康教育既要包括认知目标，又要包括情感目标和行为目标，在一个活动的设计中要有多方面的目标，但不能平均用力，而应该有所侧重。对于学前儿童而言，更重要的是行为目标。行为目标要落实到学前儿童的表现性目标或操作性目标，对希望学前儿童能在活动中和以后的生活中表现出来的行为的设定，应该明确而具体。如在"快乐宝贝"中，活动目标之一是"在轻松的环境中敞开自己的心灵，快乐地交朋友，表达自己的真实想法"。这个目标有情感目标，有行为目标。但行为目标不够具体，如果根据内容和过程把目标调整为"在活动中能跟班里三分之二以上的小朋友问好，能与一位以上的朋友交谈超过5分钟，在课后评估中能有积极评定"，这样目标就显得更为具体。

（二）选择活动内容

学前儿童心理健康教育的活动内容可以来自两个方面。一个方面是预成的，即教材或课程安排；另外一个方面可以来自生成性的活动。但不论何种活动，在活动内容上都应该选择生动、有趣的内容。这个内容可以是故事讲授，可以是游戏，也可以是活动操作。最关键的是要根据主题选择学前儿童最能接受的内容来进行。

例如在以"合作"为主题的活动中，教师可以给儿童讲故事《三只小浣熊》或放电影《三个和尚》，也可以安排游戏"马兰花"。通过这些方式形成一个系列活动，让儿童认识到合作的重要性，在活动中体验合作带来的乐趣，并开始能在教师的帮助下进行角色分配，迅速完成小组任务。

（三）选取活动材料

教师常常在设计教育活动的过程中就要着手教育活动材料的准备。而选取合理、充足的材料不仅能使心理健康教育活动更加生动，而且能让儿童更有兴趣地参与到活动中来。例如在"笑比哭好"这个活动中，如果单凭教师用语言、自己的面部表情组织教育活动，幼儿很难参与进来，因为心理健康教育活动的主题对于学前儿童而言有时会显得抽象，让他们难以理解。但如果配合活动材料，如笑脸谱、动画故事，就会让儿童更直观地感受到笑比哭好的道理。

（四）安排活动过程

学前儿童的心理健康教育活动与其他活动一样都是有序进行的，包含开始部分、基本部分、结束部分。一般在开始部分中要注意集中儿童的注意力，可通过图片、声音、疑问等方式激发儿童兴趣，提高儿童注意力。比如在"小马虎"这个活动中，教师可以通过设疑的方式提高儿童的兴趣。如问：

"我们今天幼儿园里多了一个小朋友，他的名字叫小马虎，那他在哪里呢？"在基本部分要通过过程的安排逐渐让儿童参与活动，进一步激发他们的兴趣。在基本部分中可以设计高潮阶段，这个阶段可以是故事的紧张时期，也可以是儿童操作的困难时期，此时，教师要为儿童提供帮助。在结束部分，教师要采用提问和反省的方式，帮助儿童达到活动的目标，并要求在以后的生活中表现出相应的行为。

（五）实施活动

心理健康教育活动实施过程中最关键的就是要考虑每一阶段儿童的心理特点以及每个儿童不同的心理特点。这就要求教师要善于观察和理解每一名学前儿童在教育活动中的行为以掌握他们现阶段心理发生发展的特点，便于做出准确的评价。另外，心理健康教育活动目标较为抽象且往往不是一两次教育活动就能达到预想目标的，这不仅需要教师有耐心，还要求教师能抓住儿童生活中的教育时机开展教育活动。

三、学前儿童心理健康教育实施中应注意的问题

（一）提高教师的心理素质

教师首先应提高自己的心理健康水平，合理安排和处理教学以外的事务，在教学中始终以良好、健康的心理进行教学和指导。其次，要在教学和日常生活中切实以自己的言行给儿童以正面、积极的影响，尽量不要在儿童面前宣泄不良情绪，不应因为自己心情不好而影响儿童，更不应向儿童发泄。

（二）面向全体和个别教育相结合

学前儿童心理健康教育既要面向全体儿童进行，又要照顾到个别儿童，使不同的儿童在原有水平上得到进一步的发展。面向全体儿童，是指要根据学前儿童的身心发展规律以及心理健康教育活动自身的特点，精心设计丰富多彩的游戏活动，提高儿童参与活动的积极性，在活动中处理活动过程中所发生的事情，促进儿童的心理健康发展。在游戏中还要注意对特殊儿童的照顾，开设心理辅导课，开展心理咨询、心理矫正活动，定期开展思想教育、情感教育、独立生活教育和体谅父母教育活动等，能使特殊儿童得到关爱，体验到生命成长的快乐和幸福，消除不良情感体验，树立客观向上的生活态度，这有助于其良好、健康心理的形成。针对不同气质和性格的儿童，教师要认真观察，采取适当的方式区别对待，对爱表现、攻击性强的儿童，要适当约束；对性格内向、内心敏感的儿童，要积极鼓励，使每一个儿童都能得到全面健康的发展。

（三）师生平等，尊重儿童人格

儿童虽小，但在人格上和教师是平等的。要尊重每个儿童，不要给儿童随意贴标签，如指责某儿童有"多动症"，或断定某儿童是"孤独症"，这会对儿童的幼小心灵造成严重伤害，并且影响其社会性的发展。如果发现某儿童有一些症状与儿童易患心理疾病的表现相似，教师应及时提醒家长带孩子去医院检查，以免错过最佳治疗年龄。即使儿童真的患有某方面的心理疾病，教师也应尊重并保护其隐私，尽量为其提供正常的交往环境，并在家长的配合下尽可能帮助儿童治疗，促进其健康成长。

（四）善于观察，适时疏导

儿童在成长过程中渐渐学会了将情绪由外露转为内隐，如伤心时不哭出声音，受了委屈不敢表现出来等，但往往又由于情绪调节能力不足而强自压抑。或有时由于缺乏必要的语言表达能力，不懂得如何来表达自己的情感体验，从而影响情绪和精神状态。这就需要教师善于观察，熟悉每个儿童的个性特点和表达方式，及时发现儿童的反常情绪，适时帮助其疏导情绪，以爱心来呵护儿童的心灵。

（五）重视家庭教育环境的作用

儿童的健康成长离不开良好的家庭教育环境。作为家庭教育的实施者，家长要不断更新教育观念，用发展的眼光看待他们，要把儿童当成一个有活动能力、有发展主动性的人来对待，并按照学前儿童的年龄特征、心理特点去教育他们。并且父母应以身作则，做好儿童健康心态的表率，尊重、信任孩子，营造健康的精神氛围和良好的家教环境，才能促进儿童身心健康成长。

四、学前儿童心理健康教育活动设计

附：教育活动设计示例一

中班健康活动：阴天、雨天变晴天[①]

活动目标

1. 理解他人生气、伤心的原因，了解帮助和安慰他人的方式方法。
2. 知道用多种方法让自己不再生气、不再难过，变得快乐。
3. 主动对他人表达自己的关心。

活动准备

课件、垫子、沙袋、软性无伤害投掷物、一段欢快的音乐等。

活动过程

一、开始部分：小动物出行

师：喵喵喵，喵喵喵，小猫要出行，今天是什么天？

幼：今天是晴天。

师：汪汪汪，汪汪汪，小狗要出行，今天是什么天？

幼：今天是阴天。

……

二、基本部分

1. 使用课件。

（1）出示阴天、雨天（雷阵雨）图片。

讨论：看到阴天、雨天，你有怎样的感觉？它们分别代表怎样的心情？（伤心、难过、生气）为什么？

（2）出示晴天图片。

讨论：看到晴天你的感觉是怎样的？它可以代表怎样的心情？（开心、快乐）为什么？

小结：阴天、雨天可代表心情不好的时候，如生气、郁闷；晴天可代表开心快乐的时候。

2. 播放课件。

（1）出示小猴（贴上相应的天气标志代表心情）。

引导幼儿观察小猴怎么啦。发挥想象：小猴遇到什么事而难过？讨论怎么帮助小猴，使它的心情由阴天、雨天转晴天。

（2）播放场景视频：小刺猬吵架（贴上相应的天气标志代表心情）。小刺猬为什么吵架？它们的心情像什么天气？怎样才能避免这样的事情发生？现在，我们怎么让它们的心情转晴天？

3. 让我安慰你。

（1）教师展示幼儿的表情照片。（课件展示）

讨论：这个小朋友的心情是晴天还是阴天、雨天？你是怎么知道的？我们如何让他开心？

---

① 高庆春.学前儿童健康教育（第四版）[M].北京：高等教育出版社，2021：59-60.

（2）教师组织幼儿相互交流今天的心情，鼓励幼儿尝试安慰别人。

（3）幼儿讨论哪些方式可以让人开心。

三、结束部分

大家一起跟着欢快的音乐，利用垫子、沙袋等发泄不好的情绪。教师随机提问，了解幼儿现在感觉怎么样。

活动延伸

1. 幼儿制作心情天气牌，每天插在心情播报窗里，以便教师及时了解幼儿的心情，予以帮助和疏导。

2. 通过播报，引导幼儿逐步尝试自己调节不良情绪。

3. 与家长沟通，允许幼儿心情不好时适当宣泄并及时引导。

活动评析

1. 对活动目标达成的分析。本次活动的目标可归纳为两点：一是幼儿学会调节自己的情绪，二是幼儿学会帮助和安慰他人。教师在活动过程中，利用课件展示、场景播报、幼儿讨论等生动形象的形式使幼儿提高了认识，结束部分让幼儿通过亲身体验进一步巩固了认识，圆满地达成了教育目标。

2. 对活动材料与环境创设的分析。活动以课件的展示为主线，非常形象直观，符合幼儿的年龄特点，可以帮助幼儿提高认识。对实物教具垫子、沙袋、软性无伤害投掷物的使用，使幼儿有效地获得了情感体验。欢快的音乐让幼儿心情愉悦、放松，进一步舒缓了幼儿的情绪。

3. 对幼儿参与活动程度的分析。在整个活动过程中幼儿都很投入，参与程度高。活动以课件展示调动了幼儿参与讨论的积极性，并激发了幼儿的情感体验，有助于幼儿学习调控情绪及帮助安慰他人的方式方法。整个活动以幼儿为中心，在愉悦的气氛中，通过幼儿自己思考、讨论培养了幼儿积极的情感。

4. 对活动延伸效应的分析。让幼儿制作心情天气牌，每天插在心情播报窗里，一方面有利于幼儿了解自己的心情，逐步尝试调节不良情绪；另一方面方便教师及时了解幼儿的心情，并给予帮助和疏导，主动与家长沟通，使家长能够注意自己孩子的情绪变化，有效地达到家园共育的目的。

附：教育活动设计示例二

大班健康活动：不是每个抱抱都美好[①]

活动目标

1. 认识身体的隐私部位，会区分不同情况下的身体接触。

2. 了解哪些情况属于性侵害，学习保护自己身体的方法。

3. 学习遇到性侵害后的处理方法，提高自我保护的能力。

活动准备

经验准备：幼儿已阅读过绘本《不是每个抱抱都美好》；会唱歌曲《抱一抱》。

材料准备：音乐《抱一抱》；安全教育课件——绘本《不是每个抱抱都美好》页面、男孩和女孩的人体卡通图、五种"安全警报"情境及区分身体接触对错的视频；幼儿操作材料——男孩和女孩的人体卡通图、"安全小课堂答题卡"操作单每人一份；笔、爱心单每人1份。

活动过程

1. 以音乐游戏"抱一抱"导入，了解拥抱是表达爱的一种方式。

① 高庆春. 学前儿童健康教育（第四版）[M]. 北京：高等教育出版社，2021：122—123.

师幼、同伴拥抱互动，营造温馨活泼的活动氛围，激发幼儿的活动兴趣。

师：你喜欢老师拥抱你吗？你喜欢小朋友们拥抱你吗？为什么？

幼：我和大家拥抱的时候很开心。

幼：我和老师、小朋友们拥抱时，感觉很温暖。

幼：我和小朋友们拥抱时感觉很舒服。

师：我们开心的时候喜欢与人拥抱，拥抱的感觉真好。

2. 回顾绘本《不是每个抱抱都美好》的内容，知道有些抱抱是不舒服的。

（1）集体观看绘本，回忆故事内容。

师：是不是所有的抱抱都会让人感觉很好呢？还记得老师和你们一起看过的这本绘本吗？这是谁？团团为什么不喜欢抱抱了？

（2）讨论"考拉汤姆的抱抱为什么会让团团觉得不舒服"。

幼：考拉汤姆抱团团的时候手到处摸。

幼：考拉汤姆把团团抱得很紧。

幼：考拉汤姆的手放在团团的肚子和胸上。

3. 结合图片，明确身体的隐私部位，知道隐私部位不能随便让别人看或摸。

（1）画图游戏，找找身体的隐私部位。

师：我们身体的哪些部位不能给人随便看随便摸，请你用笔圈出来。

幼儿进行画图游戏。

（2）观看视频，了解身体的隐私部位。

师：男孩与女孩的隐私部位分别是哪里？隐私部位能让人看或摸吗？

幼儿进行对话交流。

（3）利用白板互动，明确身体的隐私部位。

师：女孩的胸部、生殖器、屁股，男孩的生殖器、屁股都是身体的隐私部位，就是你去游泳时穿泳衣遮住的地方。一般情况下，我们的隐私部位是不能随便让人看或摸的，不过小时候爸爸妈妈帮我们洗澡时可以触摸我们的隐私部位。隐私部位受伤时，医生可以检查，爸爸妈妈也可以检查。除此之外，如果有人要触摸我们的隐私部位，他可能就是坏人。

4. 观看《五种警报》视频，学会辨别"坏人"及对自己可能造成伤害的行为。

（1）师幼谈话，了解幼儿对"坏人"的理解。

幼：坏人长得很奇怪。

幼：坏人很可怕。

幼：坏人会对我们做些不好或是危险的事。

（2）观看《五种警报》视频，学会辨别"坏人"。

师：视觉警报、言语警报、触碰警报、独处警报、约束警报都是危险信号，当有人要对你做出这些行为时，"那个人"是个坏人，说明危险情况要发生了！我们在家里可以和爸爸妈妈一起制作"爱心名单"，只有这个名单上的人是可以拥抱你的，其他人就不可以。

（3）进行操作游戏"安全小课堂"，增强对"五种警报"的理解。

玩法：判断《安全小课堂》视频中行为的对错，并在"安全小课堂"操作单上对的打"√"，错的打"×"。

5. 交流讨论，了解处理性侵害的方法。

教师提出"如果有人一定要触碰你的隐私部位或遇到有人抱你、亲你，甚至想带你走，该怎么办"的问题，调动幼儿梳理本次活动中习得的经验，并引发其思考与讨论。最后，教师总结梳理，帮助幼儿明确处理性侵害的常见方法。

师：一定要和爸爸妈妈确定"爱心名单"。对那些熟悉却不是"爱心名单"里的人亲吻或拥抱你时，要勇敢地说"不"，大胆拒绝。如果遇到"五种警报"，不管对方以什么理由要求你保守秘密，都一定要告诉爸爸妈妈或老师。

6. 活动结束。

活动延伸

1. 组织游戏活动，在语言区投放《不要随便摸我》《呀，屁股》等相关绘本。

2. 家园共育。请家长与幼儿一起确定"爱心名单"，加强幼儿的自我防范意识。引导家长在生活中经常提醒孩子保护自己的隐私部位，亲子多途径学习自我保护的相关知识。

活动评析

1. 教师能够根据幼儿的学习特点、发展水平、现实需要等因素选取适宜的性教育内容，聚焦当前社会存在的"儿童性侵害"的问题，将目标定位在"明确身体的隐私部位，习得辨别性侵害的行为和处理性侵害的方法"，设计了"不是每个抱抱都美好"这个活动，是非常具有教育智慧和教育价值的。

2. 教师采用集体教学活动的方式面向全体幼儿组织实施，引导幼儿在教师营造的积极的教育环境中，通过阅读绘本、观看视频、互动游戏等环节，在玩玩、看看、做做、说说中，对于"如何保护自己身体的隐私部位""遇到哪些行为是对自己的性侵害""当遇到这样的事情时要怎样保护自己"等问题进行了共同探讨，达到了活动的预期目标。

附：教育活动设计示例三

大班健康活动：我们不怕困难①

活动目标

1. 通过活动，培养幼儿勇敢面对困难，积极战胜困难的良好心理品质。

2. 鼓励幼儿尝试用多种方法解决困难，培养相互合作的意识，感受成功的喜悦。

活动准备

图片、投影仪、铃铛、绳子、小动物玩偶、梯子、桌子、椅子、扫把、晾衣竿等。

活动过程

一、开始部分

幼儿伴随着音乐《蜗牛和黄鹂鸟》进入教室。

二、基本部分

（一）倾听故事《花蜗牛爬高墙》，并进行讨论

1. 蜗牛爬上高墙了吗？它爬墙的时候碰到了什么事情？花蜗牛又是怎么做的呢？

2. 小朋友们遇到过困难吗？遇到过什么困难呢？

3. 你遇到困难时，是怎么解决的？（请别人帮忙，坚持，试一试）

（二）挑战游戏

1. 过绳子游戏。

（1）幼儿尝试过绳子，如跨、钻、爬等。请幼儿找出不成功的原因。

（2）鼓励没有成功的幼儿再试一次，鼓励幼儿尝试解决困难。

（3）升高绳子，以增加难度。

（4）在绳子上面挂上铃铛、小动物玩偶等。要求不能碰到绳子上的物品，鼓励幼儿想办法

---

① 来自广西壮族自治区卫生厅幼儿园黄丽娟，有改动。

克服困难过绳子。

2. 爬高取物。

将幼儿分成四组三次进行游戏取物。把绳子升高到一定高度，绳子上用胶布粘着花朵。

（1）让幼儿互相合作，爬上梯子，摘下花朵。

（2）升高绳子的高度，让幼儿爬上椅子、桌子，摘下花朵。

（3）再次增加绳子的高度，让幼儿想办法用扫把或晾衣竿摘下胶布粘着的花朵。

让未进行取物的小组给取物的幼儿记录所用时间，以便减少等待的时间。

三、教师总结

师：今天，你们表现得非常棒！遇到困难没有退缩，能和同伴一起积极想办法解决困难，让我们自己表扬自己，大声说"我真棒"。

师：你们在今后成长的过程中会遇到各种各样的困难，大家一定要记住今天的事，积极面对困难，动脑思考战胜困难，相信你们会越来越棒的！

四、伴随音乐《蜗牛和黄鹂鸟》，走出活动场地

活动评析

1. 活动目标：有些幼儿在遇到困难时，不知道如何去解决，经常会采取退缩、半途而废的方式来逃避困难。因此，本活动有针对性地制定了"培养幼儿勇敢面对困难、积极战胜困难的良好心理品质，鼓励幼儿尝试用多种方法解决困难，培养相互合作的意识，感受成功的喜悦"的活动目标。活动用故事引入，让幼儿初步了解故事中主人公蜗牛在遇到困难时的态度，引导幼儿向蜗牛学习，不怕困难、勇于解决困难。接下来的实践活动，教师用两个具有挑战性的游戏，使幼儿经历了"尝试""找出问题""再尝试""鼓励""增大难度""战胜困难、解决困难"的过程，实现了从"榜样——蜗牛战胜困难"到"幼儿面对困难，积极战胜困难"这样一个转变，从而达成了活动目标。

2. 活动材料与环境创设：针对幼儿的认知具有直观形象性这一特点，活动中运用投影仪和图片讲述故事，使幼儿能观察到生动有趣的故事人物及情景，让幼儿能更深地体会到蜗牛遇到困难、不怕困难、战胜困难的勇气。在实践活动环节，教师创设了过绳和爬高取物的游戏场景，使幼儿体验到，面对困难，只要相互合作、积极想办法、反复实践，就能战胜困难，获得成功。

3. 幼儿参与活动的程度：整个活动，幼儿参与性强。从"讨论故事中的角色遇到困难、战胜困难"，到"谈谈自己遇到困难时的表现"，到最后重点落在游戏实践活动中：幼儿通过不断战胜更高难度挑战的亲身实践，获得了战胜困难、取得成功的体验。

4. 活动延伸的效应：教师通过让幼儿大声表扬自己"我真棒！"的方式，加强了幼儿战胜困难的自信心。通过延伸活动，幼儿知道了在生活中会遇到各种困难，只要积极动脑、勇于探索，就能战胜困难的道理。

拓展阅读

孩子遇到不痛快要学会宽容[①]

经常有这样的情况，幼儿玩耍或走路时，不小心磕碰到什么东西上，碰痛了，哇哇地哭。家长为了安慰孩子，就会一边哄孩子，一边故意举手打那个"肇事者"，"责怪"它为什么碰痛

① 朱家雄.生活活动（4—6岁）[M].上海：上海教育出版社，2002：97-99.

了孩子，做出给孩子"报仇"的样子。然后安慰孩子说，咱们打它了，它再不敢碰你了。孩子可能在这时候会有些安慰，破涕为笑，家长也会感到很满意。

这是一种不好的方法，是一种"复仇行为"。它教给孩子遇到不痛快就去责怪别人，教给他不宽容和报复，不利于儿童的心理健康。大人可能会想：桌子碰了孩子，我不过是打打桌子，桌子又不懂得痛，这有什么，我没教孩子打人啊。其实，在孩子看来，万物同物，对一棵草说话与对一个人说话一样，对一张桌子的态度与对一个人的态度一样。有时候，一个小女孩对心爱的布娃娃的感情绝不逊色于她对同胞姐姐的感情。单纯如一张白纸的孩子，任何事情于他来说都是全新的，任何经历在他这里都是体验和学习。

我们要教给幼儿善待"对手"。假如小板凳碰痛她了，就安慰她"马上就不痛了，宝宝不哭了"。安慰得稍好一些时，再像对待她一样，带着她给小板凳揉揉痛，告诉小板凳"马上就不痛了"。这样做，不但没有让小板凳站到她的对立面，成为"加害"孩子的"坏蛋"，还能作为朋友分担痛苦，并让孩子意识到"碰撞"是双方的事，要互相体谅。幼儿去给小板凳揉痛时，也就忘了自己的痛，情绪很快就会好起来。

面对孩子的消极情绪

成人要接受孩子的消极情绪。所谓接受，就是不加指责地承认孩子情感的真实性，就是不加指责地承认孩子有产生和表达这种情感的权利。虽然孩子某些消极情绪是不值得肯定与赞同的，但成人首先应该接受它，帮助孩子发泄委屈的情绪。如出去散步、拍皮球等，可帮助孩子从事件中学习掌握一些处理的方法，孩子的行为困扰也可逐步得到解决。只有当他们把内心的情绪充分发泄出来，才能减轻他们内心的焦虑与不安。其次，等孩子情绪平稳后，可使孩子感受到来自成人的理解。如教师说"我知道你在生气，因为你心爱的汽车被别人踩坏了"。最后，教师可以帮助孩子调整情绪和情感的表达，如帮助孩子分析原因或共同寻求对策，以形成积极的情感状况。

❖ 怎样改善孩子在集体中的情绪问题

情绪发展不良的孩子在集体中常常表现为自控性较弱，总爱打扰别人，或做一些破坏性的事情。这些孩子对自己的能力缺乏信心，在人际关系中存在困难，因此，要对这样的孩子进行一些训练。

（1）社会关系训练。让孩子先学会听别人说话，然后让他们参与谈话，从介绍自己、介绍别人开始，逐步提高到对他们提出要求、寻求帮助、按照指示办事等。还要让孩子学会表达自己的情感，看懂别人的表情，了解别人的情感。

（2）言语训练。让孩子学会等待，鼓励他们说话前先想一想要说什么、该说什么。

（3）移情训练。如果孩子扰乱别人，应该让他懂得如果别人扰乱他，他会怎么样，学习将自己放在别人的地位上，考虑别人的感受。

（4）自信训练。教师应指导孩子如何与他人交谈交往，如保持友好的态度、真实地诉说自己的感受等，教师应时时鼓励孩子控制情感强度。

❖ 自发的角色游戏有利于孩子发泄情感

首先，角色游戏可以使孩子互相交流情感，他们会把自己的生活经验和个人的感受融入游戏中。例如：去医院看过病的孩子，在游戏中就会为娃娃打针。其次，角色游戏可以帮助孩子控制情感冲突，孩子在角色游戏中会把自己从不愉快的情绪中解脱出来。最后，在角色游戏中，我们会发现孩子在扮演反面角色，甚至扮演攻击性或者破坏性的角色，流露出消极的情绪，有可能他们是在通过游戏，试图增强自信心。成人应学会从孩子的游戏中观察理解蕴含的意义，恰当引导。

❖ 孩子是通过行为表达情绪

孩子总是通过自己的行为来表露情绪的。有时他们是直截了当的，有时则较为隐蔽。如当孩子内心紧张时，会用双手紧紧抓住成人的手，或改变平时的习惯，变得寡言少语，或者变得喋喋不休，甚至出现一时性的口吃。当孩子缺乏安全感或面临困境时，他们也许会表现为退缩，拒绝参加活动，也许还会产生攻击性行为，以示反抗。其中，不自信的孩子会采用哭或攻击性行为来保护自己。另外，像吮手指、咬指甲、吮衣角或抱一样东西睡觉等习惯性行为都是孩子情绪的一种表达方法，教师不能视而不见，应分析原因，帮助幼儿逐步改变这种情绪表达方式。

❖　孩子爱"吃醋"的危害

孩子会"吃醋"，是一种心理发展的自然现象。如果孩子长期处于嫉妒这种情绪中，会显得不快乐，对周围的事物感到不满意，很可能表现出成人认为不乖的行为，如争抢玩具、打弟妹等。如此更不讨人喜欢，更得不到成人的关爱，造成恶性循环。这种不愉快的情绪很容易形成习惯性，使孩子变得郁郁寡欢，影响他日后的人格发展和人生观。所以，成人要以温和的态度给予适当的疏导，让孩子感觉到成人对他们的关爱。

▶▶ 思考与练习

一、单项选择题

1. 学前儿童心理健康教育的方法不包括（　　）。
   A. 榜样示范　　　　　　B. 情景演示　　　　　　C. 行为练习　　　　　　D. 感知体验
2. 下列哪个选项不属于影响学前儿童心理健康的因素？（　　）
   A. 外部压力　　　　　　B. 内部压力　　　　　　C. 自我强度　　　　　　D. 自我调节
3. 学前儿童心理问题的治疗方法不包括（　　）。
   A. 行为治疗　　　　　　B. 游戏治疗　　　　　　C. 家庭治疗　　　　　　D. 心理咨询
4. 治疗幼儿攻击性行为，主要采用（　　）。
   A. 强化法　　　　　　　B. 消退法　　　　　　　C. 暂时隔离法　　　　　D. 脱敏法
5. 幼儿口吃属于的心理障碍类型是（　　）。
   A. 情绪障碍　　　　　　B. 语言障碍　　　　　　C. 不良习惯　　　　　　D. 模仿行为
6. 幼儿吸吮手指属于的心理障碍类型是（　　）。
   A. 情绪障碍　　　　　　B. 语言障碍　　　　　　C. 不良习惯　　　　　　D. 模仿行为
7. 儿童经常不能从睡眠中醒来自主排尿而被称为遗尿症的年龄是（　　）。
   A. 3岁以后　　　　　　B. 4岁以后　　　　　　C. 5岁以后　　　　　　D. 6岁以后
8. 下列不是心理健康标志的是（　　）。
   A. 智力水平低下　　　　　　　　　　　　B. 情绪稳定乐观
   C. 性格特征良好　　　　　　　　　　　　D. 人际交往和谐
9. 学前儿童正确表达情绪情感的方法不包括（　　）。
   A. 调整认识　　　　　　B. 合理宣泄　　　　　　C. 转移注意力　　　　　D. 攻击行为
10. 攻击性行为属于（　　）。
   A. 情绪障碍　　　　　　B. 品行障碍　　　　　　C. 不良习惯　　　　　　D. 其他行为问题

二、简答题

1. 简述学前儿童心理健康的标准。
2. 简述学前儿童心理健康教育的内容。
3. 简述学前儿童心理健康教育活动实施中应该注意的问题。

三、实践实训题

1. 分析一个幼儿园班级的心理氛围并提出改进意见。

2. 根据中班幼儿的年龄特点，设计一节培养幼儿积极情绪的心理健康教育活动，并设立小组进行试教。

3. 观摩一节中班或大班的心理健康教育活动课，观察、记录活动的全过程，运用所学的心理健康教育理论知识对观察、记录的资料进行分析，对教学活动提出自己的观点和看法。

聚焦考证

（单项选择题）张老师在幼儿园对小朋友态度亲和，耐心细致，她的工作获得了领导和家长的一致好评，小朋友也喜欢她，可是一回到家里，张老师就只想安静休息，不让家人开电视，稍不如意就会和家人吵架，常常弄得心力交瘁。以下说法正确的选项是（　　　　）。（2021上半年幼儿园教师资格考试《综合素质》真题）

A. 张老师缺乏心理调控能力 　　　　B. 张老师家人缺乏体谅之心

C. 张老师的情绪反应很正常 　　　　D. 张老师善于转移负性情绪

第五章
学前儿童体育

PPT 教学课件

学习目标

1. 了解学前儿童体育的概念。
2. 掌握学前儿童体育的特点和意义、目标和内容
3. 掌握学前儿童体育活动的设计方法和原则。
4. 乐意大胆探索与尝试学前儿童体育活动的设计与实践。

内容导航

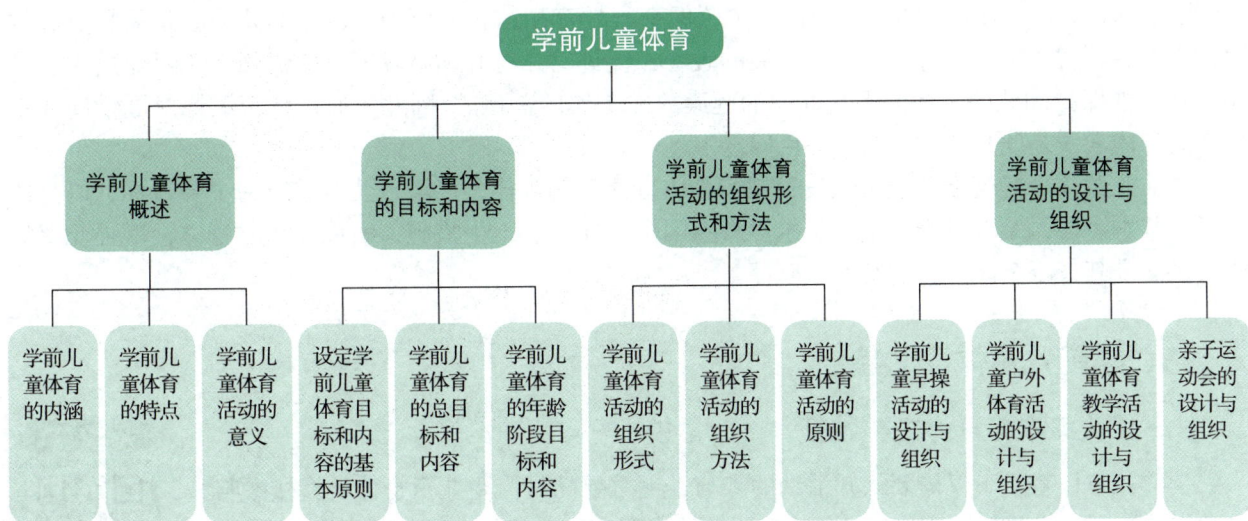

案例思考

跳 绳 太 累 ①

课外活动的时候，我发现有个小朋友拿着绳子乱玩，可就是不跳绳，我便走过去问她："你为什么不跳绳呢？你这样如果伤到小朋友怎么办？"她说："我妈妈说了，不让我跳绳，要不容易摔倒，而且跳绳很累。"听完她的话我便对她说："跳绳很好玩，还可以边跳绳边唱有趣的儿歌。这样，老师带你一起跳，你直接双脚跳就行。"跳了几个她说挺好玩的。我便鼓励她大胆跳，绳子抡到脚前方，双脚并齐跳

---

① 来自河南省省直第二幼儿园梁静。

过去。她边念学跳绳的顺口溜边跳，二十分钟过去了，她已经能连跳两三个了。她高兴地跑过来说："梁老师，你快看我会跳两个了，而且我也没觉得太累，也没有摔倒。"到现在我依然记得她那灿烂的笑容。

事后我与家长沟通得知孩子是瘢痕性皮肤，家长不想累到孩子。

思考：家长的做法对吗？学前儿童体育运动有哪些作用？作为教师应该怎样组织、开展学前儿童体育活动？

学前儿童体育是学前儿童全面发展教育的一个重要组成部分，也是学前儿童健康教育的重要内容之一。科学安排学前儿童的体育活动，对于增强学前儿童的体质，提高身体素质，增进健康水平，更好地适应未来社会的发展，具有重要和深远的意义。

第一节 学前儿童体育概述

一、学前儿童体育的内涵

体育有广义和狭义之分，广义的体育包括大众体育、竞技体育和学校体育；狭义的体育仅指学校体育，是在学校系统里进行的体育，它是人的全面发展教育的重要组成部分。学校体育是指按照学生的生长发育特点与基本规律，以促进其正常的生长发育、增强体质、提高健康水平为目的所进行的一系列的教育活动。

学前教育是基础教育的基础，学前儿童体育是学前教育的重要组成部分。《规程》中明确指出："幼儿园的任务是贯彻国家的教育方针，按照保育与教育相结合的原则，遵循幼儿身心发展特点和规律，实施德、智、体、美等方面全面发展的教育，促进幼儿身心和谐发展。"《纲要》还明确强调："幼儿园必须把保护幼儿的生命和促进幼儿的健康放在工作的首位。"因此，通过体育锻炼发展学前儿童良好的身体素质是幼儿园教育的主要目标之一。

学前儿童体育是遵循儿童生长发育规律和体育活动的规律，以增进儿童健康为主要目标，以身体练习为基本手段，结合日光、空气、水等自然因素和安全、卫生措施，锻炼儿童的身体，增强儿童的体质，促进其身心全面、和谐发展的教育。

二、学前儿童体育的特点

（一）以身体练习为主要特征

微 课

学前儿童体育，不仅需要认知活动的参与，更重要的是需要儿童身体的直接参与，以动作的练习为主要特征。儿童参与体育活动的过程实质上就是完成各种身体练习的过程，因此身体练习是体育最基本、最重要的手段。身体练习包括走、跑、跳、投掷、钻爬、平衡、攀登等。在活动中儿童的身体处于不断的运动状态，情绪非常活跃，这是与其他教育活动本质的区别。下面介绍六种发展学前儿童身体动作的体育游戏。

学前儿童体育的
特点

附：体育游戏

1. 老鹰捉小鸡（走、跑游戏）

（1）材料与场地：软场地。

（2）玩法：两名幼儿分别扮"老鹰"和"母鸡"，其他幼儿扮"小鸡"，依次抱腰躲在"母鸡"身后。"老鹰"设法抓"小鸡"，"母鸡"尽力保护"小鸡"免遭"老鹰""袭击"，被抓到的"小鸡"暂时退出。

（3）建议:"小鸡"的数量不宜过多，以防奔跑中被甩出去。

2.贴人（走、跑游戏）

（1）材料与场地：场地上画一个大圆圈。

（2）玩法：幼儿两人一组，面向圆心一前一后在圈上间隔站立，两名幼儿站在圈外做捕捉者和被捕捉者。听信号，捕捉者和被捕捉者沿圆圈快速奔跑，途中被捕捉者可任意停站在一组幼儿面前（贴人）。贴人后，该组最后排幼儿即变成被捕捉者，开始奔逃。

（3）建议

① 用小步移动或高抬腿等方式进行此游戏。

② 改变圆圈的大小，适应不同运动水平的幼儿。

③ 站成两个同心圆做游戏，增加活动难度。

（4）规则

① 被捕捉者若被捉到，则成为捕捉者。

② 如被捕捉者连续换3次，捕捉者仍未捉到，则及时更换捕捉者。

根据幼儿实际情况，确定奔跑的圈数，以免激烈奔跑后骤停而使肌肉的节律性收缩停止，导致心脏负荷过重而出现不良反应。

3.唐僧、孙悟空、白骨精（走、跑、跳游戏）

（1）材料与场地：较空旷的场地。

（2）玩法：幼儿报数成两队，各选一个队长，面对面站好。队长召集队员商量，在唐僧、孙悟空、白骨精中选一个角色扮演，然后两队站好一起念儿歌:"唐僧骑马咚了个咚，后面跟着孙悟空，孙悟空本领大，抓住白骨精轰轰轰，轰！轰！轰！"念到最后一个"轰"字时，双脚跳远，落地后做一个造型动作，代表相对应的角色。这3种角色的关系是：唐僧抓孙悟空，孙悟空抓白骨精，白骨精抓唐僧。两队幼儿看到对方扮演的角色后，快速决定自己是追还是逃。如果正巧角色造型相同，就重新选择角色，方法同前。

（3）建议

① 角色造型动作：双手合掌于胸前是唐僧；抬起左腿，两手在额前弯曲是孙悟空；屈膝分腿站立，两手在胸前为爪子状是白骨精。

② 亦可让幼儿商量，决定角色的动作造型。

4.大蟒蛇（钻的游戏）

（1）材料与场地：泡沫板、圈、老鼠玩具若干。

（2）玩法：用泡沫板搭成多条"山路"，"路"上竖立若干个圈，代表"山洞"，幼儿分成若干组。听到信号，幼儿鱼贯出发，匍匐前进，钻过一个个"山洞"，到终点后从筐中取一只"老鼠"并做"吃鼠"状，返回。

（3）规则：匍匐前进钻"山洞"时，身体不能碰到或撞倒圈。

5.小皮球（跳的游戏）

（1）材料与场地：橡皮筋、椅子。

（2）玩法：将橡皮筋缚在椅子腿上，呈封闭状三角形或多边形。在圈内沿橡皮筋循环行进跳，边跳边念儿歌，以保持跳的节奏感，直至儿歌结束。幼儿自行商定跳橡皮筋的方法与规则。

附儿歌:

小皮球，两人踢，
麻栗子开花二十一。
二五六，二五七，

二八二九三十一。

三五六，三五七，

三八三九四十一。

……

九五六，九五七，

九八九九一百一。

6. 打怪兽（投掷游戏）

（1）材料与场地：软质投掷物，长条形白布上画有大小不同、高低不一、形态各异的"怪兽"头像，固定于场地一端，离"怪兽"适当距离标出投掷线，场地另一端设为"小猎人"家，场地两边为"小动物"家。

（2）玩法：幼儿自由地在场地上找目标投掷。半数幼儿扮演"小动物"在场地上快乐地游玩，另一半幼儿扮演"小猎人"埋伏在场地另一端。"老猎人"（教师或幼儿扮演）发出信号"怪兽来啦"，"小动物"们迅速躲回"家"中，"小猎人"们则快速跑向投掷线，投击"怪兽"（鼓励幼儿击打不同的"怪兽"）。"老猎人"再次发出信号"怪兽被打败了"，"小动物"们跑出"家门"，和"小猎人"一起庆贺。

（二）需要安排运动负荷

运动负荷也称运动量，是指进行身体运动时，人体所承受的生理负荷量。它反映了运动过程中身体生理机能的变化状况。适宜的运动负荷是指在体育教学中，根据教学任务、活动内容的特点、儿童的实际水平和教学条件，使练习和间歇性休息相互交替，以达到有效增强体质、促进儿童身心全面发展的目的。

与成人锻炼中的负荷相比，儿童体育锻炼的时间较短，强调节奏（急缓结合、动静交替）。因此要求教学活动必须考虑儿童的生长发育规律和身体活动的规律、身体健康素质状况、动作发展的实际水平及基本的运动素质、身体对刺激的反应等情况，来安排适宜的锻炼内容和运动负荷。幼儿进行运动的生理反应见表5-1。

表5-1　活动中幼儿生理反应一览表

时　间	外显指标	生　理　反　应		
		轻度疲劳	中度疲劳	重度疲劳
活动进行中	面部色泽	略红	很红	十分红或苍白
	排汗情况	正常	较多	虚汗
	呼吸情况	中速，略快，有规律	加快，加深	急促，节奏紊乱
	运动情绪	正常	有倦意	疲乏
活动后	饮食情况	正常	一般	略有减少
	睡眠质量	正常	一般	略有下降
	精神状况	正常	一般	略有恍惚

注：幼儿的生理反应不应达到重度疲劳的程度。

（三）教学组织难度大

由于体育活动在室外进行，儿童的学习活动在不断运动中进行，要与各种运动的器械接触和相互作用，受季节、气候、场地、器材以及室外各种干扰因素的影响较大；也因为儿童活泼好动、注意力易分散，教学组织的难度较大。

（四）体育活动的游戏化

游戏是对儿童进行全面发展教育的重要形式。作为儿童健康教育的重要方面，儿童体育活动以体育游戏为基本活动形式，体育游戏也是主要的教学内容。

（五）活动内容简单、灵活性强

学前儿童时期的体育活动内容简单，要么是促进身体均衡发展的简单体操，要么是发展身体某一基本动作（如走跑跳投）的体育游戏。这些活动都是简单的、容易做到的，是儿童未来学习和发展的基础，而不教专项的运动基本技术，各个年龄班活动的内容也有很大差别，活动形式灵活多样，所以儿童的体育活动具有动作要求低、灵活性强的特点。

（六）强调直观性和兴趣性

体育活动本身对儿童就有很强的吸引力，而且儿童体育活动中还讲究富有变化和童趣的模仿、配乐练习、儿童的表演和创新动作等。生动形象、具体直观、注重活动过程的趣味性是儿童体育活动的又一特点。如发展走、跑动作的"娃娃庆丰收""小马吃草""喂小鸡""送娃娃回家"等游戏都充满了趣味性。

三、学前儿童体育活动的意义

（一）体育活动对学前儿童生理发展的作用

1. 体育活动对学前儿童神经系统的促进作用

学前期是儿童身体各个系统迅速发展的时期，其中神经系统发展最快，生殖系统发展最慢，其他系统发展迅速。人的一生的身体素质基本上由这个时期的生理发展水平奠定基础。因此，体育活动不仅是生理发展的本质需求，也是生理发展的重要助推剂。

2. 体育活动对学前儿童运动系统的促进作用

体育活动能改善骨的血液循环，加强骨的新陈代谢，使骨径增粗、骨质增厚，使骨长长、长粗，使骨的形态结构发生良好的变化，使骨的抗折、抗弯、抗压缩等各方面的能力都有较大的提高。据统计，同年龄同性别的青少年，经常锻炼的比很少活动的身高要高4～10厘米。科学、系统的体育活动，还可以提高关节的稳定性，增加关节的灵活性和柔韧性。体育活动还可以使肌肉力量、弹性和体积增加，避免在日常生活和体育活动中由于肌肉的突然用力、用力过大或剧烈收缩而造成各种运动损伤。

3. 体育活动对学前儿童循环系统的促进作用

体育活动对心血管系统有良好影响。体育活动，特别是强度较小的有氧运动，可以使心血管弹性、心室容积和心脏收缩力量增加，使心脏有更长的休息期，以减少心肌疲劳。体育活动可使红细胞偏低的人红细胞含量增加，但又不会数量过多而增加血液的黏滞性，从而提高血液的带（输）氧能力。合理的体育活动还可以提高白细胞的数量和功能，特别是淋巴细胞和免疫球蛋白的数量和水平，从而提高机体的防病、抗病能力。

4. 体育活动对学前儿童呼吸系统的促进作用

体育活动可以提高肺活量、肺通气量和氧的利用能力。一般人在运动时肺通气量能达到60 L/min，氧的利用率也只有自身最大吸氧量的60%左右，而经常参加体育活动的人的肺通气量可达100 L/min，氧的利用率也大大提高，从而避免机体在运动时过分缺氧。经常参加体育活动，还能促进胸廓和肺的发育，使参加呼吸的肺泡数量增多，增加肺活量。

5. 体育活动对学前儿童免疫系统的促进作用

学前儿童免疫系统发育还不成熟，身体较为柔弱，皮肤对温度的调节能力较差，抵抗力较弱。当季节变化，尤其是气温骤然变化的时候，学前儿童容易患病。参加体育锻炼能增强儿童体质，改善学前儿童对冷热的耐受力，增强皮肤在气温急剧变化时对气温的调节能力，降低学前儿童的患病概率。

对广州越秀区三所托儿所、幼儿园2～6岁共1 026个儿童的调查发现，通过有目的、有计划、有指导地开展三浴锻炼（空气浴、日光浴及冷水浴）和赤足锻炼，参加锻炼的儿童发病率下降到7.89%。

（二）体育活动对学前儿童心理发展的作用

1. 体育活动有助于学前儿童认知能力的发展

学前儿童经常进行体育活动，掌握各种动作技能，这本身就是一种认知能力的发展。同时通过体育活动，还能促进学前儿童大脑相应部位神经中枢的发展，改善和提高大脑皮质的工作能力，发展大脑的分析综合能力。体育活动还能促进血液循环，使大脑的血流量增加，改善大脑的供氧情况，有助于提高大脑的工作效率，增强学前儿童的记忆力和注意力。

例如学前儿童在做拍球这一动作时，要根据球的大小、弹性来判断弹起高度和力度，并根据这个判断控制和调整自己的手臂动作以及脚步，当拍球情况出现变化时，要迅速做出判断，并做出相应动作。在掌握简单动作的过程中，学前儿童的神经和认知系统都得到锻炼，从而提高了注意力、判断力、反应能力等。

2. 体育活动能调节和发展学前儿童的情绪

开展体育活动尤其是学前儿童喜爱的体育游戏活动，可以使学前儿童全身心投入活动中，从中得到极大的快乐与满足，保持良好的情绪状态和精神面貌。一些认知活动或一些室内的安静活动容易使幼儿疲劳，在这种情况下，学前儿童的体育活动是一种积极的休息，它能帮助儿童很快消除疲劳，重新焕发朝气和活力。

3. 体育活动有助于学前儿童意志品质的发展

学前儿童的体育锻炼大部分是集体锻炼，活动前要提出一定的规则和纪律。活动中能让幼儿学会遵守活动规则，遵守集体纪律，学会等待。同时体育活动中还有许多具有挑战性的项目，如从高处往下跳、走平衡木等，都要求幼儿表现出勇敢坚强的意志品质。这些都有助于幼儿意志品质的发展。

4. 体育活动有助于学前儿童个性的完善

学前儿童的体育活动有一定的组织形式和相应的规则和纪律要求，这就要求学前儿童学会控制自己的行为以服从集体规定，养成遵守纪律的好习惯。学前儿童的体育活动往往有竞赛性的成分，这些活动能培养幼儿的上进心，培养他们初步的集体荣誉感。竞赛中获得成功可以提高学前儿童的自信心，获得同伴和集体的承认，使儿童能够正确认识自我价值。自信心和成功感又可成为一种强化力量，迁移到生活的各种情境中，促使其在生活的各个方面都积极、努力、快乐地进取，逐步培养学前儿童积极乐观、活泼开朗的性格。

第二节 学前儿童体育的目标和内容

制定学前儿童体育的目标和内容，是有目的、有计划、有组织地开展体育活动的重要环节，关系到学前儿童体育活动的质量和效果。

一、学前儿童体育目标和内容设定的基本原则

（一）保教结合原则

学前儿童正处在生长发育的重要时期，机体各部分组织器官发育还不完善，对疾病的抵抗力较弱，对外界环境的适应力较差，这些都要求在教学过程中遵循"保教结合"原则，体育的目标和内容也应遵循这一原则。《幼儿园管理条例》中明确规定："幼儿园应当贯彻保育与教育相结合的原则。"《纲要》中也指出："幼儿园……以游戏为基本活动，保教并重，关注个别差异，促进每个幼儿富有个性的发展。"这是由学前儿童身心发展的特点所决定，也是幼儿教育工作规律所要求的。在实践中做

到"教"中有"保"，"保"中有"教"，两者并举，有机结合。比如"跑"是学前儿童体育中基本动作之一，在进行跑步锻炼时，就要考虑到学前儿童运动系统发展的特点和"跑"的动作的发展规律。学前儿童的运动系统还不发达，骨质不够坚硬，骨化还未完成，骨骼容易变形，肌肉嫩且柔软，肌纤维比较细，肌肉中水分多、力量和耐力差、容易疲劳和受损伤，关节附近的韧带较松，关节的灵活性大、牢固性较差。根据以上特点，学前儿童"跑"的动作发展规律是：一岁半就能学着跑，到两三岁时基本上会跑，三岁儿童跑的时候有了明显的腾空阶段，四岁以后才有了明显进步，跑得自然，提高了奔跑能力。教师在这个时候对幼儿的跑步锻炼不宜进行静力性活动，不能长时间停留在一种姿势上，应该有计划、有目的地开展相应的体育活动，内容要多样化，运动量要适当。同时，也要根据幼儿的运动系统和生理发展特点，通过少量多次、小步子的训练步骤来锻炼儿童的跑步能力。

（二）发展性原则

《纲要》明确指出："幼儿园教育是基础教育的重要组成部分，是我国学校教育和终身教育的奠基阶段。城乡各类幼儿园都应从实际出发，因地制宜地实施素质教育，为幼儿一生健康发展打好基础。"因此，健康教育目标的制定既要符合幼儿的现实需要，又要有利于其长远发展。目标定得过高和过低都不利于儿童的发展。目标过高，儿童难以达到，会降低儿童活动的兴趣和信心；目标过低，儿童很容易达到，不利于提高儿童的健康水平。有利于儿童发展的目标应该是儿童通过努力可以达到的目标，要"跳一跳，摘桃子"，要指向儿童的"最近发展区"。要在学前儿童体育中贯彻发展性原则，就必须在教学目标和教学内容的安排上，做到从易到难、从简到繁，整个学年的体育目标要明确，在目标的指引下安排合适的教学内容，然后分解到各个学期、每个月、每个周，从而确保整个学年中儿童的发展都是一致的、连贯的、有序的。

> 以投掷为例，可将小、中、大班的目标设置如下：
> 小班：单手将沙包投向前方（投远）；
> 中班：肩上挥臂投掷沙包（投远）；
> 大班：肩上挥臂投准靶心（投准）。
>
> 这一目标和内容的选择体现了由易到难、循序渐进的发展性原则。

（三）适应性原则

体育的目标要适应学前儿童的生理发展水平，做到保教结合，同时体育目标和内容的设计还要适应学前儿童的心理发展水平。学前儿童活泼、好动，注意力集中时间较短，大脑皮质易兴奋、易疲劳，因此在教学内容的选择上应尽可能地选择以游戏为主的活动，在体育活动中做到游戏化，以激发和维持学前儿童的兴趣。

值得注意的是，《规程》和《纲要》对学前儿童所制定的体育目标和内容只是着眼于一般情况和一般规律。在具体的幼儿园体育教学中，幼儿园教师要做到将这些目标与本地、本园、本班儿童的实际情况结合起来，因地制宜。例如农村幼儿园在开展体育活动时，就可以根据本地的实际情况，在教学方法上多采用民间游戏，在教学材料上采用民间材料，从而根据方法材料来适当地修改具体教学的目标，让这些目标能够更好地适应和达到学前儿童体育的整体目标。

二、学前儿童体育的总目标和内容

（一）学前儿童体育的总目标

《纲要》从知识和技能，过程与方法，情感、态度、价值观三个角度对学前儿童健康教育的目标进行了界定，其中第四条"喜欢参加体育活动，动作协调、灵活"是学前儿童体育的目标要求，具体包括：

（1）使学前儿童初步掌握各类体育活动的基本方法、规则和要领；

（2）帮助学前儿童认识自己身体结构的功能，掌握初步的自我保护技能和安全技能；

（3）在体育活动中促进学前儿童认知能力、意志品质和个性的全面发展；

（4）促进学前儿童身心正常、协调地发展，增强学前儿童体质；

（5）培养学前儿童参加体育活动的兴趣和习惯。

在这些目标中，第四、第五条是学前儿童体育的基本目标，其他目标的达成必须建立在这两个目标的基础之上。

（二）学前儿童体育的内容

1. 基本动作和队列队形变化

（1）基本动作。基本动作包括走、跑、跳、投掷、平衡、攀登和钻爬。这是学前儿童在各种活动中必需的动作，是生活中不可缺少的最基本的活动能力，其主要功能特点是：发展学前儿童基本动作，增强其协调性、灵活性、柔韧性等素质。

（2）队列队形变化。队列队形练习是指学前儿童按照要求和口令，做协同一致的动作，排成纵队和横队，或者再变换成其他队形等。学前儿童体育中常用的队形练习动作包括：立正、稍息、看齐、向左（右）转、原地踏步、齐步走、跑步走、左（右）转弯走、立定、走成圆形队、分队走。队列队形练习能使学前儿童习惯于集体活动，懂得在集体活动中必须遵守一定的纪律，有统一的行动，这样大家才能顺利地进行各项活动。队列队形练习还能培养学前儿童正确的身体姿势，促进身体正常生长发育。

2. 基本体操

学前儿童体操活动是以全面锻炼身体、审美性强为特征的体育活动，由徒手操和轻器械操组成。

（1）徒手操。徒手操是由身体各部位（上肢、下肢、躯干）互相配合做出的有节奏有规律的举、振、屈伸、跳跃等动作所组成的单个动作或成套动作。学前儿童体育中徒手操的动作分为：上肢动作（举、振、屈、伸、绕、环绕）；躯干动作（屈、转、环绕）；下肢动作（举、屈、伸、踢、蹲、跳等）。经常从事徒手操练习，可以培养学前儿童的正确姿势，提高身体素质，增强人体各器官系统的功能，促进健康，增强体质。

（2）轻器械操。轻器械操是在徒手操动作基础上，手持轻器械如棍棒、花束、红旗、哑铃等进行练习。它既有身体各部位的动作，又有变化器械的动作，还可以利用轻器械的特点来练习，如棍棒操要充分利用棍棒的特点，进行握棍、滑棍、举棍、转棍、绕棍等练习。在学前儿童体育中，小班以动物模仿操为主，加以一两套徒手操；中班以徒手操为主，加以轻器械操；大班以轻器械操为主，加以徒手操。

3. 体育游戏

学前儿童体育游戏是由走、跑、跳、投等基础动作组成并有情节的体育活动。学前儿童的体育游戏在不同年龄阶段中有很大的不同。小班体育游戏的特点一般是所有儿童做同一动作，共同完成一个任务。在游戏中常常不分组，规则简单，不带限制，易于操作和实施。主要角色由教师来承担，不一定要求有一个明确的游戏结果。中班体育游戏开始在动作上有所增加，游戏规则更加复杂，难度也增大并且有限制性。中班体育游戏开始有分组，并开始有一定的竞争性，但规则仍要教师进行讲解和示范。大班儿童的体育游戏开始分组，在难度、动作的复杂性和要求上也开始提高，同时要求在工作的设定方面充分考虑儿童的主动性和自主性，师幼可以商量确定和修改游戏规则，在游戏的过程中儿童开始自觉遵守游戏规则，并对他人进行监督。

4. 体育器械活动

体育器械活动是指骑自行车、摇摇车、滑滑梯、跷跷板、跳蹦床、荡浪船、攀爬攀登架等体育活动。

体育器械活动是学前儿童中开展较广泛的活动，通过这一活动，能激发和培养学前儿童对体育运动的兴趣，满足学前儿童在日常生活和运动中难以实现的运动需要，如爬高、下滑、摇晃、操作器械运动等，使学前儿童获得由多种运动刺激引起的舒适感和愉悦感，促进他们运动知觉、运动情感和运

动能力的发展，给学前儿童自主性、独创性的发挥提供了较好的条件。

5."三浴"活动

"三浴"活动是指利用自然环境中的日光、空气和水对人体作用而进行锻炼的活动。利用"三浴"进行锻炼的特点是：增强身体对自然环境的适应和抵抗力；自然因素适合于不同年龄学前儿童进行锻炼，既可采取主动活动方法，也可采用被动活动方法；不需要特殊器材，可以充分利用自然环境中各种有利条件进行锻炼。

三、学前儿童体育的年龄阶段目标和内容

（一）《指南》中学前儿童体育的年龄阶段目标和内容

《指南》针对健康领域也划分了身心状况、动作发展、生活习惯与生活能力三个子领域，其中动作发展就是学前儿童体育教育的内容，包括"具有一定的平衡能力，动作协调、灵敏；具有一定的力量和耐力；手的动作灵活协调"三个子目标，具体如表5-2至表5-4所示。

表 5-2 目标 1 具有一定的平衡能力，动作协调、灵敏

3～4岁	4～5岁	5～6岁
1. 能沿地面直线或在较窄的低矮物体上走一段距离 2. 能双脚灵活交替上下楼梯 3. 能身体平稳地双脚连续向前跳 4. 四散跑时能躲避他人的碰撞 5. 能双手向上抛球	1. 能在较窄的低矮物体上平稳地走一段距离 2. 能以匍匐、膝盖悬空等多种方式钻爬 3. 能助跑跨跳过一定距离，或助跑跨跳过一定高度的物体 4. 能与他人玩追逐、躲闪跑的游戏 5. 能连续自抛自接球	1. 能在斜坡、荡桥和有一定间隔的物体上较平稳地行走 2. 能以手脚并用的方式安全地爬攀登架、网等 3. 能连续跳绳 4. 能躲避他人滚过来的球或扔过来的沙包 5. 能连续拍球

表 5-3 目标 2 具有一定的力量和耐力

3～4岁	4～5岁	5～6岁
1. 能双手抓杠悬空吊起10秒左右 2. 能单手将沙包向前投掷2米左右 3. 能单脚连续向前跳2米左右 4. 能快跑15米左右 5. 能行走1公里左右（途中可适当停歇）	1. 能双手抓杠悬空吊起15秒左右 2. 能单手将沙包向前投掷4米左右 3. 能单脚连续向前跳5米左右 4. 能快跑20米左右 5. 能连续行走1.5公里左右（途中可适当停歇）	1. 能双手抓杠悬空吊起20秒左右 2. 能单手将沙包向前投掷5米左右 3. 能单脚连续向前跳8米左右 4. 能快跑25米左右 5. 能连续行走1.5公里以上（途中可适当停歇）

表 5-4 目标 3 手的动作灵活协调

3～4岁	4～5岁	5～6岁
1. 能用笔涂涂画画 2. 能熟练地用勺子吃饭 3. 能用剪刀沿直线剪，边线基本吻合	1. 能沿边线较直地画出简单图形，或能边线基本对齐地折纸 2. 能用筷子吃饭 3. 能沿轮廓线剪出由直线构成的简单图形，边线吻合	1. 能根据需要画出图形，线条基本平滑 2. 能熟练使用筷子 3. 能沿轮廓线剪出由曲线构成的简单图形，边线吻合且平滑 4. 能使用简单的劳动工具或用具

（二）学前儿童体育的年龄阶段目标和内容的具体要求

1. 小班儿童体育的目标和内容

（1）能够上体正直、自然地走和跑，向指定方向走，拖（持）物走，在指定范围内四散走，一个

跟一个走，沿圆圈走，绕固定物体走，轻轻走，模仿动物走，短途远足；向指定方向跑，持物跑，沿规定路线跑，在指定范围内追逐跑，走、跑交替或慢跑，一个跟一个跑。

（2）能双脚向前跳、双脚向上跳（头触物）、从高25厘米处往下跳。

（3）能在平行线（或窄道）中走、沿着线段走，能在宽25厘米、高（或斜高）20厘米的平衡木上或斜坡上走。

（4）能双手用力向上、前、后方抛球，能单手自然地将沙包等轻物投向前方。

（5）能在65～70厘米高的障碍物下钻来钻去，能手膝着地自然协调地向前爬，能倒退爬，能钻过低矮障碍物，能在攀登架上爬上爬下，或从网的一侧爬越至另一侧。

（6）初步学会听各种口令和信号并做出相应动作，能边念儿歌或边听音乐做模仿操或简单的徒手操。

（7）会玩滑梯、攀登架、转椅等大型体育活动器械并注意安全；会骑小三轮自行车，会推拉独轮车，会单手托球走（或跑）、抱球跑、双手滚球、传球、抛接球，会原地拍球。

（8）喜欢并愿意参加体育活动，初步掌握体育活动的有关知识和规则，团结合作，爱护公物，能合作收拾某些小型体育器材。

2. 中班儿童体育的目标和内容

（1）能够听信号有节奏地走、变速走、变换方向走；上下坡走，高举手臂足尖走，跨过障碍走，前脚掌走，顶物走，轻轻走，低姿走，以及完成走的各种变化动作练习。能有节奏地跑、绕过障碍物跑、在一定范围内四散追逐跑、20米快跑、接力跑、走跑交替200米或200米慢跑、远足。

（2）能自然摆臂连续纵跳触物（原地），物体离幼儿举手指尖20厘米左右；能立定跳远，跳距不少于30厘米；能双脚熟练地向前或双脚在直线两侧行进跳；能双脚交替跳；能单、双脚交换跳，单足连续向前跳；能助跑跨跳过40厘米平行线；由高处往下跳（高约30厘米）。

（3）能肩上挥臂投掷轻物，能滚球击物，能自抛自接低（高）球，能左右手拍球。

（4）能在宽20厘米、高30厘米的平衡木或斜坡上走，能原地自转至少3圈不跌倒，能单脚站立，能闭目行走至少10步。

（5）能熟练协调地在60厘米高的障碍物下较灵活地侧钻，能手脚着地协调地向前爬，能在各类攀登设备上爬上爬下。

（6）能较熟练地听各种口令和信号并做出相应动作，能听信号集合、分散、排成4路纵队（包括分队），能随音乐节奏较准确地做徒手操或轻器械操。

（7）会玩跷跷板、秋千等各类大型体育活动器械，会骑小三轮车、带辅轮的小自行车，会用球、绳、棒、圈或其他废旧材料（如易拉罐、可乐瓶、报纸等）开展小型多样的体育活动。

（8）喜欢并能较积极地参加体育活动，初步养成参加体育活动的兴趣，能较自觉地遵守体育活动的规则，互助合作，爱护公物，能及时收拾小型体育器材。

3. 大班儿童体育的目标和内容

（1）能够听信号变速、变换方向走，绕过障碍曲线走，一对一对整齐走，协同走，后踢腿走，高抬腿走，击节奏走，较长距离远足。能追逐跑、躲闪跑、快跑25～30米、走跑交替或慢跑300米、前脚掌跑、高抬腿跑、后踢小腿跑、绕过障碍跑、接力跑、大步跑。

（2）能原地蹬地起跳、连续纵跳触物，能立定跳远、助跑跨跳、双脚（连续）向前（侧）跳、转身跳，能改变方向（前、后、左、右）跳，能由35～40厘米高处往下跳，能助跑跳远，跳距不少于40厘米，会跳绳、跳皮筋、跳蹦床。

（3）能半侧面单手投掷小沙包等轻物约4米远，会肩上挥臂投掷轻物并投准目标。

（4）能两臂侧平举闭目自转至少5圈不跌倒，能两臂侧平举单足站立不少于5秒，能在宽15厘米、高40厘米的平衡木（或斜坡）变化动作走或持物走。

（5）能熟练协调地侧身、缩身钻过50厘米高的障碍物，能手脚交替协调熟练地在攀登架或肋木上爬上爬下，能在单杠或其他器械上做短暂的垂悬动作，能在攀登绳（棒）上爬高约1.5米，能手脚交替灵活攀登各种设备，能熟练地在垫上前滚翻、侧滚翻。

（6）能熟练地听各种口令和信号做出相应动作；能听信号迅速地集合、分散、整齐列队、变化队形；能随音乐节奏有精神地做徒手操或轻器械操，动作有力、到位。

（7）会玩低单杠、秋千、脚踏车或其他大型体育活动器械，会踩高跷、跳绳（50次以上）、跳皮筋，能运球、手拿物体赶球跑、抛接球、抱球跑、踢球，会用球、绳、棒、圈、积木、报纸、轮胎或其他废旧材料开展各种身体锻炼活动。

（8）热爱体育活动，有积极参与各种体育锻炼的习惯；能自觉地遵守体育活动的规则和要求，合作、负责、宽容、谦让；爱护公物，有较强的集体观念；敢于克服困难，能体验克服困难取得胜利后的喜悦；能独立或合作收拾小型体育器材。

第三节　学前儿童体育活动的组织形式和方法

一、学前儿童体育活动的组织形式

在托幼园所，最常见的体育活动组织形式是体育课、早操活动和户外体育活动。其他各种形式的体育活动也必须有计划地组织儿童锻炼。各种体育活动组织形式都带有一定的局限性，无所谓好坏之分，关键在于能相互配合、优势互补，才能保证教育目标的实现。

（一）学前儿童体育活动的常用组织形式

1. 体育课

体育课是儿童体育活动的一种基本组织形式，是有目的、有计划、有组织的集体教育活动形式。它主要是通过体育游戏活动和体育游戏的形式，发展儿童的基本活动技能，提高儿童身体素质，增强儿童体质，促进儿童身心全面、健康、和谐地发展。体育课是教师根据儿童身心发展需要安排的有计划的教学活动。

2. 早操活动

早操活动是指儿童晨间做操或早晨开展其他锻炼活动。早操是儿童每天集体活动的开始，能够较为全面地锻炼儿童的身体。早操具有内容多样性的特点，它可以根据季节特点，灵活安排不同的内容。可以安排的内容有：基本体操，队列队形练习，慢跑或走跑交替活动，各种简单的模仿动作，律动和简单的舞蹈，活动量较小的体育游戏，自由分散的体育活动等。

3. 户外体育活动

户外体育活动是一种独立的体育活动组织形式，是儿童体育活动的一种基本组织形式。它具有活动内容丰富、活动时间长、灵活性大、儿童自主性强等特点，在活动中儿童往往有更多的自由选择的机会。户外活动可以安排自由游戏、集体游戏、集体与分散结合的游戏、综合性游戏、体育活动区活动、远足等，还可以安排基本体操、散步、"三浴"锻炼等活动。

户外活动能使儿童在一天生活中交替进行各种不同性质的活动，延缓出现神经系统疲劳，有利于教师发挥主导作用和贯彻区别对待等教学原则，也有利于发挥儿童的主动性、积极性，培养他们的独立性和创造性。户外体育活动可以是教学活动的延伸，复习和巩固其他组织形式中学习的知识和技能，也是教师观察、了解儿童，进行个别辅导教育的良好时机。

（二）学前儿童体育活动的其他形式

除了以上基本的体育活动形式，还可以组织儿童开展"活动区活动""儿童室内体育活动""运动会""远足或短途游览"等多种形式的体育活动。

1. 儿童体育活动区活动

这是儿童户外体育活动的一种特殊组织形式。它是在户外的体育活动区内，让儿童选择活动内容，全园儿童打破年龄和班级的界限，统一活动的时间，扩大儿童之间的接触和交往，为儿童提供更多的相互学习、相互合作与帮助的机会和条件，同时满足儿童多方面的需求。它是儿童体育活动基本组织形式的补充。应为儿童提供多种活动区域，让他们有机会根据自己的兴趣和需要，选择适合自己的活动。

2. 儿童室内体育活动

儿童室内体育活动也是一种特殊的组织形式，它是利用楼道、门厅、阳台或室内体育活动室、较大的音乐活动室、舞蹈房进行的身体活动。当室外气候条件不便于开展活动时，室内体育活动是对户外体育活动的补充，以保证体育活动的正常开展。还可以开辟特别的室内体育活动区，如塑料彩球池、蹦蹦床、充气小城堡等。

在室内活动儿童受外界干扰少，注意力比较集中，适宜开展钻、爬等小肌肉活动，小型体育游戏、基本体操等更适合在室内进行。但室内的空间有限，要特别注意开窗通风和室内卫生，保证空气流通。在有木制地板的舞蹈室、音体教室，还可以赤足活动，既能保持室内清洁，又能适当地按摩足底，让儿童得到双重锻炼。

3. 儿童运动会

儿童运动会是指托幼园所在全园范围内，面向全体儿童开展的竞赛、表演和游戏活动。它能使各班儿童有一个相互学习的机会，能增进团结，提高儿童参加体育活动的兴趣；培养儿童的集体意识，丰富儿童的生活；加强与家长的联系，便于他们了解儿童体育活动情况和孩子健康状况，便于家园配合对儿童进行教育。儿童运动会是体育活动中一种必要的组织形式。

儿童运动会的内容主要有以班为单位的表演性基本体操、小型团体操、儿童集体舞、适合本年龄组开展的表演性游戏以及跳绳、跳皮筋等。比赛的内容有跑步、跳远、投远、接力等，还可以有一些球类、小车等游戏的比赛，以及家长和孩子共同参加的比赛等。

4. 远足或短途游览

远足是一种十分有益的活动，是体育活动的补充形式。这种活动形式是组织儿童步行到离托幼园所较远的草坪、山坡、沙滩和休闲广场、附近的公园、儿童乐园、动物园、植物园或其他景点进行参观游览活动。儿童在活动过程中或爬山或走跑兼顾或负重步行，对儿童的体力、体能和意志是很好的锻炼。可以让他们通过体验劳累、克服困难，培养团结互助、友好合作等良好的个性品质，提高心理承受能力。同时，远足活动中优美的环境、新鲜的空气、宽松的气氛等，能使儿童获得愉快的情绪体验，激发儿童良好的情感，从而促进儿童心理的健康发展。

二、学前儿童体育活动的组织方法

教师组织儿童开展各种内容的体育活动，不仅要灵活运用多种组织形式和多样的活动方式，而且要灵活运用多种组织方法，并认真贯彻儿童体育的基本原则。儿童体育活动的常用组织方法有以下五种：讲解法、示范法、练习法、语言提示和提醒法、游戏法。

（一）讲解法

1. 讲解法的概念

讲解法是指教师用语言组织儿童活动，激发儿童学习和锻炼的兴趣，指导儿童掌握活动的名称、动作、练习的内容，对动作的要领和游戏活动方式进行讲述的一种方法。

讲解法是体育教学语言中应用最广泛的教学方法。为了改善讲解的效果，不仅要通过启发式语言调动儿童的思维活动，也应结合运用声调、语气、姿态、动作和节拍来增加语言的效果。

2. 运用讲解法的要求

（1）讲解的语言要清楚正确，多使用形象化的语言，激发儿童积极参与体育活动的兴趣，在儿童的大脑皮层中形成正确的动作表象。讲解要通俗易懂，结合听、看、想、练反复强调，便于儿童理解活动的内容方法和规则，掌握正确的活动方式及准确的动作要领和方法。讲解要突出重点，语言要经过挑选和提炼，讲究讲解的层次。讲得过多或过于烦琐会增加儿童等待时间，减少练习的时间。讲解前要引导儿童注意听讲，讲解后可以运用提问来重复讲解的内容，及时反馈儿童听讲的信息，了解讲解的效果。讲解的语言要具有启发性，可采用提问、问答等方式引导儿童积极思考，相互交流。注意讲解内容的科学性，熟练运用术语，恰当选择儿童能理解的生活用语，根据不同年龄对象的语言能力和已有的运动知识经验，来确定讲解内容的深度和讲的方式。

（2）要掌握讲解的时机和讲解的位置。一般要在儿童注意力集中、精力旺盛、情绪较稳定时再讲解。当儿童情绪激动、东张西望、叽喳说话时讲解的效果是不会好的。讲解时的位置要使每个孩子都可以听得见、看得见，教师也能看到每一个孩子。

（3）讲解要明确目的和教育意义。讲什么、讲多少、怎样讲，都要根据目的、内容要求和教学过程的具体情况，有针对性地讲解。

（二）示范法

示范法是指教师以个体的动作为范例，使儿童看到所要练习的动作、要掌握的动作技能的动作结构及动作和游戏完成的先后顺序等。

1. 常用的示范方式

（1）完整和分解示范。对于儿童来说相对复杂的动作或动作组合，可以用分解示范，但必须与完整动作结合起来，并及时过渡到完整练习，以免影响形成完整的动作。

（2）正面示范和镜面示范。正面示范必须结合镜面示范。这是针对儿童对左右方向尚不明确的特点，为了降低儿童记忆动作的难度采用的方法。在教学中采用这种方法时，教师要注意提示动作的方向，使儿童在能够模仿具体动作的基础上，逐渐明确方向。

（3）慢拍示范和侧面示范。慢速的动作可照顾到个别动作接受慢的孩子，也使儿童进一步看清动作，加深对动作的印象。侧面示范便于儿童看清前后移动的动作。

（4）局部示范。局部示范可以突出难点部分、关键的动作环节，强化儿童始终没有完成的动作部分，还可以采用一拍一停的局部示范，结合练习加以强化，纠正不准确的动作。

2. 运用示范法的要求

（1）示范要正确、优美、轻松、熟练。要给儿童留下完美的动作形象，提高儿童参与练习的积极性，帮助儿童建立明确的动作表象，同时要求教师的示范要符合儿童的实际水平，如果让他们感到很难做到，就会使他们丧失学习信心。

（2）示范时，教师不要模仿儿童的错误动作，以免儿童因好奇而模仿错误动作，也不要让有错误动作的孩子出来做动作，那样有可能伤害孩子的自尊心。示范要以教师为主，需要儿童示范时，教师应早做准备，事先培养。

（3）教师要注意示范的位置和方向，因为它关系到示范的效果。示范的位置和方向是根据活动中儿童的队形动作的结构、儿童观察动作的部位以及安全的需要等因素决定的。如对于横队、纵队、圆形队等，示范的位置应有所变化，总的原则是保证每个孩子都能看清示范的动作，示范时要保证儿童所站的位置尽量背风、背阳和避开易分散注意力的刺激物。

（4）示范时，还应根据不同的动作灵活地采用不同的示范方法。比如教孩子做操和显示左右方向移动的动作时，采用镜面示范的方法，尽量少用和不用背面示范的方法；投掷动作、跑步、立定跳的摆臂动作宜采用侧面示范的方法，让儿童看到上肢部位的动作。

（5）示范时，教师还要考虑示范的速度。一般是先做一次完整示范，复杂的动作可以连续做1～2次；为了突出动作的某部分和纠正儿童的动作，可以放慢速度示范，示范的次数不宜过多，以免影响儿童的锻炼积极性和增加孩子等待的时间，分散儿童的注意。

在教学实践中，讲解和示范方法是经常结合使用的。讲解时配合示范，可以减少讲解的内容；示范时配合讲解，可以强化和提示动作的过程和要素（方向、部位、节奏、顺序）。除了游戏的活动方式，边讲解边示范是适合儿童年龄特点的较有效的方法。一般情况下，小班的活动示范大于讲解，中、大班的活动逐渐增加讲解的运用。新的和较为复杂的内容，在说明动作名称后立即示范；复习的活动内容，讲解后再示范；简单的动作和练习则可少示范和只用语言表达。

（三）练习法

练习法是指儿童在教师的指导下，有目的地进行反复的身体练习的方法。它是体育活动中最基本、最重要的方法。

1. 常用的练习法

托幼园所常用的练习法有：重复练习、条件练习、完整练习和分解练习、循环练习等；从练习的形式来看，还可以有集体练习、分组练习（分散练习、合作练习）、鱼贯练习等。

（1）集体练习。集体练习是全体儿童在教师统一指挥下一起练习，多运用于准备活动、放松活动和具有集体配合活动特点的练习内容（如集体配合的游戏等）。这种练习的优点是人员集中、花费时间少、活动密度大、活动过程容易控制、使全体儿童得到均等活动的机会，不足之处是不利于孩子开展积极的思维和自主的选择。

（2）重复练习。重复练习是指在固定的、不变的条件下反复练习的方法。只有通过重复练习，才能保证对儿童的身体有持续的影响作用，促进动作得到发展。这是组织儿童进行体育活动普遍使用的方法。但要注意避免单调不变的重复，要以不同的方式和多种变化的练习、多种信号的节奏、安排多种角色的配合练习，使重复练习变得活泼有趣。

（3）条件练习。条件练习是指设置一定的具体条件或在改变练习条件的情况下，要求儿童按照规定的条件要求进行练习的方法。它的优点是可以引导儿童被动地做出正确的动作，使枯燥的要求变得有趣，使抽象的动作要领变得具体化。如让儿童从小椅子上往下跳时，两臂前摆摘掉前方悬挂的水果图片。悬挂的图片等都是"设置的条件"，突出两臂前摆的要求，吸引了孩子的兴趣，并使儿童为了得到图片做出前摆的动作。又如"投物过绳"，是在投掷前方横拉一条绳，让儿童把投掷物从绳的上方投过，选择离绳远一些和近一些的地方投出，自己就可以观察和体验到投得高、低不同，落地的远近也不同。横拉的绳和"投掷物必须从绳上飞过"的要求是"设置的条件"，使"投远的出手角度"这个儿童难以理解的抽象的概念变得具体化，成为儿童可以看到的、具有可操作性的练习。

（4）分组练习。分组练习是适合于中、大班儿童的练习形式。可以分组做相同的动作练习和比赛，也可以分组做不同的练习内容。还可以是3～4人的配合练习小组，做分散的探索活动或相互配合的练习。这种练习的优点是：便于教师区别对待和个别指导；集体游戏时，可以利用多分组来增加练习密度，调节运动负荷；同伴之间可以互相交流，增加交往和相互学习的机会。缺点是练习较分散，教师不便于照顾和管理。

（5）完整练习和分解练习。完整练习是对整个动作或活动过程，不进行分解、完整地进行教学的方法。一般用于动作结构比较严密，或动作处于动态过程，不便于分解的动作；还用于儿童较容易掌握的动作、简单的游戏或复习的活动内容。完整练习的优点是不破坏动作的结构，儿童能较完整地完成动作，易于建立动作的完整概念；缺点是当动作比较多或比较复杂时，儿童不容易掌握。

分解练习是指将完整的动作或活动过程合理地分成几个部分，按部分依次进行教学，最后合在一起完成整个动作的练习方法。分解练习能突出动作或游戏活动的重点和难点，因此有利于较快地掌握动作。采用这种方法，使复杂的动作练习和活动内容在练习时变得有序和简单，能很容易地消除儿童的畏难情绪，提高学习的积极性。但使用不当时，往往会破坏动作和整个活动过程的完整性，影响完整动作的形成。可以运用"递进分解法"，如学习徒手操，先学上肢动作，再学下肢动作；逐节学习，每两节连起来教学，再联合第三节进行学习。再如学习投掷时采用"逆向分解法"，先学习最后的投出器械动作，再逐次增加到前一部分，最后完整练习。

在活动中，两种方法必须相互配合，互相弥补。在以完整教学为主时，应将有难度的动作环节进行分解练习。在以分解教学为主时，应及时过渡到完整练习，为儿童完整地掌握动作创造条件。

（6）循环练习。循环练习法是指依次完成几个不同类型和性质的动作或依次进行几项不同的活动内容的练习方法。

2. 运用练习法的要求

（1）练习的目的要明确，要求要具体。各种练习方法要灵活掌握，必要时可以中断练习，重复教学要求，重复讲解和练习。每次练习要有重点解决的问题，逐步纠正错误动作和违反游戏规则的行为，使儿童逐步完成教师提出的要求，掌握正确的动作技能。

（2）贯彻循序渐进的原则。耐心、细致地对待儿童出现的错误动作，当发现错误时，不要同时纠正多种错误，这样容易分散注意力。应该采用降低难度、要求，分析原因，形象比喻，辅助练习，直接帮助等方法来纠正。允许在动作练习和游戏中重复出现错误，给儿童提供下一次练习中纠正的机会。

（3）要提醒儿童积极思考，培养他们在身体活动中积极思维的习惯。及时了解儿童的体力、情绪等状况，合理安排好练习时间，注意动静交替。

（4）练习过程中，要注意区别对待。为儿童创造自主选择的条件，使他们能根据自己的能力选择练习的难度，使每个儿童都能在原有基础上得到锻炼，得到提高。

（四）语言提示和提醒法

1. 语言提示和提醒法的概念

语言提示和提醒是指儿童在做练习时，教师用简短明确的语言指导儿童活动的方法。提示是把儿童没有想到或想不到的提出来；提醒是当儿童忘记的时候，从旁指点，促使儿童注意。例如儿童走步时，教师提示儿童"迈大步、向前看、挺起来"；立定跳远时，提示"臂前摆、腿蹬直"等。它的优点是明确、具体、及时和针对性强。它不仅用于指导儿童做动作和组织教学，而且还用于品德和安全教育。由于儿童年龄小，注意力容易分散，教学中需要不断地运用提示或提醒的方法来组织。

2. 运用语言提示和提醒法的要求

（1）提示和提醒的语言必须简单明确、要求具体，所用语言应是儿童懂得的和熟悉的，声音要有感情和鼓动性。

（2）声音不要太大和太突然，以免引起儿童震惊而影响活动，在提示儿童守纪律和纠正不正确行为时，不用训斥、埋怨和恐吓的语言和口吻。

（五）游戏法

1. 游戏法的概念

游戏法是指以游戏的方式组织儿童进行体育活动的方法。组织好游戏教学，让儿童学会多种游戏的方法，提高做游戏的能力，既可使儿童感受集体活动的乐趣，培养良好的性格，培养儿童与同伴之间友好的关系，又可利用游戏把儿童难以理解的或枯燥的动作变成有趣的模仿活动或具体的游戏情节，调节课堂的气氛，提高儿童练习的兴趣。多数游戏都带有集体性，需要相互帮助，共同努力，有助于提高儿童的集体观念和合作意识。

2. 运用游戏法的要求

（1）体育游戏可以作为体育的主要内容。一般运用于年龄较小的班，它的一次课就是一个游戏活动的过程。这是因为儿童游戏的内容总是与他们的发展水平和年龄相适应的。儿童年龄小，游戏中的教具、情节、角色等能够引起他们的兴趣，使他们在这些游戏情节的氛围中，愉快地开展各种身体活动。

（2）用游戏的口吻、新颖的活动器械和头饰，激发儿童参加体育活动的愿望和积极性。例如："我们来做解放军"，就能够吸引儿童兴致勃勃地做走步的练习；多种色彩的、有装饰的彩纸棒，就比木棒更能吸引儿童的参与欲望；儿童走的平衡线，变成用蓝色皱纹纸卷出来的小河岸，扮演角色时漂亮的头饰等，都能使儿童沉浸在游戏的欢乐之中。

（3）对中、大班的儿童来说，在活动过程中适当增加一些竞赛成分，能增加活动的趣味性，提高儿童参与活动的积极性。

（4）在活动的开始部分，可以结合走跑交替做一些模仿性的动作练习，如模仿操、律动、歌舞等，创造欢快的气氛。在学习新的动作和新的游戏玩法时，要适当引导儿童积极探索各种不同的动作，给儿童分散活动的时间，鼓励儿童创造新的玩法。教师的引导语要简练准确，便于儿童大胆探索和积极思维，任务要明确，问题不能宽泛，要具体。然后引导儿童互相交流学习，也可以把儿童自己的动作运用到游戏比赛中去，培养主动参与活动的习惯，使分散活动成为儿童有益的自由活动。

除以上方法外，在幼儿园体育活动中，还经常采用以下方法。

（1）比赛法：是指在比赛的条件下进行练习的方法。比赛法能激发儿童愉快的情绪，引发儿童参与体育活动的积极性，使他们逐渐熟悉和了解周围的人群，促进他们的社会性发展。但在比赛中儿童往往急于求胜而忽视动作的完成或违反规则，所以要注意提醒儿童身体姿势的正确性，不能滥用比赛的方法，小班儿童的活动应该没有比赛。教师应对比赛的结果进行评价，不只是简单评判胜负，还要评价儿童行为表现，例如是否遵守规则，必要时以是否遵守规则作为评判胜负的标准。对违反规则的儿童，要以正面教育和鼓励为主，请他按要求重做一次，逐步养成良好的比赛习惯。

（2）领做法：是指教师边示范、边讲解、边组织儿童跟教师一起练习的方法。这种方法的优点是：由于教师的参与极大地调动了儿童的积极性，能较好地利用教师的动作引导和利用儿童好模仿的特点，明确动作的要领和要求，提高学习效率。但应注意，教师领做不可以过多，以免养成儿童的依赖心理，不利于调动儿童的视觉、听觉等多种感官记忆动作。

（3）信号法：儿童体育活动中，需要运用多种信号组织和指挥开展活动，这里的信号是指口令、哨音、音乐、鼓声、拍手等声音信号。口令是体育活动中最常用的信号，有预令和动令之分。预令要相对拉长，动令要短促有力。整个口令要喊得清楚洪亮、准确有力。行进的口令要有感染力，把儿童的情绪调动起来，使他们积极振奋。组织儿童排队、队形变换和做操时，口令的节奏性要强，培养儿童听到口令做出相应动作的能力。

幼儿园体育的方法是多种多样的，在具体开展活动时，应注意综合运用多种方法，并根据儿童的情况、活动的内容和组织形式、儿童的活动方式及场地器材等具体情况灵活运用。

三、学前儿童体育活动的原则

（一）经常性原则

经常性原则是指组织儿童经常地、坚持不懈地参加体育活动。体育活动应坚持不断地进行，与之相适应的条件反射的形成与巩固，是依靠不间断的锻炼刺激实现的。儿童每天的体育活动，也满足了他们运动、娱乐、表现、交往等身心各方面的需要，中断体育活动，会使机体的机能和活动能力下降。

学前儿童身心功能处于稚嫩阶段，不宜进行较长时间的体育活动。在组织活动时必须注意到一次活动中练习与间歇的适当交替，避免一次练习持续时间过长。

（二）动静交替原则

动静交替是指合理搭配儿童的体育活动的内容。不同性质的活动要合理搭配，例如使大脑兴奋区和抑制区不断轮换，使大脑皮层各个区域轮流休息，避免大脑皮层过度疲劳，以保持较长时间的工作能力。学前儿童神经系统兴奋大于抑制，注意力不能持久停留在一种事物上，如果身体运动过多，时间过长，或身体练习间隔时间过短，容易发生机体过度疲劳而影响恢复。所以动静交替地安排儿童的体育活动，才能够提高儿童锻炼的效果。

（三）适量性原则

体育活动中的运动负荷是指人体在运动时身体所承受的生理负荷。活动中练习的时间、强度、密度、数量、距离、重量等的安排，都会影响运动负荷的合理性。在体育活动中，教师应合理地安排和调节儿童身体练习时身体和心理所承受的负荷量。

负荷量的增加要循序渐进。要有计划、有步骤地安排好各种活动的难度、持续活动的时间、练习的间歇时间等。

儿童体育活动应保持适宜的负荷量。负荷量过小不能对儿童的身体起到锻炼的作用,负荷量过大容易增加儿童体力压力,甚至造成运动损伤。如一套徒手操,一般由活动量较小的头颈部动作或上肢的伸展动作开始,逐步由上肢、扩胸、转体或体侧屈、腹背动作过渡到活动量较大的全身和跳跃动作,最后是放松、整理动作。又如在体育课中,开始准备部分应做一些活动量不大的徒手操、模仿动作、走跑交替练习或游戏,发展主要肌群,克服身体惰性,提高活动能力。然后进入主要的活动过程,再逐渐增加运动量,安排运动难度和强度较大的内容,在即将结束时可安排走步、活动量较小较安静的游戏、模仿性动作、放松肢体的体操、律动、简单的舞蹈等,使活动量逐渐下降。

在组织中,教师要合理安排练习方式。安排练习时必须想方设法增加练习密度,如采用减少不必要的调整队形、增加器材的数量(安全实用的替代器械的物品)、多分组、变化场地等方法,减少儿童等待的时间,并注意简练讲解,使教师的活动与儿童的活动交替进行;用富有激情的语言,表扬、评价儿童的活动和表现,调动儿童参与活动的主动性和积极性。

要面向全体,既有一般要求,又注意因人而异、区别对待。如在立定跳远和跨跳活动中,为儿童设计远近不同的小河、高低不同的平衡木等,尽量使儿童能够同时练习,为儿童创造能根据自己的能力和意愿自主选择的条件和机会。

体育活动中合理安排和调节儿童的心理负荷的方法,一般是在一节课中既有新内容,也有复习内容;新授内容的难度要适中,新旧教材的搭配要注意运动量、趣味性、锻炼部位等方面的相互弥补。如在以投掷、平衡练习为主要内容的活动中,应结合跑、跳等活动内容来调节全身运动负荷的平衡。要先学习后复习,以便儿童在体力精力好时投入学习,即活动的前半部分应安排学习负荷较大的内容,后半部分适宜安排兴趣高昂、活动较激烈的内容或形式,使情绪负荷达到高峰。

要利用测心率和观察儿童在活动中的表现等方法,了解运动负荷是否合理,以便灵活地调节活动的过程和方法。活动中较合理的运动负荷对应的心率参考数据为每分钟130~160次。主要观察儿童面色、汗量、呼吸,动作是否比较协调、准确,注意力是否集中以及儿童的反应、情绪等。还要注意听孩子说话,及时增大和减小活动量。

(四)全面发展原则

体育活动的内容应丰富多样,要避免机械单调的动作重复,使身体的各个部位、各个器官、各个系统的机能、身体素质和基本活动能力都得到全面协调的发展。同时也要使儿童的认知、情感和态度、社会性和个性等方面实现全面和谐发展。选编儿童基本体操时,应包括上肢、下肢、躯干、头颈部等身体各部位,包括各种类型、各种方向运动的动作内容。只有灵活运用教育活动的一般原则和体育活动的特有原则,才能全面实现儿童体育的目标。

第四节 学前儿童体育活动的设计与组织

一、学前儿童早操活动的设计与组织

(一)学前儿童早操活动的设计

学前儿童早操活动比较灵活,但活动的全过程也应遵循人体生理机能变化的规律。尤其是活动量的安排,不能过大。早操是一天活动的开始,运动量过大会影响一天的体力。

早操活动的内容应丰富多样。早操可以在音乐伴奏下,练习排队、变换队形、慢跑或走跑交替;做各类基本体操;做各种跳跃、模仿动作或一些轻快而简单的舞蹈等。音乐既可以使儿童的动作有节奏,活动有秩序,又可以刺激儿童较快兴奋起来,调动儿童活动的欲望。

早操的时间一般在半小时到一小时。具体锻炼时间应该考虑到季节、气候的变化。冬季的早上较

冷，但空气新鲜，是锻炼的大好时机；夏天的早晨空气好，升温快，应安排在入园后、早餐前进行早操。

早操活动的组织形式，可以是集体的，也可以是小组的，还可以是分散的。例如，雨天在走廊上就可以做分散的游戏活动，而比较寒冷的天气里，在室内的活动就不便于分散活动，可以组织集体操练习；可以全园同时进行，也可以分别进行。

附：早操活动方案示例①

1. 夏令时间

7：30—7：45　大班：走跑交替、徒手操、彩旗操

7：45—8：00　中班：走跑交替、游戏模仿操、徒手操

8：00—8：15　小班：走跑交替、生活模仿操、动物模仿操

2. 冬令时间

8：30—8：45　大班：跑跳走交替、武术操、沙袋操

中班：跑跳走交替、运动模仿操、罐操

小班：跑跳走交替、生活模仿操、手铃操

（二）学前儿童早操活动的组织与指导

早操活动的时间短，在户外的活动场地、器材和管理的方式也不同，主要有以下注意事项。

第一，早操活动受季节影响较大，因为时间短，要坚持做些准备活动，让身体机能得到相应提高。

第二，组织活动要照顾到个别体弱儿童及有特殊需要的情况，如新转来的、有病才好的、早上来园哭闹情绪不稳定的等，要给他们关爱，并引导他们投入集体的活动中去。

第三，天气过于寒冷时，早操可以在室内进行，但要注意开窗通风，活动结束时及时关好。室外活动有风时可以让儿童戴上口罩和围巾。

第四，要注意安全和场地的卫生，还要注意培养儿童的运动卫生习惯。如早上做操时不穿太厚的衣服，活动结束时再及时穿衣；穿便于运动的服装和鞋。让儿童知道根据自己的情况来运动。如感冒刚好来园，知道告诉老师并能有意识地减少跑步，只跟着做操等，培养儿童的自我保护意识和能力。

二、学前儿童户外体育活动的设计与组织

（一）学前儿童户外体育活动的设计

儿童户外活动的内容和形式很丰富，可以有集体活动、分散活动，更多的是自由活动。儿童在户外活动中可以有更多的自由选择的机会，自己选择伙伴、器械和运动内容，开展多种形式内容的活动，丰富儿童的运动体验。

为了便于低龄儿童在活动中相互模仿，便于教师具体指导，小班和低龄儿童的活动一般由教师统一组织，练习的内容也比较单一，这是与儿童年龄相适应的。可以为低龄儿童设置适合他们活动的专门的体育活动区，进行爬、钻、滑梯等活动。

在动作内容的选择方面，应该选择走、跑、跳、投掷、钻、爬、攀登、平衡等基本动作的练习，还应该利用儿童的灵活性，开展如滚动练习、支撑练习、脚部的协调活动的练习等活动。要让儿童尝试动作的多种变化练习，并给予儿童充分的活动时间和机会，满足儿童运动与发展的需要。

---

① 人民教育出版社体育室.幼儿园体育活动的理论与方法［M］.北京：人民教育出版社，2002：107.

应该把集体活动与分散活动相结合。既要组织集体的游戏活动，也要让儿童自发地玩手中的小型玩具、徒手游戏等。还可以利用体育活动区安排户外活动。可以打乱年龄班进行自由选择，也可以班为单位，轮流进行各个不同内容的活动区活动。

（二）学前儿童户外体育活动的组织与指导

第一，户外活动有更大的灵活性，要特别注意活动的安全性。从器械的安全到运动动作、内容的安全，从孩子的着装到身体素质的基础都是必须考虑到的因素。

第二，由于活动的范围大，活动内容多，要让每一个儿童都保持在教师的视线范围之内，注意引导不爱活动、性格内向的儿童参与活动，适当控制活动过多的儿童的活动量，避免活动量过大，影响体力恢复，影响身体健康。

第三，要保证户外活动的时间，保证每天至少一小时的室外活动，提高对外界环境的适应能力。

第四，活动前要了解儿童的具体情况，合理分配练习的器械，并有针对性地进行指导，在活动时特别注意提醒儿童要团结、合作、友好、守规则。

第五，活动结束时，请儿童与老师一起整理和收拾好器材和教具。

三、学前儿童体育教学活动的设计与组织

学前儿童体育教学活动是体育活动的一种基本组织形式，是有目的、有计划、有组织的集体教育活动形式。它主要是通过体育游戏活动的形式，发展儿童的基本活动技能，提高身体素质，增强体质，促进儿童身心全面、健康、和谐的发展。体育课是教师根据儿童身心发展需要安排的有计划的教学活动。

（一）学前儿童体育教学活动的设计

1. 儿童体育教学的基本类型

（1）新授课。即以学习新的游戏或动作为主要内容而展开的教育活动。

（2）复习课。即以儿童已经学习过的内容和动作为主要内容而展开的教育活动。

（3）综合课。所谓综合，一种是指活动的内容既有新的又有已经学习过的内容的综合，另一种是指活动中多种类型的活动内容综合，如包括基本体操和基本动作等多种练习等。

2. 学前儿童体育教学活动的设计的重要依据

学前儿童体育教学活动的设计的重要依据是人体机能变化规律。人体在运动过程中，生理机能是不断变化的，这种变化呈现上升、平稳、下降三个阶段。即在开始时逐渐上升，达到一定水平和在一定时间内保持稳定，最后逐渐下降。

（1）上升阶段。上升阶段包括两个过程，第一个过程是在未进行体育活动前，知道或想到即将开展活动，人体在生理和心理上产生的选择性反应。一种选择性反应是适应性积极反应，表现为人体血液中血糖含量增加，心跳和呼吸加快，大脑的兴奋性提高，精神愉悦而振奋等。这些变化能加速身体各器官克服惰性，使活动能力较快地上升，以适应即将开展的体育活动的需要。另一种选择性反应是消极反应，表现为大脑的抑制性提高，情绪低落，乏力且动作迟缓，对活动不感兴趣。教师要根据这一规律，平时把每次体育活动组织好，让儿童听到要开展体育活动就产生积极的情绪。在组织活动的开始部分，应想方设法激发儿童的活动兴趣，使儿童情绪活跃起来。第二个过程是通过适当的身体活动，克服各器官、组织的惰性，提高其活动能力，使其较快地达到较高水平。教师在活动的开始部分，应利用适当的热身活动或针对性的准备活动，来适应儿童活动开始时身体活动能力较低的状态，并使其身体活动的能力较快地上升以适应第二阶段活动的需要。这些变化，与人体的体质、训练水平、年龄特点及活动的内容等因素有关，其过程有长有短。儿童身体各器官惰性小、易动员，活动能力上升较快，所以开始部分活动的时间较短，运动负荷的增加要稍快。

（2）平稳阶段。在平稳阶段，身体各器官活动能力已达较高水平，且能保持一段时间。这时身体活动效率高，学习的效果好。因此，这一阶段相当于体育活动的基本部分，在活动展开时，宜将难度

较大、较新的教材或运动负荷较大的练习内容安排在此阶段，运动负荷的高峰也出现在该阶段。平稳阶段持续时间的长短与儿童的体质、训练水平、年龄、心理状态有关。儿童的平稳阶段持续时间较青少年或成人短，教师应选择合适的活动内容，并控制好练习的密度和运动负荷，既要保证运动负荷高峰的出现，又要避免因运动负荷过大或高峰过早出现使儿童过早发生疲劳。

（3）下降阶段。体育活动进行一段时间后，由于体内能量、物质的消耗和恢复不足，身体出现疲劳，活动能力下降，这时应停止较激烈的活动，但不宜"急刹车"，应进行一些放松活动，以便较好地恢复体能和消除身体疲劳。

3. 学前儿童体育教学活动过程的基本结构

基本结构是指一次教学活动中，各个教学环节的任务、内容、组织工作的安排顺序和时间、运动量安排等。依据体育教学活动的设计中人体体能变化的规律，以及活动中儿童身心变化的特点，分为开始部分、基本部分和结束部分。

（1）开始部分（一般占总时间的10%～20%）

① 开始部分的主要任务是：组织儿童，集中儿童的注意力；使儿童明确活动的内容和要求，激发他们参与体育活动的兴趣和积极性，使儿童精神振奋，情绪高涨；通过身体活动，克服各器官组织的惰性，发展主要肌群，使儿童身体各器官系统的机能逐步进入工作状态，为基本部分做好生理和心理的准备；根据基本部分的内容，做一些有针对性的准备活动，时间不宜长，动作要简单，以儿童情绪饱满、活动开为宜，过长时间的活动会浪费体力，影响情绪。

② 开始部分的内容有：排队和队列队形练习；向儿童说明活动的要求和主要内容；做一些基本体操或模仿活动；开展一些运动负荷不大、有利于发展儿童体能的游戏，也可以进行一些简单的舞蹈和律动等。

（2）基本部分（一般占总时间的70%～80%）

① 基本部分的主要任务是：学习新的或较难的活动内容；复习和提高已学过的各类动作和游戏等。基本部分是体育课教学中最重要的部分。一般应将新内容放在前面，趁儿童情绪高、体力充沛时学习和练习；复习的内容，运动量和强度较大的内容、游戏、比赛应该放在后面，总的原则是使活动与儿童身体机能活动水平相适应。

② 基本部分的内容主要有发展体能的游戏、基本体操、其他各类游戏等，一般以《纲要》中规定的内容为主。一次活动一般安排1～2项活动内容。在内容的安排上应注意新旧搭配、急缓结合，全面锻炼儿童的身体。

（3）结束部分（一般占总时间的10%～20%）

① 结束部分的主要任务是：降低儿童大脑的兴奋性，使儿童的身体由运动的紧张状态逐渐恢复到相对安静状态，做一些安静的游戏性练习；合理地小结评价，赞扬和肯定儿童良好的表现，提出新的要求，保留儿童下一次练习的愿望，有组织地结束活动；收拾和整理器材。

② 结束部分的内容主要有轻松自然的走步，徒手放松练习，简单、轻松的操节和舞蹈，较安静的游戏等。

案例

大班健康活动：学做小战士

活动目标

1. 能够匍匐前进，并掌握正确的方法。

2. 练习平衡、攀爬、助跑跨跳，在情景活动中锻炼动作的灵活性、平衡性。

3. 养成乐意合作、不怕困难、勇敢自信参与活动的品质，体验成功的乐趣。

活动准备

垫子、平衡木、跨栏、防护网、铁圈、哨子、录音机、磁带等；红五星人手一个，幼儿身着迷彩服。

活动重难点

活动重点：学习匍匐前进。

活动难点：用正确的方法手脚协调地匍匐前进。

活动过程

一、导入活动

师：今天我们要学做小战士，从现在开始，我就是你们的指挥官，你们就是勇敢的小战士。（教师带领幼儿听音乐进场）

二、准备活动

师：战士们，我们一起来操练。（幼儿与教师一起练习擒拿格斗）

三、主要活动

1.介绍训练项目。

师：今天，我们要学习一项新本领，学会了，我们就可以上战场去杀敌了。

师：这是防护网，狡猾的敌人在网上装了探测器，我们要从网下面爬过去，爬的时候要注意身体不能碰着网（避免被敌人发现），还要尽量爬快些。现在我们先去试一试。（小朋友自由练习，教师在旁辅助）

2.练习训练项目并说一说。

师：（教师吹哨集合）小战士们，你们刚刚是怎样爬的啊？你来说一说！练习时又要注意哪些问题呢？（请个别幼儿演示自己的方法）

3.针对幼儿不同的方法，让部分幼儿分组实际操作，比较哪种方法更好。

师：我们现在用你们的方法来比一比，看看哪种方法更好，更快一些。（引导幼儿观看刚才的录像）

4.教师引导方法正确的幼儿讲解动作要领。

这种方法叫匍匐前进，爬的时候身体趴在地上，头低下，眼睛稍微向前看，用手肘着地，交替前进。左手向前爬的时候右脚用力往后蹬，右手向前爬的时候左脚用力往后蹬，这样爬起来既不会碰着网，速度又快。

5.再次练习训练项目，增加训练难度。

师：那我们再去练一练吧！注意不要碰着网，碰响了铃铛。

（1）幼儿再次练习，教师注意纠正幼儿不正确的姿势。

（2）鼓励幼儿的精神饱满可嘉，及时表扬做得好的幼儿，帮助能力较差的幼儿。

6.分组进行比赛。

比一比，看看哪组的小战士更能干，学的本领更好。

四、巩固练习

师：小战士们，前方发现敌情，上级命令我们去夺取索桥，准备出发！（教师吹哨集合）

教师讲解游戏规则：我们先要走过一片沼泽地，过沼泽地的时候要小心，只能在砖块上走，掉下去就牺牲了；接着要翻过矮墙，从矮墙上下来的时候要注意安全；然后要穿过敌人设下的防护网，穿过防护网的时候一定要用我们学到的新本领，注意不要被敌人发现了；最后还要跨过壕沟，注意要用跨跳的方法；先到达的战士到索桥上去挥舞红旗。

师：好，都准备好了吗？

幼：准备好了！

师：开始行动！（教师在幼儿执行任务过程中提醒幼儿注意安全、辅助有困难的小朋友）

五、结束部分

教师小结：今天我们的小战士们学本领都很认真，攻打敌人时也很勇敢，不怕困难，还能和其他的小战士合作，上级发给我们每人一枚军功章。

师：小战士们，立正！稍息！现在我们去开庆功会了！齐步走！

幼儿踏步出场。

活动延伸

幼儿在户外活动时也可以继续进行游戏，学做小战士。

活动评析

通过创设小战士的角色引发幼儿参与活动的兴趣，创设战士杀敌的情节激发幼儿参与活动的积极性，并且有一定的难度和要求，有利于幼儿在活动中获得成就感和自信心，符合大班幼儿的身心发展特点。活动中较为重视和凸显幼儿的主体地位，使幼儿在直接参与、感知体验的过程中进行体育活动，寓教于乐，较好地实现了活动目标。

（二）学前儿童体育教学活动的组织与指导

第一，在体育教学活动实施过程中，教师首先要了解儿童的实际水平，以便能够根据儿童的需要安排活动；要做好各项准备工作，如场地的利用（线段、标志、悬挂物等）、器材的安全性和布局、教具的使用等。

第二，对儿童的指导和要求要具体，引导的语言要有针对性；要注意活动空间的利用和控制，保证运动的量能落到实处，例如直线跑的距离、四散跑的范围、向上跳起的高度、向远处跳的宽度、动作的难度等都会直接影响到练习的实际效果和运动的量。

第三，各年龄班体育课的活动时间，一般小班为15～20分钟，中班为20～25分钟，大班为30分钟左右。在有限的时间内，要精讲多练，把更多的时间留给儿童练习，应使教师的组织工作跟儿童的练习交替进行，尽量多让儿童同时练习；善于改编游戏，改变游戏中不合理的安排，为儿童的体育课堂服务，为儿童运动发展的需要服务，减少儿童等待的时间。

第四，要给儿童创造自由选择练习的机会和条件，扩大场地范围，改变教学方式，给儿童探索、自主活动、适当自由分散练习的时间；要建立合理的活动常规，保证儿童有秩序地、安全地锻炼。组织工作的安排要细致，不断与儿童交流，对其活动进行及时评价；在整个活动过程中，都要不时地吸引儿童注意力，观察他们活动的情况。重视动作的质量和行为表现，重视在活动中培养儿童良好的品质和个性，促使他们身心全面健康地发展。

第五，注意不进行高强度、长时间的快速运动；不进行专业化的、高难度的发展柔韧素质的练习，并尽量使儿童在做动作时与呼吸相配合；不做或少做屏息憋气的动作；多做对称性的动作，避免进行单一的动作练习。

第六，要做好活动后的评价工作，让儿童能够懂得应该怎样做，并在教师的不断提醒下，逐渐养成好的习惯。教师应重视课后总结工作，不断积累经验，提高自身教育水平和业务能力。

四、亲子运动会的设计与组织

（一）亲子运动会的设计

亲子运动会的内容主要有以班为单位的表演性基本体操、小型团体操、儿童集体舞，适合本年龄组开展的表演性游戏和竞赛性游戏，家长和孩子共同参加的游戏比赛活动等。

1. 固定式运动会

一般每学期举行一次，全园及幼儿家长一起参加，体现生生同乐、师生同乐、家园同乐，内容可有各班表演自编体操或体育游戏、以年龄组为单位进行小型游戏竞赛、师生同乐游戏活动、亲子同乐游戏活动。

2. 阶段式体育活动

每个月或每两个月举行一次，以班级或年级为单位，开展区域性体育自选游戏，体现生生同乐。

（二）亲子运动会组织和设计的注意事项

第一，注意安全。首先是家长和儿童在比赛中的安全，如有的家长在玩"背小猴"的比赛时，孩子在背上经常掉下来，这种情况要予以注意。在亲子运动会上还要注意防止儿童的走失，在活动比赛中，父母应带好自己的孩子。

第二，安排好时间。亲子运动会的时间一般在2.5～3小时。时间太短则家长和孩子意犹未尽，时间太长则家长和孩子容易疲劳，亲子运动会的秩序不容易维持。一般幼儿园的亲子运动会在8点半或9点开始，在11点半左右结束。

拓展阅读

利用自然因素进行体育锻炼[①]

日光、空气和水是人类生活中不可缺少的自然因素，是取之不尽的天然资源。实践证明：利用日光、空气和水这三种自然因素进行锻炼，能取得良好的锻炼效果，是学前儿童进行体育锻炼的重要活动形式。

一、日光浴

（一）日光浴的作用

日光浴是指按照一定要求让日光直接照晒人体皮肤进行身体锻炼的方法，其关键在于有效地运用阳光对人体的作用。

太阳光中有红外线和紫外线，它们对人体健康具有十分重要的作用。红外线能深入人体内部，起加热作用，使深层组织的血管扩张，促进血液循环，使心跳强而有力，呼吸加深，摄氧量增加，全身新陈代谢旺盛。紫外线具有很强的杀菌能力，可使一般病菌在阳光直射数十分钟后死亡，它能使皮肤里7-脱氢胆固醇转变为维生素D，而维生素D又能促进钙、磷的吸收。因此，日光浴能有效地防止软骨病和佝偻病，促进儿童生长发育。

（二）日光浴的锻炼方法

1. 环境创设

对学前儿童进行的日光浴，宜采取散射光和反射光，以免日光照射过强。场地应选择清洁平坦、干燥、空气新鲜而又能避开大风的地方，夏季可在树荫下进行，冬季可直接在阳光下活动。还应在日光浴前根据季节的变化为学前儿童准备一些物品，如干净而舒适的竹席、开水及适量的饮料以及处理意外情况时所需的糖水、十滴水等。

日光浴的形式有两种：一种是专门的日光浴，让太阳光直接照射身体的局部或全部，全身照射需持之以恒，循序渐进；另一种是日常生活中在劳动或户外活动时所进行的日光浴。

2. 组织方法

开始日光浴以前，应进行10天左右的空气浴。进行日光浴时，身体的大部分应暴露在日光下，照射的时间由3分钟延长至15分钟，一般以上午10点左右，气温在24～26℃为宜。

学前儿童躺在床上或竹席上，胸背交替照射，用凉帽遮住头部，并注意保护眼睛。日光浴后，应休息3～5分钟，用28℃左右的水冲淋，喝些开水和饮料，不能立即进餐。

3. 注意事项

空腹和饭后1小时内，以及患传染疾病和心理疾病的学前儿童，不宜进行日光浴锻炼。如果发现儿童出汗过多、精神萎靡、头晕头痛、心跳加快，要暂停锻炼，让儿童立即回到阴凉处休息，喝少量糖水。

---

① 欧新明.学前儿童健康教育［M］.北京：教育科学出版社，2003：215-220.

二、空气浴

（一）空气浴的作用

空气浴是利用空气的温度、湿度、气流、气压、散射的日光和阴离子等物理因素对人体的作用，来提高机体对外界环境的适应能力的一种健身锻炼法。空气浴能促进呼吸功能、血液循环，增强神经系统的功能，提高抗寒能力，预防感冒。人体裸露时，引起寒冷的临界温度为28℃左右。临界温度以上的空气浴，效果甚微。气温越低，对身体的刺激作用越大，锻炼的效果亦越明显。体表的寒冷刺激使体温散失，空气中的温度和气流常加强寒冷的作用。为了维持体温平衡，冷空气浴时机体能加强体温调节中枢的活动，使皮肤血管收缩，减少皮肤血流量，减少汗腺的分泌，提高肌肉兴奋和收缩力量。在皮肤温度下降的同时，内脏的血液循环加强，温度升高，再加上空气中阴离子的作用，心肌功能即可得到加强，呼吸加深，肺通气量、摄氧量和二氧化碳的排出量增加，物质代谢旺盛，脂肪燃烧加强，食欲增进，排泄机能提高，从而使人精神愉快。长期坚持空气浴，可增强对感冒和其他疾病的抵抗力。

（二）空气浴的锻炼方法

1. 环境创设

专门进行空气浴时，学前儿童应穿短衣短裤，夏季可只穿短裤，并结合适当的体育锻炼。按空气的温度，20～30℃为热空气浴，15～20℃为凉空气浴，6～14℃为冷空气浴。应从温暖季节的热空气浴开始，逐步向寒冷季节的冷空气浴过渡。每次进行空气浴前先做些体力活动，使身体发热，但不要出汗，然后再脱衣进行空气浴。冬季更应与体力活动结合起来，气温低时，运动量要相应加大。

2. 组织方法

选择早晨和中午，温度为24～32℃，风速不超过7米/秒，相对湿度为60%～70%的环境进行空气浴比较妥当，习惯以后，空气浴的气温可逐渐下降。

3. 注意事项

每次锻炼要根据气象条件和个体耐寒程度灵活掌握，以不出现寒战为度。如遇大风、大雾或寒流，可暂停或在室内进行。一般情况下要有规律地坚持，不要无故中断。发热、虚弱的儿童和严重心肾疾病患儿不宜进行空气浴。

三、水浴

（一）水浴的作用

水浴主要是指利用水的温度、机械作用和化学作用来锻炼身体的方法。水温有冷、温、热三种，因此水浴也可分为冷水浴、温水浴、热水浴三类，其锻炼方式主要有擦浴、淋浴和泳浴三种。其中温水浴有助于消除疲劳和体能恢复；热水浴除有助于消除疲劳外，还可减轻体重。就锻炼价值而言，则以冷水浴最为突出，这是因为冷水刺激时，在神经系统支配下，皮肤血管急骤收缩，血管口径变细，大量血液流向内脏深组织，内脏血管扩张。由于神经系统的调节，接着皮肤血管又扩张，大量血液又从内脏流向体表。这样在一次冷水浴中，全身血管经受着一张一缩的锻炼，不仅弹性增加，防止硬化，而且提高了神经系统对血管系统支配的灵敏性和准确性，所以有人把冷水浴锻炼称为"血管体操"。经常从事冷水浴，就能提高机体对外界气候变化的适应能力，不易着凉或患感冒。

冷水浴能促进机体新陈代谢，尤其能改善皮肤的血液循环，加强对皮肤组织的营养供应，使皮脂腺分泌增加，因而皮肤变得柔软润滑、富有弹性、抵抗能力强，不易患皮肤病。同时，还可减少脂肪堆积和血管里胆固醇的沉积，有助于防止动脉硬化。水中的某些矿物质，对人体还有特殊的益处。

（二）水浴的锻炼方法

1. 环境创设

水浴方便易行，室内外均可以进行。对学前儿童可设计专门的水浴场所，如小型游泳池、冲淋设备等。这种游泳池可设在顶层，用葡萄藤、爬山虎等绿色植物进行遮阳，避免阳光直射对学前儿童的皮肤造成伤害。为符合学前儿童的心理特点，可将滑梯、攀爬架等器材安置在游泳池中，增加水浴锻炼时的乐趣，还可将蘑菇伞等富有童趣的建筑物安放其中，既可遮阳，又可观赏。

室内冲淋场地的设计要注意水管多、流量不大，方便学前儿童用冷水洗手、洗脸及冲淋，也便于教师和保育员对学前儿童进行擦浴、冲浴、淋浴。

2. 组织方法

冷水浴应从温暖的季节开始，先进行最轻的擦浴，再到淋浴。

在幼儿园或家中，应长期坚持每天用冷水洗手、洗脸，用15～20℃的冷水冲淋双脚。这样做能加强血液循环，提高鼻腔黏膜对冷刺激的抵抗力，预防感冒。也可用拧干的湿毛巾进行冷水擦浴，这种方法刺激温和，并有按摩作用，特别适合体弱的学前儿童，每次擦浴的时间为2分钟，顺序为上下肢、胸、腹、背部，将皮肤擦红，再用温水中的湿毛巾擦一遍，然后用干毛巾擦干。水温从33℃开始，以后每3天降10℃，直到与室温相近，由于学前儿童皮肤娇嫩，注意擦浴时选用松软、吸湿性强的毛巾，用力应均匀，不可太猛。

在适应了前两种方法后，可进行冷水淋浴锻炼。淋浴既可以利用水温，又利用水的冲力，具有较强的刺激性。淋浴的具体方法是：先用湿毛巾擦遍全身，再按上肢、背部、胸腹部、下肢的顺序冲淋，不要冲淋头部。冲淋时动作要快，时间以20～40秒为宜。冲毕立即用干毛巾擦干，使全身皮肤轻度发红。水温从33℃左右开始，逐渐降至20～28℃，特别是冬季在室内进行时，室温不应低于22℃。冲淋时要注意观察，当出现寒战、面色苍白等情况时，应调节水温或暂停锻炼。

游泳是一种综合性的锻炼，它结合了水、空气和日光三种自然因素，刺激作用较强。在进行室外游泳或水浴时，应选择天气晴朗、没有风的日子，学前儿童下水前先经受一定的日光照射和冷水的刺激，时间由5分钟逐渐延长到15分钟左右。这一活动，一定要由成人带领，在水质较好、水温较高的浅水区中进行，要细心察看每个儿童的反应，严格注意安全。儿童离水后，要迅速擦干身体，穿好衣服，稍做一些缓步跑或跳跃等整理活动。

四、"三浴"锻炼的注意事项

（一）"三浴"前的准备事项

1. "三浴"锻炼前要对儿童进行体格检查，对有病或身体虚弱的学前儿童，要给予特殊照顾或暂缓参加"三浴"锻炼。

2. 根据本园、本地区的实际情况，设计"三浴"锻炼方案，同时准备各种记录锻炼情况的表格，追踪"三浴"锻炼的全部过程，了解学前儿童在"三浴"锻炼中的详尽表现，及时进行总结。

3. 通过家长会、黑板报、家长专刊等形式向家长宣传"三浴"锻炼的意义、内容、方法与要求，使家长积极配合学前儿童搞好"三浴"锻炼，同时通过故事、儿歌、木偶等形式向学前儿童介绍"三浴"锻炼的意义与做法，提高学前儿童参与锻炼的积极性。

4. 做好物资准备，包括水温表、寒暑表、浴巾、太阳帽等。

5. 组织有序，清点人数，防止意外事故的发生。

6. 在"三浴"中传授知识和技能。

（二）"三浴"锻炼中的注意事项

1. 天气恶劣、风沙大、水质差等情况下不宜组织学前儿童进行"三浴"。

2. 注意循序渐进地进行"三浴"，一般强调由弱到强，时间不宜过长。

3. 注意观察学前儿童的表现，如出现异常，立即停止"三浴"。

4. 对体弱有病的学前儿童，应给予特殊照顾，严格控制"三浴"时间和长度。

（三）"三浴"锻炼结束时的注意事项

1. 清点人数，观察学前儿童的反应，组织和指导学前儿童迅速穿好衣服进入室内，防止中暑、受凉。

2. 清点所有物品、器械。

3. 及时对学前儿童"三浴"进行总结。

拓展阅读

开拓幼儿体育改革新思路①

走进湖北省实验幼儿园

幼儿体育在学前教育中担任着不可缺少的重要角色，同时也受到社会、幼儿园及家长的关注。其主要矛盾已从健康不生病的幼儿体育教育观拓展为追求幼儿个性化发展、培养幼儿意志品质、团队合作精神、领导力、危机状况应对等能力层面。

湖北省实验幼儿园（以下简称"湖北实幼"）已走过百年风雨，不忘"蒙以养正"的教育初心，致力于课程改革，形成了以健康教育为核心的"旺体、美材、习德"三位一体的课程体系。提炼出淬砺教育思想，实现了"旺体、博文、厚德、蕴美"的培养目标。实践证明，淬砺教育园本课程成效显著。

首先，湖北实幼独创了三环式户外游戏场。园区内精心打造了"户外有场，场内有山，山上有亭"的三环式户外环境，开展"真、野、趣"的淬砺活动来锻炼幼儿体能，磨炼意志，健康身心。

在三环式户外场地内设置有滑索树屋、滚轴树屋、湖北实幼越野车等20多个区域。这不但为幼儿提供了丰富多样的户外活动区域，同时也为户外活动课程的开展提供了广阔的空间。

其次，开发了体能大循环、勇敢者训练营和挑战滑索等有创造性的课程。湖北实幼利用园区特有的户外环境，开发了全园体能大循环课程。具体来说，就是将园区户外活动场按照功能划分为5～6个小活动区，以班级为单位，在教师指导下，完成户外活动目标。活动中播放欢快灵动的音乐，当音乐一切换，所有班级有序轮换不同区域。除体能大循环课程外，还可根据三环式户外场地的不同功能区开展其他活动，鼓励幼儿在自由玩耍、自主发展中提升体能和意志品质。

目前湖北实幼以释放天性、回归本真、淬砺教育、健康身心为目标，正在构建淬砺教育园本课程体系。课程的实践得到了社会的高度认可和关注。就连运动能力差、不爱运动的幼儿体质也有了明显改观。湖北实幼的课程改革也吸引了社会各界的关注。近年来，湖北实幼先后接待2万余人次来园参观考察，与此同时，幼儿园还走出国门，展示风采，开展了一系列对外文化交流活动。

淬砺教育的实践，改变了传统幼儿体育活动以体育游戏、基本动作、基本体操、身体素质等内容为主的较为单一的现状，顺应了时代发展，为幼儿体育教学改革提供了示范，同时也为幼儿体育教育改革开拓了新思路。

---

① 陈磊. 开拓幼儿体育改革新思路——走进湖北省实验幼儿园［N］. 中国教育报，2019-09-15（4）.

思考与练习

一、单项选择题

1. 体育最基本、最重要的方法是（　　）。
   A. 身体练习　　　　　　　　　　　B. 示范法
   C. 游戏法　　　　　　　　　　　　D. 语言法

2. 体育活动过程的基本部分占其整个结构的（　　）。
   A. 60%～70%　　　　　　　　　　B. 70%～80%
   C. 80%～90%　　　　　　　　　　D. 60%～80%

3. 组织幼儿集中注意力，使他们明确活动的内容和要求，激发他们参加体育活动的兴趣，这是指体育课的（　　）。
   A. 开始部分　　　　　　　　　　　B. 重点部分
   C. 基本部分　　　　　　　　　　　D. 结束部分

4. 户外体育活动的时间每天应不少于（　　）。
   A. 1小时　　　　　B. 2小时　　　　　C. 3小时　　　　　D. 4小时

5. 幼儿体育的基本手段是（　　）。
   A. 身体练习　　　　　　　　　　　B. 技能训练
   C. 兴趣的培养　　　　　　　　　　D. 体质的提高

6. 幼儿徒手体操不包括（　　）。
   A. 花操　　　　　B. 拍手操　　　　　C. 健美操　　　　　D. 韵律操

7. 儿童体育教学的基本类型不包括（　　）。
   A. 新授课　　　　　B. 综合课　　　　　C. 复习课　　　　　D. 预习课

8. 下列属于幼儿基本动作练习的是（　　）。
   A. 跳跃　　　　　B. 队列练习　　　　　C. 体操练习　　　　　D. 体育游戏

9. 人体在运动过程中，生理机能呈现的变化规律不包括（　　）。
   A. 缓慢阶段　　　　　B. 上升阶段　　　　　C. 平稳阶段　　　　　D. 下降阶段

10. 学前儿童体育活动的组织形式不包括（　　）。
    A. 户外活动　　　　　B. 体育课　　　　　C. 体能训练　　　　　D. 运动会

二、简答题

1. 简述学前儿童体育的意义。
2. 简述学前儿童体育的特点。
3. 简述学前儿童体育活动的组织方法。

三、实践实训题

1. 设计一节学前儿童体育活动，年龄段自定。
2. 在实习时，观察幼儿教师开展体育活动的过程并进行记录。
3. 观摩一次学前儿童体育活动，对活动的目标、方法、过程与组织进行评价。

聚焦考证

一、单项选择题

1. 为了让幼儿在户外活动中能一物多玩，最适宜的方法是（　　）。（2016上半年幼儿园教师资格考

试《保教知识与能力》真题）

A. 教师集体示范　　　　B. 幼儿自主探索　　　　C. 教师分组讲解　　　　D. 教师逐一训练

2. 下列哪一种活动重点不是发展幼儿的精细动作能力？（　　　　）（2017上半年幼儿园教师资格考试《保教知识与能力》真题）

A. 扣纽扣　　　　B. 使用剪刀　　　　C. 双手接球　　　　D. 系鞋带

3. 下列最能体现幼儿平衡能力发展的活动是（　　　　）。（2017上半年幼儿园教师资格考试《保教知识与能力》真题）

A. 跳远　　　　B. 跑步　　　　C. 投掷　　　　D. 踩高跷

二、简答题

从儿童发展角度，简述幼儿户外运动的价值。（2016上半年幼儿园教师资格考试《保教知识与能力》真题）

学习目标

1. 了解学前儿童身体保健和生活自理教育的概念与意义。
2. 掌握学前儿童身体保健和生活自理教育的目标、内容、途径和方法。
3. 能够运用学前儿童身体保健和生活自理教育的理论进行活动方案的设计与实践。

PPT 教学课件

内容导航

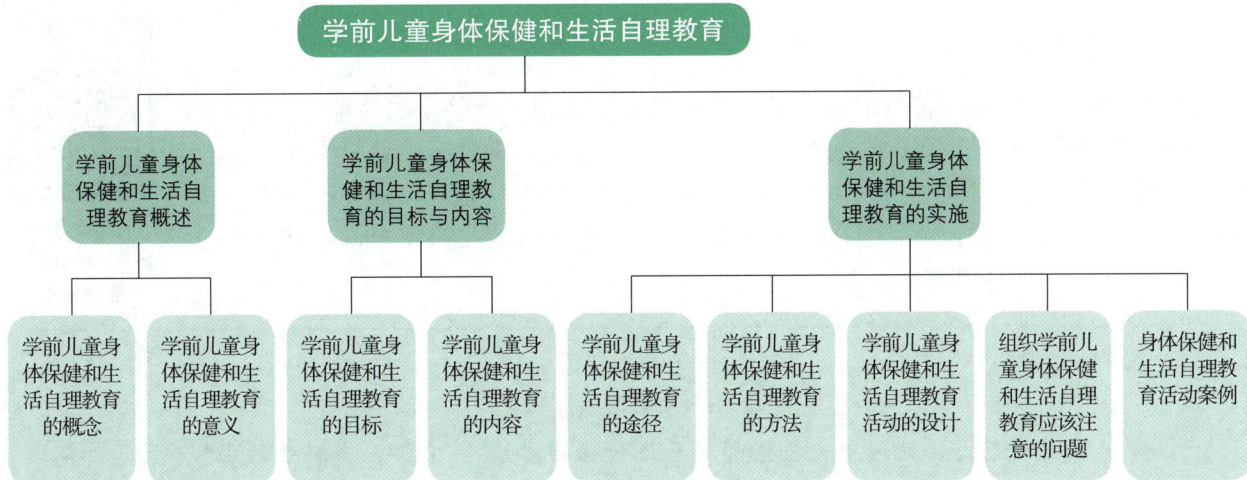

案例思考

一天，我让小朋友喝水的时候，突然传来一阵嘈杂声，我赶快跑到她跟前。只见李雨轩手里拿着一半黑一半白的东西，满脸伤心地说："老师，我的牙掉了。"我笑着对她说："没事！"但是她还是紧紧地捏着掉下的牙齿不松手。

我蹲下身来，轻轻地安慰她："现在正是你们换牙的时候，掉了牙没事的，过些时候就会慢慢长出新牙。"雨轩说："牙必须扔到一个地方，要不然就不长新牙。"我暗自笑了笑，为了不破坏她纯真的童心，我说："你想往哪儿扔，老师帮你扔，好吗？"我们就到了外面。

扔完之后，我看见了一棵光秃秃的树，紧接着我问她："雨轩，你看这棵树，它的叶子冬天的时候落光了，到了春天是不是又长出新的来了？"她点了点头。"那么你的牙和这棵树一样也会长出新的，知道吗？你再看老师的牙，也是掉了重新长的。"顿时，她脸上露出了灿烂的笑容，和小朋友欢天喜地地玩了起来。[①]

思考：如果你是老师，你将怎样让学前儿童了解换牙现象，知道保护牙齿的重要性？如果以"换牙了"为主题设计一个集体教学活动，应该注意哪些问题？

《纲要》指出："幼儿的身体健康以具备基本的生活自理能力为主要的特征。"幼儿园进行身体保健是为了使幼儿能主动关注自己的健康，保护和珍爱自己的生命，从而健康地成长。

第一节 学前儿童身体保健和生活自理教育概述

一、学前儿童身体保健和生活自理教育的概念

学前儿童良好的生活与卫生习惯以及对自身身体的了解与爱护是维护和促进其自身健康的重要保证。学前期是个体发展的关键时期，学前儿童生长发育迅速，身体大部分器官、系统的结构和功能发展极快，在这一时期养成的良好习惯，容易成为动力定型。抓住关键时期，实施与学前儿童发展相适应的身体保健和生活自理教育将会使个体终身受益。

学前儿童身体保健和生活自理教育，主要是培养幼儿科学地认识、使用、养护和锻炼身体器官以及生活卫生、进餐、着装、睡眠、盥洗等方面基本的生活能力[②]。学前儿童身体保健和生活自理能力不仅仅是人类生存能力的重要内容，更是儿童生存和健康发展的重要基础。

学前儿童身体保健和生活自理教育主要是在日常生活活动中进行的，主要有以下特点。

（一）隐蔽性

教育的隐蔽性也称为隐性教育，是一种在教育过程中不直接、明显地表达目的、内容和形式的教育形式。照顾学前儿童的吃喝拉撒、起卧、洗漱、衣着等生理需要的行为占用教师大量的时间和精力，这些行为具有琐碎、外显、直观、具体的特点，易引起家长、教师的注意，而隐藏在其中的教育时机和作用却容易被忽视，隐藏其中的养成教育往往引不起教师的注意。

> 微 课
>
> 学前儿童身体保健和生活自理教育的特点

案例

忙碌的老师[③]

每天午睡过后是幼儿园中班杨老师一天最忙碌的时候。"老师，我鞋带松啦！"蓝蓝大声地嚷道。杨老师急忙跑过去，一边系鞋带一边说："蓝蓝，老师给你说多少回了，怎么还不会自己系呀？"蓝蓝半眯着眼，似乎没有去理会老师说什么。"杨老师，裤子我穿不上呦，快点来帮我呀！"忙碌的杨老师又急忙跑到小明的床前，还是重复着那句话："老师给你说了多少回了，怎么自己还不会呀？"这时突然传来东东的哭喊声，杨老师皱了皱眉头，赶快又跑到东东的床前。一位小朋友说："杨老师，东东刚才从床上跳下来摔着了。""东东不哭，让老师看看摔到哪儿了，不痛不痛啊……杨老师还有好多好多的事要做呢，不要哭了。"

问题：

1. 案例中的杨老师为什么这么忙碌，这么辛苦？

2. 如何才能改变这一现象呢？

---

① 叶平枝，徐宝良 . 学前儿童健康教育与活动指导［M］. 长沙：湖南大学出版社，2015：45.
② 庞建萍，柳倩 . 学前儿童健康教育［M］. 上海：华东师范大学出版社，2008：74.
③ 李姗泽 . 学前儿童健康教育［M］. 北京：中央广播电视大学出版社，2008：73.

（二）长时效性

学前儿童在幼儿园按照一日生活作息时间表有规律地生活，形成固定的生活方式和习惯，在幼儿园生活中形成的生活习惯、生活方式、处理生活问题的思维方式和能力常影响其一生，这是身体保健和生活自理教育的长时效性。因此，为了让学前儿童身体保健和生活自理教育具有时效性，就需要制定和执行合理的生活制度，坚持在每日生活各环节中对学前儿童进行反复的长期的教育和训练，并提出具体要求。比如，虽然教师认真而详细地教过幼儿洗手的步骤和方法、洗手的时间和时机，幼儿在一段时间内能够较好地遵守，但时间长了，却会逐渐出现偷懒或草草应付的现象，这时教师不能以"我早就跟你（们）说过了！"来指责幼儿的坚持性不够。这种指责是"教师中心"的典型表现，如果多考虑学前儿童的记忆规律和行为养成规律，就会更多地反思教师自己的教育行为，从而做出有利于学前儿童形成固定的生活方式和习惯的教育行为。

（三）循序渐进性

学前儿童身体保健和生活自理教育必须遵循儿童身体发育的特点，做到循序渐进。如学前儿童动作的发展规律是大小律，学前儿童先学会一些粗大的动作，如翻身、走、跑等，然后才能掌握一些精细的动作，如拿、捏、吃饭和画画等。在对学前儿童进行身体保健和生活自理教育时应循序渐进，很多时候儿童虽然知道了步骤和方法，但是由于手部肌肉发展不够完善，还不能做一些精细动作，进而影响其自理能力。因此，在对学前儿童进行生活自理教育时应循序渐进，逐渐促进其生活自理能力的发展。

二、学前儿童身体保健和生活自理教育的意义

对学前儿童进行身体保健和生活自理教育是健康教育的重要内容，是学前儿童生存发展的基础，也是影响其健康生活的重要因素。

（一）促使学前儿童形成各种良好生活卫生习惯

动力定型是大脑皮质功能活动的结果之一。当外部的条件刺激以一定的顺序不断地重复多次以后，它在大脑皮质的兴奋和抑制过程在时间、空间的关系就会固定下来，前一种活动可成为后一种活动的条件刺激，这种按一定顺序做出的反应也就越来越恒定和精确，这就是动力定型。大脑皮质的动力定型一旦形成，神经细胞就能以最经济的消耗获得最大工作效果。习惯形成的过程也是动力定型形成的过程，习惯的巩固、完善和自动化都需要一定的时间。个体年龄越小，行为的可塑性就越大，动力定型就越容易形成，所以要从小培养学前儿童良好的生活卫生习惯。

幼儿园对学前儿童一日生活进行了规范的组织和安排，并对各环节生活提出规定和要求，使学前儿童的生活规律化、程序化，这样经过反复实践训练，使学前儿童了解和掌握初步的卫生常识，遵守有规律的生活秩序，养成良好的生活习惯、学习习惯和卫生习惯，学会多种技能，逐步提高学前儿童的身体保健和生活自理能力。

（二）促进学前儿童身体各系统的生长发育

学前儿童身体保健和生活自理教育，主要是让儿童科学地认识、使用、养护和锻炼身体器官（眼、耳、齿、鼻、皮肤等），促进和提高生活卫生、进餐、着装、睡眠、盥洗等方面基本的生活能力，而这些生理活动的正常进行，可以进一步促进学前儿童身体各系统的健康发育。例如，睡眠对儿童的生长发育极为重要，良好的睡眠习惯可以提高睡眠的质量，而睡眠质量的提高又可以促进儿童身体的生长发育。为此，要帮助儿童养成良好的睡眠习惯，包括：按时入睡，按时起床；要有正确的姿势，双腿弯曲，向右侧卧睡；用鼻子呼吸，冬天要披好被子，不露肩，不蒙头，睡硬板床；自己整理床铺、被褥，按顺序穿脱衣服、鞋袜，衣服脱下后叠放在固定的地方；等等。

（三）有助于学前儿童良好个性的形成

学前儿童个性的培养是在幼儿园的一日活动中实现的。儿童的年龄特点决定了他们的行为有时是自觉的，更多的时候是不自觉的，其间需要意志力和自控能力的长期作用，也需要毅力、自信心等个性品质的支撑。所以，身体保健和生活自理能力的培养与良好的个性品质的造就可以在同一过程中实现。

身体保健和生活自理活动作为学前儿童的一种生活教育，在教师创设的情境和日常生活中，儿童必然要积极主动地与同伴、教师交流，参与营造共同的生活，并与周围更多的人接触和交往，体验人与人相互团结协作、相互帮助的快乐和重要性，从而帮助儿童认识自己的身份以及与周围人的关系，掌握基本的社会生活行为规范，学会表达自己的看法，倾听他人的意见，关心和同情他人，逐渐建构自己的个性基础。

学前儿童生活自理能力高低本身也会对其个性产生影响。一个在日常生活中，穿衣、吃饭、洗漱做得有条有理，能得到教师肯定和同伴认同的学前儿童，也必然具备自信心。

案例

为什么会这样？

小迪是一个安静、文气的女孩子。刚入园时，老师发现很多她这个年龄应该会的，如吃饭、洗手，她都不会。经询问才知道，小迪的妈妈30多岁才有了这么个宝贝，就格外疼爱孩子，平时在家里，妈妈什么都不让小迪干。这导致小迪什么都不会，能力与同龄孩子相比有些差。

于是，老师就对她格外照顾。由于小迪很多方面的能力都不如班上的小朋友，渐渐地，她越来越依赖老师，越来越不自信，甚至有些自卑了。

问题：小迪自卑的原因是什么？怎样才能帮助小迪树立自信心？

第二节 学前儿童身体保健和生活自理教育的目标与内容

一、学前儿童身体保健和生活自理教育的目标

学前儿童身体保健和生活自理教育的目的在于提高学前儿童的健康知识水平，改善学前儿童对待个人健康和公共卫生的态度，培养学前儿童的各种有益于个人、有益于社会的健康行为和习惯。

由于学前儿童各年龄阶段发展水平存在着较大的差距，因此，应根据总目标，结合不同年龄阶段儿童的特点，确定各年龄阶段的具体目标。

《指南》中指出生活习惯与生活能力的目标见表6-1、表6-2。

表6-1　具有良好的生活与卫生习惯

3～4岁	4～5岁	5～6岁
1. 在提醒下，按时睡觉和起床，并能坚持午睡 2. 喜欢参加体育活动 3. 在引导下，不偏食、挑食。喜欢吃瓜果、蔬菜等新鲜食品 4. 愿意饮用白开水，不贪喝饮料 5. 不用脏手揉眼睛，连续看电视等不超过15分钟 6. 在提醒下，每天早晚刷牙、饭前便后洗手	1. 每天按时睡觉和起床，并能坚持午睡 2. 喜欢参加体育活动 3. 不偏食、挑食，不暴饮暴食。喜欢吃瓜果、蔬菜等新鲜食品 4. 常喝白开水，不贪喝饮料 5. 知道保护眼睛，不在光线过强或过暗的地方看书，连续看电视等不超过20分钟 6. 每天早晚刷牙、饭前便后洗手，方法基本正确	1. 养成每天按时睡觉和起床的习惯 2. 能主动参加体育活动 3. 吃东西时细嚼慢咽 4. 主动饮用白开水，不贪喝饮料 5. 主动保护眼睛。不在光线过强或过暗的地方看书，连续看电视等不超过30分钟 6. 每天早晚主动刷牙，饭前便后主动洗手，方法正确

表6-2 具有基本的生活自理能力

3～4岁	4～5岁	5～6岁
1. 在帮助下能穿脱衣服或鞋袜 2. 能将玩具和图书放回原处	1. 能自己穿脱衣服、鞋袜、扣纽扣 2. 能整理自己的物品	1. 能知道根据冷热增减衣服 2. 会自己系鞋带 3. 能按类别整理好自己的物品

结合学前儿童身体保健和生活自理教育的任务和《指南》精神,身体保健和生活自理能力各年龄阶段目标表述如下。

(一)小班

1. 身体保健

粗知五官的功能和粗浅地使用、养护和锻炼五官的知识,了解自己的视力和听力。学会洗手、漱口、刷牙,能独立如厕。能在成人提醒下早起洗脸,晚睡前刷牙、洗脚、洗脸,能学会正确的阅读姿势和看电视的合理位置,饭后能漱口,不抠鼻、挖耳和向鼻、耳内塞异物。爱做发展视力、听力和保护皮肤的游戏。

2. 生活自理能力

(1)进餐:学会用勺进餐,能安静用餐,注意细嚼慢咽,初步养成饭前洗手、饭后漱口擦嘴的习惯,注意饭前饭后不做激烈活动。粗知一些常用食物对身体的好处,能不挑食、不剩饭、不贪食。知道和别人共餐时要有礼貌。

(2)着装:学会穿衣、鞋,自己能穿的衣、鞋不求别人帮助穿。能注意服装的整洁,能把脱下的衣、鞋放在固定的地方。

(3)睡眠:能独立安静入睡,睡姿正确。

(二)中班

1. 身体保健

粗知五官的外部结构和使用、养护与锻炼五官的知识,了解自己的视力、听力的发展,注意身体保健。能独立洗手、洗脸、洗脚、漱口、刷牙、如厕,在成人提醒下,认真做好盥洗活动,注意耳鼻卫生。初步养成正确阅读姿势。爱做发展视力、听力和保护皮肤的游戏。

2. 生活自理能力

(1)进餐:学会用筷,能安静专心地用餐,初步养成细嚼慢咽和饭前饭后的卫生习惯。粗知一些营养知识,知道进餐是为了得到营养,养成不挑食不贪食的习惯,养成自己收碗和存放水碗的习惯,能注意防噎、防呛、防自己咬伤。在成人提醒下能在和别人共餐时注意礼貌。

(2)着装:初步养成自己穿衣、鞋,整齐存放衣、鞋的好习惯。

(3)睡眠:养成独立安静入睡的习惯。学会叠铺被子,并能注意保持床铺的整洁。

(三)大班

1. 身体保健

进一步了解五官的结构功能和使用、养护与锻炼五官的知识,有初步的自我保健意识和发展视听能力的愿望,有独立盥洗能力,初步养成五官卫生的习惯,能在成人引导下主动参加发展视力、听力和保护皮肤的体操和游戏。

2. 生活自理能力

(1)进餐:能独立进餐,初步形成饮食卫生习惯,懂得进餐是为得到营养,能注意不浪费食品,能按成人要求不贪吃甜食和冷食。与别人共餐时有礼貌。

(2)着装:养成自己穿脱衣、鞋和整齐存放衣、鞋的习惯。

（3）睡眠：初步养成自己叠铺被子和保持床铺整洁的习惯。

二、学前儿童身体保健和生活自理教育的内容

学前儿童身体保健和生活自理教育涉及的内容很多，主要有生活卫生、清洁卫生、环境卫生、器官保护卫生等方面[①]。

（一）生活卫生

学前儿童正处于身体迅速发展的时期，行为的可塑性很强，学前期是形成各种良好行为习惯的关键期，而良好的生活卫生习惯是儿童健康成长的前提和保证。教师要有意识地以适当的方式帮助儿童形成良好的生活卫生习惯，逐步形成自觉遵守科学而有规律的生活秩序的意识，从小形成正确的健康观念，使其终身受益。

1. 进餐

了解基本的食物和营养知识，初步了解蛋类、豆类、蔬菜、水果、肉类的主要营养成分。明白日常的饮食是为了获取营养，形成关注营养、关注健康的意识。喜欢吃各类食物，不挑食，不偏食。有良好的饮食习惯，定时定量，不暴饮暴食，细嚼慢咽，不吃汤泡饭，少吃零食和辛辣食品。吃饭时不说笑，以免食物进入气管。注意饮食卫生和进餐礼貌，如进食前洗手，进食后漱口，不喝生水，不捡掉在桌上或地上的东西吃，使用自己的水杯、餐具等。咀嚼、喝汤时尽可能不发出声音。夹菜不可东挑西拣，不糟蹋饭菜。要懂得谦让，不应独占好吃的食物。能正确使用筷子或勺子，能饭菜搭配着一起吃。吃饭时间在30分钟内为宜。吃饭时不要吃得过饱，以免增加肠胃的负担。能主动喝水，知道在白天多喝白开水，少喝含糖饮料，渴了能主动喝水，喝水前知道先尝尝水的冷热和味道。

2. 睡眠

足够的睡眠可以使学前儿童身体的各系统各器官都得到充分的休息，有益于健康和身体的生长发育。睡眠持续的时间与大脑的发育程度有关。学前儿童年龄越小，神经细胞就越脆弱，容易使疲劳程度加深，所需的睡眠时间越长（见表6-3）。从表6-3中可以看到，3～5岁的幼儿一般每天需要睡眠时间（黑夜和白天）为12～13小时，当然会存在个别差异。《指南》健康领域的教育意见中更是明确规定："保证幼儿每天睡眠11～12小时，其中午睡应达2小时左右；午睡时间可以随幼儿年龄增长而逐渐减少。"睡眠时间的长短还应根据季节情况做适当调整。夏季昼长夜短，天气炎热，夜间睡得少，可用延长午睡时间的办法来弥补；冬季昼短夜长，夜间睡眠多，可适当缩减午睡时间。

表6-3　学前儿童的睡眠时间表

年　　龄	0～9个月	1岁	1岁半	2岁	3岁	4～5岁
睡眠时间（小时）	13～20	14～17	12～15	13～14	12～13	10～12

为使学前儿童有良好的睡眠质量，睡觉前要做一些准备工作：如要为儿童创设良好的睡眠环境，卧室要空气流通，温度宜人，安静，无亮光刺激；要准备舒适的睡眠用具；睡眠前的饮食要适量；睡眠前提醒儿童如厕；平定儿童的情绪；给予儿童睡眠的信号；等。

3. 着装

注意衣着卫生，衣服脏了要及时换洗，能根据天气情况、气温变化和活动量的大小增减衣服；掌握基本的穿、脱、叠、放衣鞋的技能，培养独立着装的能力和习惯。

---

① 庞建萍，柳倩. 学前儿童健康教育［M］. 上海：华东师范大学出版社，2008：76-77.

（二）清洁卫生

清洁卫生是指讲究清洁，预防疾病，有益于健康的状态或行为。主要的内容有：每天早晚洗脸一次；饭前便后洗手；手脸脏了随时清洗；饭后漱口、擦嘴；每周剪指甲一次；每周洗头发2～3次，及时理发，女孩尽量不留长发，不用金属发卡；每天换洗内衣、鞋袜；注意保护皮肤；定时大便；等等。

（三）环境卫生

环境卫生是指儿童在对待周围环境方面应养成的习惯。主要内容有：东西要放在固定的地点，摆放要整齐；不乱丢果皮、纸屑；不随意乱写乱画；不随地大小便；不随地吐痰等。

（四）器官保护卫生

器官保护卫生是指儿童在保护自我身体器官方面应养成的习惯。主要内容有：认识自己身体外部的主要器官，知道其名称、主要功能及初步的保护方法；逐步形成关注健康的意识和习惯，为生理的健康发展打下良好的基础。

1. 眼睛

（1）掌握关于眼睛的基本结构和功能的知识。

（2）学会正确地做眼保健操，并初步养成做眼保健操的习惯。

（3）阅读姿势正确；书写姿势正确；不在运动的车上看书，不躺着看书，不走着看书；看电视的距离远近适宜；不用脏手揉眼睛；异物入眼后不揉搓。

（4）学习一些眼保健常识：不用别人的毛巾洗脸；知道吃胡萝卜、猪肝等食物对眼睛有好处。

（5）明白定期检查视力的意义和方法，并能配合检查。

2. 耳朵

（1）掌握关于耳朵的基本知识：耳朵有耳郭、耳道，耳道里的耳屎是要清除的污物，耳朵能够听音乐、欣赏音乐、帮助识物识人。

（2）常洗耳郭；遇到噪声时，要用手捂住耳朵，张开嘴巴；自己不挖耳，不用硬物抠耳朵；游泳、洗澡时，要注意保护耳朵，不要让水灌进耳朵里。

3. 牙齿

乳牙牙釉较薄，牙本质较软脆，牙髓腔较大，在酸的作用下比成人更容易患龋齿。学前期正处于恒牙乳牙交换的时期，乳牙的好坏直接影响着恒牙的健康，因此，要引导学前儿童掌握保护牙齿、预防龋齿的方法，帮助其初步形成关注牙齿健康的意识和保护牙齿的好习惯。

（1）清洁口腔，培养进食后漱口的好习惯，午点后也应漱口，学会正确的刷牙方法。

（2）懂得定期检查牙齿的重要性，发现龋齿及时就医处理。

（3）了解甜食类食物残渣容易在口腔中产生酸，腐蚀牙齿，应该少吃，尤其是不在睡前吃，吃过甜食后及时漱口。

（4）预防牙列不齐，懂得牙列不齐会使牙齿缝里残留更多的食物，更容易患龋齿。知道不吸吮手指、不托腮、不咬下嘴唇和手指甲；不咬其他硬物，如瓶盖、尺子、核桃等硬壳类。

4. 鼻

鼻子是呼吸的重要器官，能温暖、湿润和清洁空气。学前儿童的鼻和鼻腔相对短小、狭窄，黏膜柔嫩，血管丰富，且没有长鼻毛，故易受到感染。

（1）知道鼻结构和功能方面的知识。

（2）掌握正确的擤鼻的技能；不抠鼻孔，不往鼻孔里塞异物；避开灰尘和噪声大的地方，不大声喊叫，打喷嚏时捂住口鼻。

（3）掌握相关的营养知识，如吃柿子椒、油菜对鼻子有好处。

5. 皮肤

（1）掌握基本的皮肤保健知识。

（2）养成经常清洁皮肤的好习惯，如勤剪指甲，手指甲每周剪一次，脚趾甲每两周剪一次。不化妆、不烫头发、不涂口红；勤换内衣；每天用肥皂清洗身体裸露部分如手、脸、颈等；掌握正确的洗手洗脸的方法；勤洗澡、洗头。

第三节　学前儿童身体保健和生活自理教育的实施

一、学前儿童身体保健和生活自理教育的途径

学前儿童身体保健与生活自理教育的目的在于提高学前儿童的健康知识水平，培养学前儿童的各种有益于个人、有益于社会的健康行为和习惯。而要达到此目的，需要通过多种途径使学前儿童了解身体保健与生活自理对健康的作用，初步学会简单的身体保健与生活自理技能，形成良好的生活与卫生习惯。

（一）健康教育课程

身体保健与生活自理是幼儿园健康领域的重要内容，教师可结合学前儿童的年龄特点有目的、有计划地开展有针对性的专门健康教育活动。在课程教学过程中，将有关身体保健和生活自理教育的内容适时、适宜地纳入其中，通过教师的示范性讲解、操作等，引导儿童感知、体验、学习、练习，完成课程学习，从而获取有关身体保健和生活自理等方面的知识，并掌握与之相关的技能。

（二）游戏活动

游戏是儿童的天性，是符合学前儿童年龄特点的一种独特的活动形式。游戏活动是运用游戏的方式组织学前儿童进行身体保健和生活自理能力的教育，采用游戏活动能把抽象、难以理解的身体保健和生活自理知识变成有趣的游戏情节，使学前儿童在轻松、愉快的氛围中受到教育。教师可以根据教育内容的需要，以文学、艺术作品和游戏为载体，利用情景表演、扮演角色、听故事、念儿歌等活动形式，对学前儿童进行生活自理和身体保健方面的教育。这样能在愉悦的氛围中，让儿童从中获得初步的有关身体保健和生活自理方面的知识与技能。

（三）日常生活活动

良好的生活卫生习惯和自我保护能力的提升不是一蹴而就的，需要幼儿教师积极地引导、不断地要求与幼儿反复地练习才能形成。所以，身体保健和生活自理教育必须与日常生活相结合，渗透在日常生活中，而不必等到专门的健康活动时才进行。幼儿园一日生活活动的环节主要有：晨（午）检、进餐、午休、盥洗、如厕、学习、游戏和户外活动等，教师有目的、巧妙地将身体保健和生活自理教育渗透在这些环节中，既轻松自然，又容易取得成效。例如，按时入睡、按时起床，睡姿正确，用鼻子呼吸，自己整理床铺被褥，按顺序穿脱衣服、鞋袜等习惯和能力的培养就可以渗透在日常的学习、睡眠和游戏之中。

（四）家园合作

学前儿童良好行为习惯的形成仅依靠幼儿园的力量是不够的，还需要与家庭教育密切配合。依靠和利用家庭资源、家长的力量，做到教育的连贯性、一致性，既可以练习巩固学前儿童正在培养的某种行为，也可以弥补、完善幼儿园教育的不足。比如"每天早晚要刷牙""饭后要漱口""勤剪指甲""勤洗手""阅读姿势正确""细嚼慢咽"等，都需要家园的良好配合。

二、学前儿童身体保健和生活自理教育的方法

（一）讲解示范法

讲解示范法是身体保健和生活自理教育的最基本的方法，是指教师边做动作边使用语言讲解动作的名称、做法、要领及要求的一种方法。学前儿童对于身体保健和生活自理等知识和技能缺乏正确的概念，教师通过讲解，可以帮助儿童形成正确的概念，再辅以动作的示范，可以使他们有效仿的榜样。例如，在培养良好的洗手习惯上，可由教师亲自示范"七步洗手法"的步骤，边示范边讲解，使儿童形成正确完整的概念。这样经过多次强化训练、分组练习等，学前儿童基本上就能掌握洗手的正确方法。

（二）随机教育法

随机教育法是利用随时出现的问题，根据情况的变化实施的教育。学前儿童的日常生活中蕴藏着丰富的教育契机，经常会遇到一些意想不到的却有重要教育价值的机会，教师要善于观察、捕捉，抓住时机开展身体保健和生活自理教育，而不能机械地按部就班地进行。

（三）表扬激励法

表扬激励法是学前儿童教育中的一种强化方式。表扬是对儿童行为正确性的确认、肯定或强化，并给以支持和夸奖；激励则能帮助儿童明确是非，提高其学习积极性。儿童都希望在赞美声中成长，教师的表扬将是他们进步的巨大动力，儿童会从中得到发展，并增强自信心。所以，在对学前儿童进行身体保健和生活自理教育时，要认真观察其行为。当看到儿童的用心和努力时，可以给予适当的表扬、激励，通过这种方式，使儿童良好的行为得到强化并成为一种行为习惯。

（四）情境表演法

情境表演法是指教师或学前儿童就特定的生活情景、故事情节等加以表演，然后让学前儿童思考、分析情景中所涉及的身体保健和生活自理教育的问题的方法。如让学前儿童表演"如何保护眼睛"后，请小组讨论：案例中小朋友用眼睛的方法哪些是正确的？哪些是错误的？通过创设与学前儿童生活密切相关的生活场景进行表演、模拟练习，能更好地帮助学前儿童掌握身体保健和生活自理的技能。

（五）讨论评议法

讨论评议法是教师通过安排谈话交流活动，让学前儿童通过运用已有的知识经验，对一些不了解的、认识模糊不清的、困难的、相互关系中矛盾的，甚至有错误看法的问题等，共同商讨、相互启发和补充，从而获得正确、统一的认识的方法。例如，在小班健康活动"我知道大小便"中引导幼儿讨论：案例中的小朋友为什么把裤子尿湿了？如果有便意时，该怎么做？围绕活动，配合观察、认识模型挂图、实物、录像等，引导幼儿表达自己的感受，有助于幼儿积极主动地掌握知识技能，但这一过程离不开教师适当的提问和启发引导。

（六）活动比赛法

比赛法是通过开展身体保健和生活自理方面的比赛活动，如穿衣服比赛、叠被子比赛等，使学前儿童掌握相关的知识和技能的方法。从某种程度上来说，比赛法是一种外部激励手段。通过竞争，能够激发学前儿童的表现和创造力，帮助小组和个人完成目标。同时，比赛法也可以促进合作和学习等。使用比赛法可以结合儿童感兴趣的内容，组织个人或分小组进行相关的技能比赛，这样可以增加教育活动的趣味性，有利于学前儿童掌握相关的知识和技能，形成良好的行为习惯。

三、学前儿童身体保健和生活自理教育活动的设计

学前儿童身体保健和生活自理教育活动是学前儿童健康教育的内容之一，因此，在制定活动目标前，首先要明确学前儿童健康教育的指导思想和总目标。学前儿童身体保健和生活自理教育设计上努力将学前儿童的兴趣、需要和学前儿童的生活相结合，使学前儿童身体保健和生活自理教育真正成为健康教育和幸福教育。

（一）确立活动目标

在设计学前儿童身体保健和生活自理能力活动目标时，要特别重视儿童自主性、主动性的激发和培养。这也是现代的幼儿教育和传统的幼儿教育的主要区别之一。

这就要求我们，在制定活动目标时，以培养儿童的身体的自我保健和生活自理能力为宗旨。因此，我们要以儿童发展为本，应满足每个儿童在健康成长过程中的各种基本需要，并为儿童提供平等的学习与发展机会；教育活动应与学前期的学习特点和身心发展水平相适应，激发学前儿童积极、主动地学习、发展。教师通过启发、引导、协助、参与、指导等形式发挥学前儿童主导作用，充分调动其积极主动性，利用与周围同伴、教师、事物的相互作用，使儿童成为活动的真正主体。最终使每个儿童的身体保健意识的激发、生活自理技能的形成和生活卫生习惯的养成顺利地实现。

如主题教育活动"神奇的鞋"，该主题可以由四个具体活动组成："漂亮的鞋"（通过认识各种鞋，了解不同种类的鞋），"神奇的鞋"（知道鞋的功能，大人的鞋和小朋友的鞋不同，要穿适合自己的鞋才舒服、健康，鞋不合适时要告诉家长），"好玩的鞋"（愉快地参加活动，在户外活动中玩踩脚印、跳脚印的游戏），"好看的鞋"（通过幼儿画鞋，相互欣赏作品，分享活动经验）。通过一系列的活动，儿童在做做玩玩中认识鞋的种类、功能，练习穿鞋的技能技巧，促进大动作的发展，养成自己主动着装穿鞋的好习惯，而这些活动目标中，练习穿鞋的技能技巧，养成主动、独自穿鞋的良好习惯是主题活动的最主要目标。

（二）选择活动方法

在设计身体保健和生活自理教育中，教育方法的选择至关重要。我们的教育对象是3～6岁的儿童，所以教育方法必须适合儿童的年龄特点，以期收到良好的教育效果，具体可以参考表6-4。

表6-4　学前儿童的年龄特点与教育方法的匹配表

年　龄	特　　点	适 宜 方 法	举　　例
3～4岁	行为具有强烈的情绪性 爱模仿 思维具有直觉行动性	游戏法 榜样法 练习法	模仿大老虎"嗷嗷"吃东西 边说儿歌边洗手 练习穿衣服
4～5岁	爱玩、会玩 活泼好动 思维具体形象	游戏法 观察法 感知体验法	用筷子夹豆比赛 观察自己尿液的颜色 品尝师幼共同制作的豆制品
5～6岁	好学好问好探究 抽象概括能力开始发展 个性初具雏形	讲解示范法 情景表演法 感知体验法 讨论评议法	讲解牛奶与人体健康的关系 服装搭配表演 观察、讨论细菌的危害 讨论如何保护新长出的牙齿

表6-4中各年龄班的教育方法，在运用时要注意针对性、多样性和趣味性，年龄越大的儿童，选择方法的余地也越大，但无论多大的孩子都喜欢寓学于乐。在儿童生活自理能力培养中，动作技能的学习与来自生活的感知体验是最基本的方法。总之，要综合、合理地运用行之有效的方法，才能收到良好的教育效果。

（三）设计活动过程

注重儿童主体性的目标定位决定了在活动过程中教师要给儿童提供动手操作的机会和条件，通过动手操作获得自我保健和自理能力也是由儿童的年龄特点所决定的。

从小给孩子一双灵巧的小手，是促进孩子思维发展、丰富其语汇、增强其自信心的基础和前提。而皮亚杰也强调智慧的产生与动作的关系，心理过程是动作的内化，所以应该给学前儿童提供充分的活动，所有的保健能力和生活自理技能的培养，都必须建立在学前儿童自身实践的基础上，让他们在操作中感知和发展，如穿衣服、系鞋带、拿筷子、叠被子、整理玩具等。每一个技能的形成，都是孩子操作一系列动作的过程，而手的操作活动又可以促进思维的发展。因此，在活动中，儿童通过感知讨论知道了为什么做、应怎样做，还要通过实际操作练习才能获得相应的行为方式。

教师要在活动中为儿童创设和提供练习的机会，使其在活动中反复练习，在愉快的体验中形成良好的习惯。从儿童的身心发展特点来看，儿童的操作练习不应是机械的、枯燥的，而应是有趣的、游戏化的。学前儿童是活动的主体，在主动活动的过程中，发挥他们的主动性、积极性，将他们的兴趣与正确的规则相结合，才能有助于他们树立正确的健康观念，提高对健康的认识，形成正确的健康态度，进而转化为自觉的行为。如当儿童了解了简单的预防感冒的知识后，教师可以组织开展"小医生"的游戏，提供自制的针筒、药瓶等，让儿童将自己生病的体验通过游戏反映出来，懂得要经常锻炼身体，天气变化要增减衣服，感冒了要按时吃药，多喝开水，注意休息等。操作练习的方法也有很多，如利用显微镜帮助儿童做简单的实验，比较洗手与不洗手的区别，从而鼓励儿童认真洗手，养成良好的卫生习惯等。

（四）注重活动延伸

学前儿童身体保健和生活自理能力的培养不是仅仅依靠有组织的教育活动就能完成的，虽然我们要求，在设计活动过程时，要注重儿童的动手操作性，给其提供练习的机会和条件，但身体保健和生活自理能力形成中的操作，仅仅靠有组织的活动中的操作、练习时间和次数是远远不够的。学前儿童健康教育的本质是生活教育，因此，我们要把学前儿童身体保健和生活自理教育渗透到一日生活的各项活动中去，使教育活动延伸到学前儿童的生活中去。因此，学前儿童身体保健和生活自理教育活动设计要特别注重活动延伸部分。

案例

大班健康活动"我该换牙了"

活动延伸

教师给每一位幼儿发放"刷牙记录表"，请家长与幼儿记录每天的刷牙情况，一起完成"刷牙记录表"。一周后按照刷牙记录表评比"护牙小明星"。

四、组织学前儿童身体保健和生活自理教育应该注意的问题

学前儿童身体保健和生活自理教育是健康教育的组成部分，内容非常具体。因此，它可以通过有目的、有计划的正式教育活动进行，也可以借助灵活的、分散的日常生活来进行。在组织身体保健和生活自理教育活动时要注意以下问题。

（一）做到"及时补强"

"补强"是美国的哲学博士詹姆斯·多伯森提出的。他认为，"当一个人的行为得到满意的结

果时，这种行为就会重复出现"。多伯森认为，如果让补强发挥最大的效用，就应该在令人满意的结果出现后的时间内及时奖励或表扬，如果时间拖得太久，补强的作用就会淡化、减弱或消失。如幼儿园教师经常给幼儿许愿，如果表现好，那么周末时就可以拿到好孩子的小红花，这就降低了"补强"的效果。正确的做法应该是，在学前儿童出现满意的行为时，成人应作出及时的鼓励或表扬，这种奖励或表扬可以是物质的小红花、小贴画，也可以是精神的微笑、亲抚，我们把它叫作"补强"。如当幼儿第一次把衣服扣子扣对了，教师应马上给予肯定和赞许；当幼儿第一次全部吃完自己的一份菜时，教师应马上微笑地鼓励。这种及时补强，使幼儿满意的行为得到强化而逐渐地形成习惯。但是要注意，教师要做到客观公正，不能无中生有地肯定或赞许，或者幼儿的行为根本不值得教师去表扬，但教师表扬了，这会让幼儿感到教师的虚假，同时也对自己的行为产生迷惑。也就是说，要在幼儿真的出现"强"的行为时，教师才能"补"，同时要让幼儿自己明确自己的"强"，即教师不能只是一味地强调进步了、很棒，教师要引导幼儿明确自己的哪些行为和做法值得肯定。

（二）注重长期坚持

"滴山穿石，非一日之功"，学前儿童身体保健和生活自理能力的培养不是一两次教育就能奏效的，这是个漫长的过程，是螺旋式的反复实践认识的过程。这些教育内容，可能会在短期内就取得效果，如不用脏手揉眼睛，但随着时间的推移或其他因素的影响（如有负面榜样的作用等），学前儿童已形成的健康行为可能出现反复，教师要理解这一现象源于学前儿童的年龄特征和学习特点，从而，在安排教育内容时，同一类内容重复安排多次，当然这种内容的组织不是简单重复，而是螺旋式的上升和提高。

因此，教师和家长要充分认识学前儿童身体保健和生活自理能力与习惯养成的特点及在孩子一生发展中的作用，明确目标，要为学前儿童提供多种多样的生活用品、玩具、图书等，创设一个适宜学前儿童习惯养成的物质环境，同时也要创设一个轻松、愉悦的精神环境。一方面，教师要为学前儿童做好示范作用；另一方面，要为学前儿童创设锻炼的机会，在其操作的过程中，家长要不包办、多指导、多鼓励、少指责，要多一些耐心和等待。只有这样，培养学前儿童生活自理能力的目标才能成为现实。

（三）注重随机、渗透教育

随机教育是对学前儿童进行习惯培养的大课堂，只要教师留心，处处都有教育的机会，如：有的小朋友主动帮助别的小伙伴扣纽扣；有的小朋友主动把别人放乱的餐具整理好；摆放好凌乱的图书；挂好掉在地上的毛巾；认真做好值日生等，这点点滴滴都是幼儿美好心灵的表现，教师应不放过孩子的闪光点，及时给予表扬鼓励。

身体保健和生活自理教育是对学前儿童健康意识和良好生活习惯的养成教育，这些内容本身的特点决定了仅靠专门的集体教育活动是不够的，需要在日常生活中长期渗透和进行，在日常生活中加强行为练习。日常生活中的每个环节几乎都可用来对幼儿进行健康教育。其作用主要表现在两个方面。其一，日常生活中的健康教育常常比传统意义上的"上课"来得及时。例如，幼儿一入园，第一件事情或许就是"怎样在幼儿园上厕所"，教师就可以在幼儿参观熟悉新环境时适时地进行这方面的行为指导，而不必等到幼儿正式上课时才进行。其二，日常生活中的健康教育是健康教育活动的延伸，有利于巩固幼儿的健康行为。例如，虽然教师已经专门组织了"不挑食、不偏食"的教育活动，但幼儿只是认识上有了提高，至于态度的转变和行为的确立还有待于就餐时的检验，教师正好结合每日的"三餐一点"（或者"三餐两点"）进行继续教育。再如，空气浴锻炼可以通过早操、户外活动实现，冷水浴可以通过冷水洗手、洗脸进行。总之，学前儿童良好的行为习惯必须通过日常生活得到巩固。

幼儿园一日生活中，时时刻刻都体现这一原则。早上老师热情地迎接小朋友来班上，可以请小朋友自己摆放自带物品；上午点心时间结束时，请幼儿自己动手放好牛奶杯；有鼻涕了自己去拿面巾纸擦干净；中午吃饭时自己动手吃完饭和菜；等等。所有的环节和活动以各种不同的形式，让学前儿童参与、动手实践，从而在实践中进行身体保健教育，培养学前儿童的自理能力。

教师可以利用周围环境进行随机教育。如：带中、大班幼儿参观军营宿舍，学习解放军叔叔整理床铺、叠放大衣、挂好毛巾、摆齐杯子等守纪律，讲卫生的好习惯；观看伙房叔叔、阿姨做饭、送饭，感受其辛苦，教育幼儿不挑食、不掉米粒、干净进餐、爱惜成人劳动。

（四）争取家长的支持和配合

《纲要》指出："家庭是幼儿园重要的合作伙伴，应本着尊重、平等、合作的原则，争取家长的理解、支持和主动参与，并积极支持、帮助家长提高教育能力。"依靠和利用家庭资源、家长的力量，可以巩固、练习幼儿正在培养的某种行为，也可以弥补、完善幼儿园的不足。学前儿童健康教育内容与家庭生活内容密切相关，在幼儿园有个人与公共卫生问题、饮食习惯问题，在家庭中也同样存在。如果幼儿园的集体教育与家庭教育协调一致，学前儿童健康教育便起到事半功倍的作用。所以，学前儿童教育必须得到家庭的积极配合，家长理应成为学前儿童教育的指导者。

家园合作的途径是多种多样的。如要求家长主动配合幼儿园的工作（如教育幼儿公共场所不大声喧哗，不能随地吐痰），在家庭中帮助孩子理解巩固在幼儿园所学的健康知识和技能，巩固好的生活习惯（如家长监督幼儿自己穿衣、扣扣子、刷牙、漱口、整理自己的物品等）；让家长参加幼儿园的教研活动（比如，邀请家长一起研究如何教育孩子不轻信陌生人）；将幼儿园的教育要求（如不挑食、不偏食）延伸到家庭，请家长将幼儿在家情况及时反馈到幼儿园（调查幼儿在家是否不挑食）；甚至请有专长的家长成为"家长教师"（如在医院工作的家长给孩子讲解"眼睛的结构、功能和保护方法"等）。由此可见，家园合作就是教师、家长对幼儿生活习惯、生活自理能力等各方面的要求保持一贯性和连续性，使幼儿的大脑皮层能形成固定的条件反射，建立起良好的动力定型，以取得更好的教育效果。

五、身体保健和生活自理教育活动案例

案例

小班健康活动：我学会小便了

活动目标

1.懂得及时、定时小便的重要性，不弄脏衣裤。

2.学习小便的方法，不尿在便器外面，保持厕所的清洁卫生。

3.培养观察能力及互相帮助、自信、勇敢的品质。

活动准备

视频；木娃娃若干；教师事先要观察幼儿小便的情况，并在活动前打扫干净厕所。

活动过程

1.带领幼儿参观厕所，了解厕所的作用。

教师告诉男孩、女孩小便的位置，以及便后冲水装置的使用方法，引导幼儿观察厕所的地面、便器，闻一闻空气中的气味，提示幼儿尊重成人劳动。

2.回到活动室，女孩和男孩分开，男孩在一旁由另一位教师带领做游戏。

（1）教师提问女孩："厕所是做什么用的？""女孩怎样小便？"请幼儿集体讨论，总结小便的动作程序。看视频，教师有重点讲解，幼儿讨论应注意的几点。

（2）男孩的活动过程同上。

3.做游戏：我教娃娃去小便。

幼儿自愿结伴，互相观摩、评价对方教娃娃小便的动作是否正确。

4.评选"自信娃娃"。

教师提出评选要求，请幼儿注意观察其他小朋友如厕动作是否正确。自己也要认真做好。

活动延伸

结合"勇敢宝宝""自信娃娃"的评选活动，在一日生活各环节，巩固有关如厕常规，加强对个别幼儿的指导。

案例

小班健康活动：大大的眼睛[①]

活动目标

1.初步了解眼睛的结构和作用。

2.初步懂得保护眼睛，注意用眼卫生。

3.通过看眼睛、说眼睛，增进互相了解和交流。

活动准备

1.每人一面镜子。

2.教学挂图"大大的眼睛"（一），幼儿操作材料"大大的眼睛"（二）。

活动过程

1.以游戏"找伙伴"的方式，让幼儿知道眼睛可以看东西。

做游戏"找伙伴"，提问：你们是怎么找到小伙伴的？眼睛还能看见什么？

小结：我们的眼睛真能干，帮助我们找到了小伙伴，还可以看见很多东西。

2.用镜子观察自己的眼睛。

提问：眼睛长在哪里？你有几只眼睛？请你闭上眼睛用手轻轻摸一摸，眼睛里面有什么？看看眼球是什么颜色的？

小结：我们每个人的脸上都有两只大大的眼睛，长在眉毛的下面，里面有一个会动的眼球，眼球中间是黑黑的眼珠，四周是白白的眼白，眼睛上有眼睫毛。

3.幼儿相互观察眼睛，比较不同。

提问：你的眼睛和旁边的小朋友的眼睛一样吗？哪些地方一样，哪些地方不一样？（幼儿自由观察、交流）

请两名幼儿上前进行比较，讨论说出眼睛的大小、形状或单双眼皮等不一样的地方。

小结：我们的眼睛有的大，有的小，有的是单眼皮，有的是双眼皮，但是每个人的眼睛都很漂亮，都很能干，能看见许多东西。

4.看教学挂图讨论如何保护自己的眼睛。

（1）看书、画画时应该怎样？（看书、画画时坐姿要端正，不要在太阳光下看书）

（2）眼睛不舒服或流眼泪时怎么办？（不用脏手揉眼睛，要用干净手帕擦眼泪；让幼儿练习擦眼睛的方法）

5.请每个小朋友拿出操作材料（二），并在材料上添画眼睛。

活动延伸

1.幼儿在用镜子观察眼睛时，鼓励幼儿细致地观察，并大胆地表达自己观察到的内容。

2.在日常生活中，可组织幼儿用眼睛观察周围的事物，进一步了解眼睛的作用。

[①] 张慧和，顾荣芳，薛菁华.健康（小班）[M].南京：南京师范大学出版社，2000：42-43.

案例

大班健康活动：牙齿上的小洞洞

活动目标

1.知道酸会腐蚀牙齿，学习牙防五步骤，知道正确的护牙常识。

2.能说出龋齿三种以上的危害。

3.养成良好的刷牙、护牙卫生习惯。

活动准备

1.鸡蛋壳、饼干、杯子、醋、镜子。

2.课前两天和幼儿一起将鸡蛋壳浸在醋里。

3.产生龋齿的过程图片和牙防五步骤的图片。

牙防五步骤

第一步：早晚刷，保护牙齿坚持刷。

第二步：氟泰好，氟泰牙膏防蛀牙。

第三步：刷头小，刷毛软，保健牙刷带回家。

第四步：少吃糖，健康饮食人人夸。

第五步：找牙医，定期检查别忘了。

牙防五步请牢记，健康牙齿笑哈哈！

4.牙模型、牙刷各一。

5.动画片《聪聪王子牙防历险记》。

6.字卡若干。

活动过程

1.律动进场，引出情景表演。

牙宝宝在哭，原来是他的小主人喜欢吃甜食，又不刷牙，时间长了，细菌在牙宝宝的身上钻了几个洞洞。

2.寻找龋齿产生的原因。

（1）牙宝宝请小朋友吃饼干，然后漱口，观察干净的水有了什么变化？（知道人们吃完东西后会有食物残渣留在牙缝里）（出示图片）

（2）教师："我们的嘴里有一种细菌会使这些食物残渣变酸（出示图片），如果时间长了，我们原来健康的牙齿会怎样呢？"（出示图片）

（3）教师："小朋友的桌子上有一个鸡蛋壳，用筷子轻轻地敲一敲，感觉怎样？（硬硬的）再看看杯子里是什么？那是我们前两天浸在醋里的鸡蛋壳，看看现在怎样了？"

（4）讨论：为什么鸡蛋壳会变黑变软了呢？（醋是酸的，会腐蚀鸡蛋壳中的钙，所以鸡蛋壳就变黑变软了）

（5）教师小结：我们人的嘴里有一种细菌会使食物残渣变酸，时间久了，这些酸就像醋腐蚀鸡蛋壳一样，将我们牙齿里的钙腐蚀掉，牙齿就会变黑，产生龋洞，也就是龋齿，我们也叫它蛀牙。

3.龋齿有哪些危害？学习牙防五步骤，知道正确的护牙方法。

4.做游戏"保护牙齿有佳佳"。（结束）

方法：选一幼儿扮演"蛀牙虫"，一位幼儿扮演"牙防卫士佳佳"，其余幼儿扮演"牙齿"跟在"佳佳"后面，"蛀牙虫"去抓"牙齿"，"牙防卫士"要拦住"蛀牙虫"、保护"牙齿"。

活动延伸

1.家园共育：进行每日刷牙打卡，养成良好的刷牙习惯。

2.生活区角：在区角投放刷牙的材料，供幼儿在自由活动时操作、游戏。

思考与练习

一、单项选择题

1. 组织学前儿童身体保健和生活自理教育应该注意的问题不包括（　　　）。
   A. 做到"及时补强"　　　　　　　　　　B. 注重长期坚持
   C. 注重随机、渗透教育　　　　　　　　D. 不争取家长的支持和配合

2. 学前儿童身体保健和生活自理教育活动设计的目标定位应该是（　　　）。
   A. 注重教师的主体性　　　　　　　　　B. 注重儿童的主体性
   C. 注重教学相长　　　　　　　　　　　D. 注重双边互动性

3. 学前儿童吃饭时间在（　　　）分钟为宜。
   A. 10　　　　　　　B. 20　　　　　　　C. 30　　　　　　　D. 60

4. 学前儿童身体保健和生活自理教育涉及的内容不包括（　　　）。
   A. 生活卫生　　　　　B. 清洁卫生　　　　C. 环境卫生　　　　D. 家庭卫生

5. "每天早晚刷牙、饭前便后洗手，方法基本正确"是哪个年龄段的目标？（　　　）
   A. 0～3岁　　　　　B. 3～4岁　　　　　C. 4～5岁　　　　　D. 5～6岁

6. 学前儿童身体保健教育的内容不包括（　　　）。
   A. 生活卫生　　　　　B. 清洁卫生　　　　C. 环境卫生　　　　D. 身体卫生

7. 学前儿童身体保健和生活自理教育的特点不包括（　　　）。
   A. 循序渐进性　　　　　　　　　　　　B. 长时效性
   C. 模仿性　　　　　　　　　　　　　　D. 隐蔽性

8. 下列目标中，属于3～4岁年龄段要求的一项是（　　　）。
   A. 在提醒下，饭前便后能洗手　　　　　B. 能自己穿脱衣服、鞋袜、扣纽扣
   C. 能整理自己的物品　　　　　　　　　D. 会自己系鞋带

9. 利用随时出现的问题，根据情况的变化实施教育的方法是（　　　）。
   A. 表扬激励法　　　　　　　　　　　　B. 随机教育法
   C. 活动竞赛法　　　　　　　　　　　　D. 谈话法

10. 教师边做动作边使用语言讲解动作的名称、做法、要领及要求的方法是（　　　）。
    A. 讨论评议法　　　B. 讲解示范法　　　C. 游戏法　　　　　D. 情境表演法

二、简答题

1. 简述学前儿童身体保健和生活自理教育的意义。
2. 简述学前儿童身体保健和生活自理教育的内容。
3. 简述学前儿童身体保健和生活自理教育的组织应该注意的问题。

三、实践实训题

1. 设计一节学前儿童身体保健和生活自理教育活动，年龄班不限。
2. 在实习时，观察幼儿教师开展学前儿童身体保健和生活自理教育活动的过程并进行记录。
3. 观摩一次学前儿童餐前洗手活动，对活动的目标、方法、过程与组织进行评价。

聚焦考证

1. （单项选择题）教师引导幼儿擤鼻涕的正确方法是（　　　）。（2017年上半年幼儿园教师资格考试《保教知识与能力》真题）
   A. 把鼻涕吸进鼻腔

B.先捂一侧鼻孔，再轻擤另一侧

C.同时捏住鼻翼两侧擤

D.用手背擦鼻涕

2. （单项选择题）对幼儿如厕，教师最合理的做法是（　　　）。（2017年下半年幼儿园教师资格考试《保教知识与能力》真题）

A.允许幼儿按需自由如厕

B.要求排队如厕

C.控制幼儿如厕的次数

D.控制幼儿如厕的间隔时间

3. （单项选择题）保护幼儿听觉器官的正确做法是（　　　）。（2021年下半年幼儿园教师资格考试《保教知识与能力》真题）

A.引导幼儿遇到噪声时捂耳、张嘴

B.经常帮助幼儿掏耳、去耳屎

C.要求幼儿捏住鼻翼两侧擤鼻涕

D.经常让幼儿用耳机听音乐、故事

学前儿童饮食营养教育

学习目标

1. 了解学前儿童饮食营养教育的概念和意义。
2. 掌握学前儿童饮食营养教育的目标和内容。
3. 能够设计学前儿童饮食营养教育活动。
4. 能够培养学前儿童时刻注意饮食营养与健康的良好习惯。

网络导航

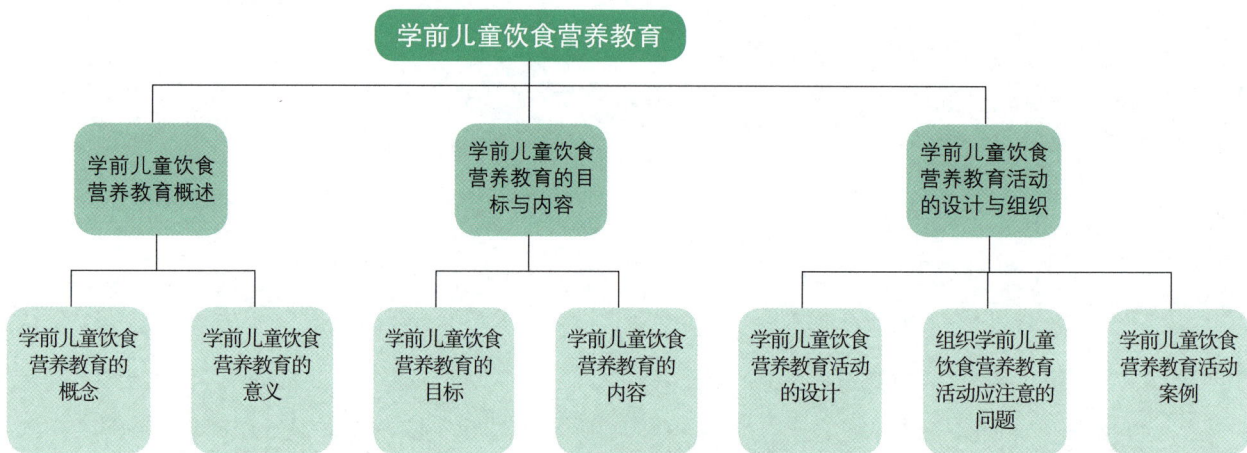

案例思考

胡萝卜的故事①

幼儿园根据保健医生的建议，将胡萝卜蒸熟给孩子们吃。当胡萝卜端上来时，孩子们面面相觑、毫无食欲，一个个摇头走开。班主任李老师看到这种情况，就招呼小朋友过来听故事：小朋友，我来给大家讲一个"小人参"的故事。她循循善诱，让小朋友先是说说"人参"是什么，有没有跟"人参"长得一样的东西。当有小朋友猜测是"胡萝卜"时，李老师大加赞赏，给小朋友讲了一个"胡萝卜就是小人参"的故事。在故事中，李老师描述了一个身体虚弱、脸色蜡黄的小朋友，因为听了妈妈的话，开始喜欢吃胡萝卜，小脸蛋越来越红润，身体越来越好，学了很多本领。小朋友听过故事，开始积极吃胡萝卜，一会儿胡萝卜就吃光了。随后几天幼儿园没有给小朋友再安排这类食谱，小朋友还

---

① 叶平枝，朱会从.幼儿园教育活动设计与指导——健康［M］.北京：教育科学出版社，2016：2.

主动要求吃胡萝卜。其他班级的老师都很好奇：这个班的孩子怎么那么爱吃胡萝卜？她们班的胡萝卜可是大受冷落啊！

　　显然，李老师对幼儿进行了健康教育，幼儿明白了胡萝卜的营养价值，从拒绝吃到主动吃，发生了从健康观念到健康行为的转变。

第一节　学前儿童饮食营养教育概述

一、学前儿童饮食营养教育的概念

（一）营养的含义

　　营养从字面上讲，"营"的含义是"谋求"，"养"的含义是"养生"，"营养"就是"谋求养生"。因此，营养是指机体从外界吸取养料以维持生命活动的整个过程。人们在日常生活中对"营养"的理解，往往还包含养料、养分的含义，即指食物中某些对有机体养生有用的物质。饮食营养主要包括食物的消化与吸收、营养学基础知识、各类食物的营养、膳食结构和膳食指南、各类人群的膳食营养与营养搭配的原理及作用、食谱编制、膳食营养与疾病的关系、食品的污染与预防等。要保证机体的饮食营养，就必须保证机体摄入科学合理的营养素。

　　营养素是人们为了维持正常的生理功能、满足机体的正常生长发育、新陈代谢和工作、劳动的需要，必须每日从食物中摄入的营养物质。膳食中的营养物质（营养素）主要包括蛋白质、脂肪（脂类）、糖类（碳水化合物）、无机盐（矿物质）、维生素、水和纤维素七类。各种营养素通过相互作用，提供给人类所需的能量，构建身体各部分的组织，调整食物在身体中的消化、吸收和代谢，维护身体健康和成长。个体的生存、生长、保持健康以及从事任何活动所需的能量都需要由营养素来供给。

　　学前儿童生长发育迅速，新陈代谢旺盛，所需的各种营养素和能量相对比成人多。为了满足学前儿童对营养素和能量的需要，必须通过每日膳食向他们提供一定数量的各种营养素。学前教育机构为学前儿童提供符合营养卫生要求的膳食，并与学前儿童家庭的膳食相互配合，能有效满足学前儿童的营养需要，促进其生长和身心健康的发展。

（二）学前儿童饮食营养教育的概念

　　学前儿童饮食营养教育是幼儿园通过有计划、有组织、有系统的教育活动，帮助学前儿童掌握基本的饮食与营养知识，形成正确的饮食与营养态度，进而养成健康的饮食与营养行为的教育活动。饮食营养教育是学前儿童健康教育的重要组成部分，科学的饮食营养对于学前儿童的健康成长具有重大意义。但是，学前儿童自身的认知能力还没有发展健全，对于营养方面的认知更是知之甚少。在他们看来，只要是好吃的、合自己口味的东西就爱吃，从而形成了挑食、偏食的不良饮食习惯。因此，在学前儿童的成长过程中，要注意构建合理的饮食结构，养成良好的饮食习惯。

（三）营养与健康的关系

　　营养是维持人体生命的先决条件，是保证身心健康的物质基础。人类的生命通过饮食来维持，人的生命质量和精神心理与饮食营养关系密切。人体在生命活动过程中不断地从外界环境中摄取食物，从中获得人体所必需的营养物质，促使机体神经功能的形成和发育，合理营养可以起到保持健康、延缓衰老的作用。营养状况影响人体免疫功能，对病患者抗感染、减少并发症、加速康复有重要意义。营养缺乏可引起机体的各种不适症状，还可能诱发其他并发症，如维生素A缺乏可导致夜盲症，缺钙可导致佝偻病和骨质疏松症等。营养素过量可能引起中毒，也可能引起许多慢性非传染病的发生。营

微课

学前儿童饮食营养教育的概念

养不仅影响生理健康，还会影响智力发育和心理健康。许多研究表明，营养水平差的孩子可能感知事物、认识事物和抽象思维的能力偏低，记忆力和语言表达能力不强，还会出现一些心理上的障碍，如缺乏好奇心和自信心、活动不积极等，这些就会影响孩子的学习能力。

二、学前儿童饮食营养教育的意义

（一）促进学前儿童的身体健康发展

儿童的身心健康和生长发育离不开营养。早期加强儿童营养教育是学前儿童教育的重要内容，它对快速成长的儿童的身心健康和智力发展具有不可替代的作用。

学前儿童正处于生长发育的旺盛时期，每天必须从膳食中获得充分的营养物质，以满足其生长发育和生活活动的需要。如果缺乏合理的营养，没有良好的饮食行为习惯，其健康水平就会下降，甚至患上贫血、缺钙、肥胖症等营养性疾病。

学前儿童饮食营养教育在于使学前儿童了解各种食物具有不同的味道和营养成分，这些营养成分可以给身体的生长发育提供丰富的物质基础，从而使学前儿童乐于尝试不同的食物；培养学前儿童良好的饮食习惯，按时进餐、合理进餐、均衡营养，并帮助学前儿童掌握进餐的方法和技能；同时，让学前儿童了解一定的饮食礼仪和饮食文化，以促进学前儿童对营养的获得和吸收，从而保护和增进学前儿童的身体健康。

对学前儿童来说，经验的获得、技能的学习、概念的形成都离不开活动。在饮食营养教育活动中，学前儿童要能体验、感知食物的特性，加深对食物的了解和认识，丰富其生活经验。因此，学前儿童饮食营养教育的作用不但在于营养本身的价值给儿童身体健康带来益处，而且对学前儿童的全面发展具有积极的意义。

（二）促进学前儿童感官的发展

皮亚杰认为，人的发展和生活本身是机体与环境相互作用的过程。饮食营养教育是使儿童在与环境、食物、同伴和成人的接触中，通过视觉、触觉、味觉、嗅觉等手段了解食物的属性。如通过闻闻、尝尝辨别食物味道，通过触摸感知食物质地，通过观察了解食物的外表、形态及变化，以不同认知方法、手段刺激、强化儿童的感官，提高其感知能力。感觉器官是儿童探索、学习的主要工具。如"丰富的调料"活动，通过让儿童尝尝、闻闻认识各种调料，提高味觉和嗅觉的分辨能力。另外，还可以让儿童参与食物的制作（切、拌、揉），通过让儿童和面、擀面、学做面制品等一系列由感官直接参与的活动，使儿童对"面"有了充分的认识。所有类似的活动都能促进儿童大小肌肉的协调发展，使手指更灵活。而且在帮助儿童积累丰富的感觉运动经验的同时，也可以促使其感觉更敏锐，对事物认识更全面、更深刻。

（三）促进学前儿童语言的发展

学前儿童的语言发展十分迅速，尤其是口语的发展。儿童语言的学习与发展离不开其生活环境，食物是儿童天天接触、十分熟悉的东西，很容易引起他们说的愿望。在饮食营养教育活动中，学前儿童在认识食物的同时，可学说食物的正确名称（如萝卜、白菜、肉等）、餐具的名称（如碟、勺、碗、筷等），掌握一些量词（如一口、一片、一碗、一粒等），了解常用的食物制作术语（如炒、炸、蒸等）。同时，在活动中儿童运用语言将自己的生活经验与同伴、教师进行沟通、互动，交换意见，倾听或诉说关于食物的故事，如学习关于蔬菜的儿歌："冬瓜冬瓜像个胖娃，黄瓜黄瓜像个月牙，西瓜西瓜穿着花褂，丝瓜丝瓜最淘气了，爬上屋顶睡觉了。"该儿歌形象地描述了几种食物的外形特征，念来朗朗上口，再赋之以动作，儿童十分喜爱，能有效帮助儿童认识、了解这些食物。儿童此时的语言学习不再是被动的、枯燥的、机械的，而成为一种内在的需求。饮食营养教育活动为儿童创设了说话的情景，为儿童运用语言提供了机会。

（四）促进学前儿童认知的发展

儿童经常接触到食物的数、量、形状、类别、顺序等知识，以及事物的一些物理、化学变化，这些知识与变化会促使儿童产生好奇心和探索欲望。饮食营养教育活动则能帮助儿童在知道食物营养价值的同时去认识食物，探索科学的奥秘，使一些枯燥的数学知识、深奥的科学概念变得生动、有趣。如在"认识豆腐干"系列活动中，除了让儿童学习食物本身的特征外，还可以让其学习切豆腐干；给豆腐干进行二等分、四等分。在"蛋宝宝"的系列活动中，还可以进行比大小、排序、分类等活动。在这些与食物直接接触的活动中，不仅使儿童对食物的营养价值有所了解，而且能帮助儿童认识食物的各种形状、颜色，学会对食物进行分类，感知食物的不同特性（轻重、软硬、粗糙和光滑等）、不同形态（固态、液态）及不同的食用与烹调方法，还可以给餐具配对，掌握简单的生活知识。如通过"找朋友"游戏，可帮助儿童了解食用不同食物使用不同餐具（喝粥用勺、吃面条用筷子等）。这些活动既能丰富儿童的生活经验，又能促进儿童思维的发展，使儿童对食物的感受更细致、全面，使生活中的科学知识变得具体、生动有趣、浅显易懂，符合儿童心理特征，同时也能激发儿童主动探索、发现生活奥秘的兴趣，满足发展的需要，提高解决问题的能力，真正使他们的认知得到发展。

第二节　学前儿童饮食营养教育的目标与内容

学前儿童饮食营养教育的重点在于使儿童了解人的成长与身体的健康必须依靠食物做保证；懂得身体需要多种营养素，喜欢吃多种不同的食物；初步了解烹调的基本方法，养成良好的饮食卫生习惯；了解不同地区饮食文化的多元性。

一、学前儿童饮食营养教育的目标

（一）饮食营养教育的总目标

学前儿童饮食营养教育的总目标包括：初步了解食物的名称、种类及特点，懂得平衡膳食的简单知识及意义；掌握保护消化器官的知识和技能；纠正偏食、挑食、暴饮暴食、厌食等不良饮食习惯，养成良好的饮食习惯；逐步学会自己进餐和掌握使用餐具的技能，促进生长发育和身心健康。

（二）饮食营养教育的年龄阶段目标

1. 0～3岁婴幼儿

喜欢吃各种食物，不挑食、不偏食、少吃零食，有良好的饮食习惯。3岁儿童要学习使用勺子，自己试着吃饭。

2. 3～4岁儿童

（1）认知：认识几种食物名称；知道不干净的食物不能吃；懂得饭前洗手，饭后漱口、擦嘴。知道健康的身体需要营养，有营养的食物有多种多样。

（2）情感：爱吃富有营养的常见食物，能够愉快地进餐。

（3）能力与技能：初步养成安静并愉快地独立进餐的习惯；在老师的帮助下，能将饭菜吃干净；初步形成良好的饮食习惯，如不用手抓饭，不乱扔食物，不挑食；学会用勺吃饭；初步养成饭前洗手、饭后漱口的习惯；能主动饮水。

3. 4～5岁儿童

（1）认知：认识多种常见食物，结合品尝经验知道常见食物的名称及作用；知道吃多种食物有益于健康；知道好吃的东西不宜多吃，知道多喝水、少吃冷饮有利于身体健康。

（2）情感：能轻松愉快地进餐；爱吃多种食物，肥胖儿、消瘦儿有控制或增加饭量的意识；对了解营养知识感兴趣。

（3）能力与技能：养成安静进餐、不吃汤泡饭、细嚼慢咽、不偏食、不挑食、不暴饮暴食、吃饭专心的习惯；不剩饭菜，学会自己收拾餐具；饭前主动洗手、饭后刷牙或漱口；在老师的督促下肥胖儿或消瘦儿能控制或增加饭量；能熟练地用勺吃饭，并学习用筷子吃饭。

4. 5～6岁儿童

（1）认知：初步了解不同的食物含有不同的营养素，健康需要多种营养素；偏食、暴饮暴食都是不良的饮食习惯，会影响健康；懂得少吃零食多喝水的好处；能初步分辨食物的好坏，懂得变质的食物不能吃；知道食物不能多吃；懂得进餐时应愉快安静，饭前饭后剧烈运动影响健康；懂得肥胖、消瘦都属于营养失衡。

（2）情感：进餐时主动保持愉快和安静；有意识地克服偏食等不良饮食习惯，喜欢吃各种食物；感觉到集体进餐的愉悦。

（3）能力与技能：能主动摆放和收拾餐具，认真做好值日生工作；主动做到饭后刷牙或漱口，饭前饭后不做剧烈运动；掌握正确使用筷子吃饭的技能；肥胖儿或消瘦儿能自觉地控制或增加饭量；运用已知营养知识，主动拒绝非健康知识。

二、学前儿童饮食营养教育的内容

（一）了解基本的饮食营养和卫生知识

学前儿童在接触各种食物的过程中，需要认识各类常见食物的名称，了解其主要功效，如奶类、谷物、蛋、鱼、肉、蔬菜、水果、豆类及其制品；观察各种食物的形状、质地，了解食物的味道，欣赏食物的天然色彩及食物经过加工调配组合后的色彩；懂得有些食物不能吃，有些食物能吃但不能多吃。

微课

学前儿童饮食营养教育的内容

（二）知道各种营养素与人类身体健康的关系

学前儿童了解人体需要的各类基本的营养素，初步了解这些营养素可以从哪些食物中获得以及各种营养素与人体健康的关系，乐于广泛摄取各种食物，有保持身体健康的饮食营养意识。

（三）知道简单的处理和烹调食物的方法

学前儿童了解食物的来源及加工制作、保存的方法；通过走访参观，了解食物是从哪里来的；通过动手操作，对食品制作有所了解；通过观察讨论，掌握食物的储存方法等，从而丰富生活经验。

（四）掌握饮食的方法和技能

学前儿童在饮食过程中掌握基本的方法和技能，如正确使用勺子、筷子的技能，挑、吐鱼刺、骨头的技能，剥虾壳的技能等，以及知道在不同的就餐场合（如自助餐厅、西餐厅、快餐厅等）进餐的方法等，从而提高饮食自理能力。

（五）建立良好的饮食行为习惯

学前期是培养儿童良好饮食行为习惯的重要与关键阶段。教师向学前儿童介绍不良饮食行为习惯对人体健康的危害，通过反复提醒、练习，帮助其养成良好的饮食习惯，需要特别注意以下10个方面。

（1）合理饮食，一日三餐，并加1～2次点心，定时、定点、定量用餐。

（2）饭前不吃糖果、不饮汽水等零食和饮料。

（3）饭前洗手、饭后漱口，吃饭前不做剧烈运动。

（4）养成自己吃饭的习惯，自己使用筷子、勺子吃饭，既可增加进食的兴趣，又可培养自信心和独立能力。

（5）吃饭时专心，不边看电视边吃或边玩边吃。

（6）吃饭时应细嚼慢咽，但也不能拖延时间，最好能在30分钟内吃完。

（7）不要一次盛太多的饭菜。先少盛勤添，以免养成剩菜、剩饭的习惯。

（8）不要吃一口饭喝一口水或经常吃汤泡饭，否则容易稀释消化液，影响消化与吸收。

（9）不挑食、不偏食，在许可范围内选择食物。

（10）教师不宜用食物作为奖励，避免诱导孩子对某种食物产生偏好。

（六）养成健康文明的饮食礼仪

从培养现代人的角度看，学前儿童应从小懂得在群体用餐中应有的饮食礼仪，在进餐过程中讲究餐桌卫生，在自助餐和聚餐中能按需取食，不浪费食物等。同时，可以让学前儿童学习和使用一些基本的进餐礼貌用语和礼仪行为。

（七）了解民间饮食文化及风俗习惯

可以结合各种节日，品尝我国以及各国民间流传至今的食品，通过故事了解民间的饮食文化和风俗习惯，培养学前儿童对祖国饮食文化的热爱，使祖国的饮食文化传统不断发扬光大。同时，扩大他们的视野，了解多元饮食文化。

知识链接

中国民间节令的食俗

1.春节食俗

春节是中华民族的传统节日，除藏族、白族、傣族外，其他民族都有过春节的传统。汉族更是以春节为一年中最重要的节日。一般休闲、庆典前后达一个月左右。

春节正值我国的冬末春始，气温很低，便于食物的保存，因此许多地方有盐渍物保存（俗称腊鱼、腊肉等），其味长、香厚，有其特别的风味。

少数民族过年极有特色，如彝族吃"坨坨肉"，喝"转转酒"并赠送对方以示慷慨大方；壮族吃5斤多重的大粽粑以示富有；蒙古族围火塘"吃水饺"；等等。

2.元宵食俗

元宵的食、饮大都以"团圆"为主旨，有圆子、汤圆等。各地风俗不同造成一些差异，如东北在元宵节爱吃冻果、冻鱼肉，广东的元宵节喜欢"偷"摘生菜，拌以糕饼煮食以求吉祥。

3.清明食俗

公历4月5日前后的清明节，主题为"寒食"与扫墓。清明吃寒食，不动烟火，吃冷菜、冷粥，如今因生活水平提高，多吃卤菜、盐茶蛋、面包，喝饮料等。

4.中元节食俗

中元节也叫"祭祖节"，每年农历的七月十五日，是佛、道两教祭祀亡灵的节日。因地域不同而食俗也不一样。有些地方捏"面人"祭祖宴客，有些地方以酒肉筵席"请祖"，等等。

5.中秋节食俗

中秋节也叫"秋节""女儿节""团圆节"等，在农历八月十五日。中华民族对中秋节十分重视。中秋节主要的食物是"月饼"，象征团圆、吉祥，子辈给父老送月饼，朋友之间互送。月饼花色品种繁多，风格各异。

中秋节还有"赏月"的活动，伴随这些赏月活动的还有许多中秋食品，如藕品、香芋、柚子、花生、螃蟹等在中秋时节最为鲜美。少数民族也非常看重中秋节，有各种"中秋活动"和风格独特的中秋食品，如傣族会围坐饮酒，品尝腌蛋和黄鳝干等。

6. 重阳节食俗

重阳节也称"敬老节"或"老人节"。在农历的九月九日，故名为重九或重阳。祝福老人、避邪躲灾、祈求健康是重阳节的主题，食俗也围绕这些方面而形成了较为独特的文化体系。

7. 冬至节食俗

冬至节也称"贺冬节"，在农历的十一月冬至这一天，民间有"冬至大如年"一说。但各地的庆典方式有异，大都是因为冬至是吉日，所以举行祭祖庙会。伴随这些活动的食俗为：喝米酒，吃长生面、冬至肉、冬至团、馄饨、水饺。

8. 腊八节食俗

腊八节又称"腊日祭"，一般认为是驱寒、祭神和辞旧迎新，伴随这些活动的食俗为熬腊八粥和举行家宴。腊八粥也称"五味粥""七宝粥"或"佛粥"，由各种米、豆、果、菜、肉等4～7种原料煮成，真正上好的"腊八粥"具有健脾、开胃、补气、养血、御寒等功能。

9. 灶王节食俗

灶王节也叫"谢灶节""辞灶节"，一般为农历腊月二十三或二十四，这是一个中国人的幽默节，不同的地方过节的方法不太一样，大部分地区为"过小年"，北方一般包饺子，南方准备打年糕、备年货了。

10. 除夕食俗

农历岁末最后一天的晚上为除夕，我国众多民族共有的节日，流行于全国各地。除夕守岁，千年流传。南方的"年夜饭""宿年饭""年根饭""合欢宴"等，好吃的大菜应有尽有；北方必有饺子，称之为"年年饺子年年顺"。总之，除夕食俗具有团圆和美、庆丰收、贺岁迎新等多种含义与文化品味。

以上十大节日食俗，大都是以民间农历为根据的，这主要是因为这些节日食俗是由先人传下来的，一代一代几乎没有改变，所以千古流传的节日食俗虽然有微小的变化，但是本质上和意义上没有大的区别。

延伸阅读

表7-1　各年龄班学前儿童饮食营养教育的具体内容

小　班	中　班	大　班
1. 认识常见食物，知道它们对身体有益处 2. 情绪愉快，愿意独立进餐	1. 认识常见食物种类，喜欢吃富有营养的谷类、奶类、鱼类、肉类、蛋类、蔬菜类和水果类食物等 2. 了解家乡特色食品	1. 认识食物金字塔 2. 懂得膳食巧搭配 3. 了解本地区的特色食品和饮食文化 4. 了解食物营养与健康的关系 5. 了解营养不良的症状

第三节　学前儿童饮食营养教育活动的设计与组织

一、学前儿童饮食营养教育活动的设计

学前儿童饮食营养教育是生活教育的一个方面，应渗透于儿童日常生活的每一环节。但对于某些饮食营养教育的内容，只有通过教师有计划、有目的、精心设计的教学活动，才能更好地引导、启发学前儿童理解、探索和掌握。

学前儿童饮食营养教育是学前儿童健康教育的内容之一，因此在制定学前儿童饮食营养教育活动的目标前，首先要明确学前儿童健康教育的指导思想与总目标。一个健康的学前儿童，既是一个身体健全的儿童，也是一个愉快、主动、大胆、自信、乐于交往、不怕困难的儿童。教师只有充分尊重学前儿童，使其发挥应有的主体性，才能使儿童更主动、积极、创造性地活动。学前儿童饮食营养教育应在活动设计上努力将学前儿童的兴趣、需要与健康保障相结合，使饮食营养教育真正成为健康教育和幸福教育。

（一）活动目标

在制定饮食营养教育活动目标时必须依据《指南》中提出的健康教育总目标，依据3～6岁儿童的身心发展特征，通过教育实践划分年龄阶段目标，使其既适应3～6岁儿童的年龄特点，又具有可操作性。这也是针对同年龄儿童的一般要求，为具体活动目标的制定指明了方向。学前儿童饮食营养教育具体活动的目标又是年龄阶段目标的细化，因此表述应简明清晰、准确具体，目标内涵不要过大，条目不要过多，一般两三条即可。目标过大或过多都意味着无法达成，也体现不出儿童的年龄阶段特点。《指南》中指出的健康领域总目标可参见表7-2。

表7-2　学前儿童健康领域的总目标

3～4岁	4～5岁	5～6岁
1. 在引导下，不偏食、挑食，喜欢吃瓜果、蔬菜等新鲜食品 2. 愿意饮用白开水，不贪喝饮料	1. 不偏食、挑食，不暴饮暴食，喜欢吃瓜果、蔬菜等新鲜食品 2. 常喝白开水，不贪喝饮料	1. 吃东西时细嚼慢咽 2. 主动饮用白开水，不贪喝饮料

（二）活动内容

学前儿童饮食营养教育的内容应根据其教育目标进行选择，既要符合不同年龄阶段儿童的认知特点、兴趣需要，还要考虑涉及领域的全面性。因此，儿童饮食营养教育的内容不仅包括有关食物名称、形状、颜色、性质的知识，还应包括营养素与身体健康的关系，建立良好的饮食行为，养成良好饮食习惯，掌握饮食方法和技能，了解饮食文化和不同地域的饮食风俗，掌握基本的饮食礼仪，以及了解简单的食物烹调方法等内容。学前儿童的饮食营养教育除了知识内容要做到多样以外，还要考虑与幼儿园其他领域内容的整合。

（三）活动准备

充分的准备是开展教育活动的基础。学前儿童饮食营养教育活动的开展也需要全面充分的准备，它应该包括教师的准备、儿童的准备、环境资源的准备等。

教师的准备包括：对教育活动的内容、方法、途径进行选择；相关知识和技能的准备；对教育活动发展变化的心理准备等。

儿童的准备包括：与活动相关的知识能力的准备；对活动内容有兴趣和探究愿望的准备；与活动相关的心理过程的准备，如对于教育活动的内心期待，将有助于集中注意力。

环境资源的准备包括：活动需要的相应物质材料的准备；活动场地的准备。有的教育活动在园内或课堂上就能完成，而有的教育活动要到园外完成。

（四）活动方法

有效的教学方法应与受教育者的年龄特点、心理发展特点及教育内容相适应。因此，在学前儿童饮食营养教育活动中，针对不同发展阶段的儿童，应考虑不同的方法。年龄较小的儿童，具体形象认知占优势，练习、演示、游戏、表演、操作等都能有效地激发其参与的热情。而年龄较大的儿童，则更加适合采用针对他们所熟悉的事件展开讨论的方法。

（五）活动过程

活动过程设计可划分为开始部分、基本部分和结束部分三大部分，重点应突出基本部分，开始和结束部分所花的时间可相对较短。开始部分即导入部分，是教学活动的起始环节。导入主要说明教师在集体教学活动开始时，通过运用各种手段和方式，吸引儿童的注意，自然引出活动的主题，并引导儿童进入学习状态，做好活动的心理和认知准备。导入部分在三段体中所占的时间不宜太多，设计时要善于采用多样化的、有趣的方法来调动儿童的注意和参与活动的兴趣，并自然引出所学内容。基本部分是完成教学活动目标的主要过程。该部分主要说明教师在引出教学活动主题后，设计和采用的教育方法、教育形式和教育手段等，以帮助儿童主动参与活动，充分感知理解、思考探索和表达表现。基本部分在三段体中所占的时间相对要多，设计时要求过程清晰，环节层次循序渐进，充分体现幼儿园集体教学活动设计的相关原则，发挥儿童在活动中的主动性，以最终达成活动目标。结束部分主要说明设计者完成本次活动所采取的行动方式。结束部分的设计要丰富多样，可以是教师对本次活动知识与经验的归纳和总结，对儿童活动表现的评价，对儿童提出经验扩展和运用的要求，也可以是以游戏的方式对活动内容进行巩固练习等。结束部分的时间也不宜过长，设计时要注意能渲染气氛，激发儿童再次活动的兴趣和动机。

活动过程的环节数量一般不宜过多，总体以 3～4 个为宜。在每个环节下，还需要详细设计教学小步骤，具体说明活动过程开展的程序和内容，使活动过程清晰、明了，并加以落实。设计环节的具体步骤时，一般应较详细地注明教师的提问、教师语言的讲述和讲解、教师组织教学的行为，以及教师对儿童提出的要求和规则等；还可包括教师组织与实施活动过程中的小结或过渡语，即教师在环节结束后，可设计小结，或在结束上一环节、开展下一环节前，可设计过渡语。具体步骤的设计主要针对教师的教学行为，对儿童的行为不宜过多进行设计，因为设计者难以十分精准地预设儿童的行为。

二、组织学前儿童饮食营养教育活动应注意的问题

（一）注意随机教育

教师针对学前儿童进餐情况应及时、随机地进行教育，尤其对饮食习惯不好或体弱多病的学前儿童，要进行个别教育，及时地给予纠正和耐心细致的帮助。对于过食引起肥胖的学前儿童，要适当控制进食量，在进餐时做到少盛勤添，同时注意培养其节制食量的意识。学前儿童的模仿性强，极易受家长、同伴饮食习惯的影响，对于挑食、厌食的学前儿童，可安排与饮食习惯好的儿童一起进餐，使其受到影响，进而纠正其不良习惯。

（二）实现家庭、幼儿园和社会饮食营养教育一体化

家庭、幼儿园和社会要全方位合作，幼儿园管理者、保教人员、保健医生、营养师、炊事员等须密切配合，家庭所有成员须和幼儿园密切配合，只有这样才能保证营养教育的效果。对于学前儿童而

言，家庭饮食营养教育尤为重要。学前儿童基本生理的满足与家庭饮食结构、饮食习惯等密切联系，家庭对学前儿童饮食营养知识的获得、态度的改善以及行为的养成都起到非常重要的作用。当今社会，家长在越来越重视营养的同时，也走入营养误区。在家庭的餐桌上，早餐简单、热量不足，中餐马虎、营养不全，晚餐丰富、营养过剩，食物单调、食谱面窄，主食精细、忽视粗粮等已经成为普遍现象，时间长了都会影响到学前儿童的健康成长。因此，幼儿园要组织丰富多彩的家园活动，指导家长合理配餐、科学饮食，这也成为幼儿园饮食营养教育的一项重要工作。

（三）考虑学前儿童的个体差异

由于学前儿童对营养的需要存在个体差异，因此在教育、指导、评价个别学前儿童营养和膳食时，要结合营养、生长发育、遗传等多方面情况进行分析、判断。有条件时，可以针对特殊体质儿童的特殊饮食需要，搭配以食疗为主的膳食结构，着力改善他们的特殊身体状况，帮助他们逐步健康成长。比如：肥胖儿的配餐，以低脂肪、低热量、高纤维为主，通过控制膳食、增加活动、食疗减肥的方法来实现；营养性贫血儿的配餐，以均衡营养为主要目标，提供利于吸收含铁丰富的高蛋白食物，增加绿叶蔬菜及维生素C的摄入，来帮助其不断纠正饮食习惯。

（四）重视学前儿童的膳食心理卫生

掌握学前儿童的膳食心理特点，采取适宜的心理卫生措施和方法，是学前儿童饮食营养教育的关键。

1. 结合学前儿童的膳食心理特点提供食物

学前儿童好奇心强，喜欢花样多变的食物，尤其会受食物色彩和外形的影响。在烹饪中应变换食物种类，选择色、香、味、形俱佳的食物；烹饪方法应多样，同时可将食物做成儿童喜欢的形状。如把传统面食如馒头、包子、花卷等做成儿童喜爱的小动物形状，烹制菜肴时注意色彩搭配、刀法规则，这样可增进儿童的食欲。值得一提的是，由于学前儿童注意力容易分散，每次为学前儿童提供的饭菜种类不宜太多，否则会分散其进餐的注意力，影响进食。再如，夏季天气炎热，幼儿食欲降低，体能消耗较大，为满足幼儿生长需要，可以制作一些色泽鲜明、形式多样、口感清爽而又营养丰富的消暑食品，并适当调整口味，引起食欲，如冬瓜炖小排、糖醋黄瓜条、凉拌三丝、彩椒鸡丁、五彩虾仁等。

2. 纠正饮食问题时，要避免消极的暗示作用

家长、教师的语言、表情和动作对学前儿童的进餐往往起着暗示作用，积极的暗示有利于学前儿童养成良好的饮食营养习惯。如教师说："吃了猪肝，小朋友会身体健康，长得高。"学前儿童吃了猪肝后就会觉得自己很健康，便可改正原来不喜欢吃猪肝的习惯。相反，消极的暗示常常会引发学前儿童的逆反心理，助长不良习惯的养成。如父母总是当着孩子的面说："真拿这个孩子没办法，不吃青菜。"这样不仅不能解决饮食问题，反而会强化儿童偏食的心理。在进行营养教育时，要避免消极的暗示作用，对于改正不良饮食习惯的儿童要及时进行鼓励，充分发挥积极的暗示作用。可见，重视学前儿童膳食心理卫生是进行饮食营养教育的重要方面。

三、学前儿童饮食营养教育活动案例

小班健康活动：认识蔬菜①

活动目标

1.了解常见蔬菜的名称，了解粮食来之不易，爱惜劳动成果，知道挑食不好。

2.初步了解几种蔬菜的特点、作用，培养对蔬菜的喜爱之情。

① 张乃丹，莫群，满孝平．学前儿童健康教育［M］．镇江：江苏大学出版社，2018：108-109.

3.知道常见蔬菜的食用方法及营养价值。

活动准备

1.各种蔬菜（西红柿、黄瓜、萝卜、土豆、茄子、青椒）人手一份。

2.魔术箱、白菜奶奶头饰、音乐。

活动过程

一、开始部分

导入：教师与幼儿做律动《小手拍拍》。

二、进行部分

教师出示魔术箱，引起幼儿兴趣，进行讨论。

1.让幼儿猜猜箱子里面装的什么，鼓励幼儿大胆表述。

2.请一名幼儿到前面的箱子里摸一摸，感受蔬菜的外形特征，引导幼儿能够说出常见蔬菜的名称，如西红柿、黄瓜、萝卜、茄子、青椒等。

3.教师出示各种蔬菜，让每名幼儿亲手摸一摸，感受其外形特点（形状是圆的还是长的，表面是光滑的还是粗糙的）。

4.教师向幼儿介绍各种蔬菜的营养价值和对人体的好处，鼓励幼儿吃饭不挑食。

5.让幼儿说一说这些蔬菜可以怎么吃，哪些蔬菜可以生吃，哪些蔬菜不可以生吃。

6.让幼儿分别说一说：自己喜欢吃哪种菜，为什么？对于不喜欢吃的菜，应该怎么做？

三、结束部分

1.游戏。教师出示白菜奶奶头饰："小朋友们，你们看，这是谁啊？"（幼儿回答）"今天呀白菜奶奶过生日，我们一起给白菜奶奶唱首歌吧!"（教师放音乐《生日快乐》）

2.小结。小朋友们，今天我们认识了这么多蔬菜，也知道了蔬菜非常有营养，所以小朋友以后不能挑食要多吃蔬菜，这样身体就不会生病了。

活动延伸

鼓励幼儿在生活中多观察各种蔬菜，懂得节约粮食，做个不挑食的好孩子。

大班健康活动：美味粗粮馆①

活动目标

1.愿意吃粗粮，知道吃粗粮有益于身体健康。

2.认识生活中常见的几种粗粮，知道名称，了解其外形特征及营养价值。

活动重点

认识生活中常见的粗粮，知道它们的名称。

活动难点

了解常见粗粮的营养价值。

活动准备

物质准备：粗粮实物与图片、粗粮食品、自制的玉米面糊。

经验准备：请家长带幼儿品尝粗粮食品。

活动过程

1.情境导入："美味粗粮馆"即将开业。

2.出示玉米、小米、黑米、高粱等常见粗粮的图片，与幼儿讨论粗粮的名称。

教师：小朋友们认识这些粗粮吗？它们的名字是什么？

---

① 来自长春市人民政府机关第二幼儿园窦丽娜。

3.了解粗粮的营养价值，交流吃粗粮的原因。教师为幼儿系统讲解不同粗粮所富含的营养价值。

4.出示用粗粮制成的食品，请幼儿品尝并感受粗粮食物的口感、味道。

教师：猜一猜自己品尝的美食是由哪种粗粮加工制作而成的，说一说这些粗粮食品的口感是怎样的。

5.食物制作：我是小厨师。

① 出示调制好的玉米面，请幼儿观察并说一说：这种材料是由哪种粗粮制成的？

② 教师示范制作玉米饼的方法。

③ 请幼儿尝试制作玉米饼。

6.同幼儿一起，将制作好的玉米饼送到食堂进行加工。

7.与幼儿一同品尝加工好的玉米饼。

活动延伸

为幼儿提供营养调查表，引导他们用自己的方式记录一周的饮食情况，和家长一起鼓励幼儿增加粗粮的进食比例，使其摄入的营养更均衡、更丰富。

大班健康活动：我会配餐①

活动目标

1.知道人们需要吃不同的食物，才能营养全面，有利于身体健康。

2.初步学会合理搭配一餐的饭菜，知道要有荤有素、有菜有主食等。

3.能分析评价自己和别人的配餐。

活动准备

1.教师了解幼儿平时的饮食习惯，幼儿具备一些关于荤菜、素菜有不同营养的经验。

2.设置好自助餐厅的环境，不同类的多种食物教具各一盘，如肉、鱼、青菜、萝卜等。

3.评选用的红牌每人两个，摄像机。

活动过程

一、引入自助餐厅情境，激发幼儿参加自助餐的兴趣

1.教师以经理的身份出现，介绍自助餐厅，引发幼儿兴趣。

2.介绍自助餐厅中的各种食物、餐具及其使用方法。

二、幼儿自选食物，评析合理的配餐

1.幼儿自选食物，并进行自己配餐。

2.幼儿互相介绍自己的配餐，共同讨论出合理搭配饭菜的原则。教师引导幼儿共同讨论，知道合理配餐应荤素搭配、荤菜不宜太多，有一定量的素菜、主食等才能保证营养全面，对身体健康有益。教师出示一份不合理的配餐让幼儿分析，加深幼儿对合理搭配食物的理解。

三、幼儿调整配餐

1.幼儿根据配餐原则评价自己的配餐少了什么，多了什么。

2.幼儿再次自选食物，调整配餐。

3.开展评选"最佳配餐"活动，让幼儿认真观察其他小朋友搭配饭菜，并根据配餐原则给认为搭配合适的饭菜发红牌。

4.师幼共同讨论评选理由。

活动延伸

1.利用午餐时间，准备各种饭菜让幼儿真实地进行一次自助活动，继续培养幼儿主动根据

① 胡晓伶，徐浩，殷玉霞.学前儿童健康教育与活动指导（修订版）［M］.长沙：湖南师范大学出版社，2018：112-113.

配餐原则搭配食物的能力。

2.请幼儿回家与父母一起讨论、思考一日三餐如何配餐更加合理，符合营养要求。

3.与家长联系，使家长与幼儿园共同配合，帮助幼儿克服不良的饮食习惯，并逐渐养成自觉地根据合理搭配食物的原则选择食物的良好饮食习惯。

思考与练习

一、单项选择题

1. 人的健康状况受多种因素的影响，（　　）是人体健康不可或缺的物质前提。
   A. 经济文化水平　　　　　　　　　　　　B. 生活和工作环境
   C. 生活方式和生活习惯　　　　　　　　　D. 平衡营养

2. （　　）是指学前儿童吃自己喜欢的食物，对于不喜欢或从没有吃过的食物就不吃。
   A. 偏食　　　　　　　B. 挑食　　　　　　　C. 暴饮暴食　　　　　　　D. 拒食

3. （　　）直接、生动，有效提高了学前儿童的参与性。
   A. 讲解演示法　　　　　　　　　　　　　B. 行为练习法
   C. 实践操作法　　　　　　　　　　　　　D. 情景表演法

4. 下列不属于良好饮食营养与卫生习惯的是（　　）。
   A. 细嚼慢咽　　　　　　　　　　　　　　B. 边吃饭边说笑
   C. 喜欢吃的东西不多吃　　　　　　　　　D. 不贪喝饮料

5. 下列对膳食纤维的描述是正确的是（　　）。
   A. 膳食纤维能够被小肠酶消化
   B. 膳食纤维主要来自动物性食物
   C. 膳食纤维对人体有直接的营养作用
   D. 膳食纤维有促进肠蠕动的功能

6. 下列不属于饮食营养教育途径的是（　　）。
   A. 专门的教学活动　　　B. 生活中渗透　　　　C. 家园配合　　　　D. 健康咨询

7. 三大产热营养素不包括（　　）。
   A. 蛋白质　　　　　　B. 脂肪　　　　　　　C. 碳水化合物　　　　　D. 维生素

8. 下列不属于饮食营养教育目标的是（　　）。
   A. 了解食物的特性　　　　　　　　　　　B. 养成良好的饮食习惯
   C. 学会自己进餐的技能　　　　　　　　　D. 会辨别食物的营养价值

9. 下列不属于饮食营养教育内容的是（　　）。
   A. 知道简单的处理和烹调食物的方法　　　B. 养成良好的饮食习惯
   C. 养成健康文明的饮食礼仪　　　　　　　D. 辨别食物的营养价值

10. 良好的饮食习惯包括（　　）。
    A. 进餐前不做剧烈的运动　　　　　　　　B. 可以边看电视边吃饭
    C. 多吃汤泡饭　　　　　　　　　　　　　D. 小班幼儿用筷子吃饭

二、简答题

1. 简述学前儿童饮食营养教育的意义。

2. 简述学前儿童饮食营养教育的目标与内容。

3. 在组织学前儿童饮食营养教育活动时，要注意哪些问题？

三、实践实训题

1. 观摩一个幼儿园饮食营养教育活动，以小组为单位，对活动设计思路、活动目标、组织与实施、师幼互动效果等进行评议。
2. 结合教育见习、实习的经验，尝试设计一个学前儿童饮食营养教育的活动方案，并组织或模拟该教育活动。
3. 分析本章第三节中的"认识蔬菜"教学活动方案，说说该活动方案有哪些设计亮点，还有哪些内容有待优化。

≫ 聚焦考证

（单项选择题）我们日常食用的马铃薯，所属的植物器官是（　　　　）。（2016年上半年幼儿园教师资格考试《综合素质》真题）

A.块根　　　　　　　B.块茎　　　　　　　C.肉质根　　　　　　　D.肉质茎

第八章
学前儿童的安全教育

>> 学习目标

1. 了解学前儿童安全教育的概念与意义。
2. 掌握幼儿园安全教育活动的目标与内容。
3. 初步学会设计并组织幼儿园安全自护教育活动。
4. 树立科学的儿童生命观、健康观，提高儿童生命与健康至上的教师职业素养。

PPT 教学课件

>> 内容导航

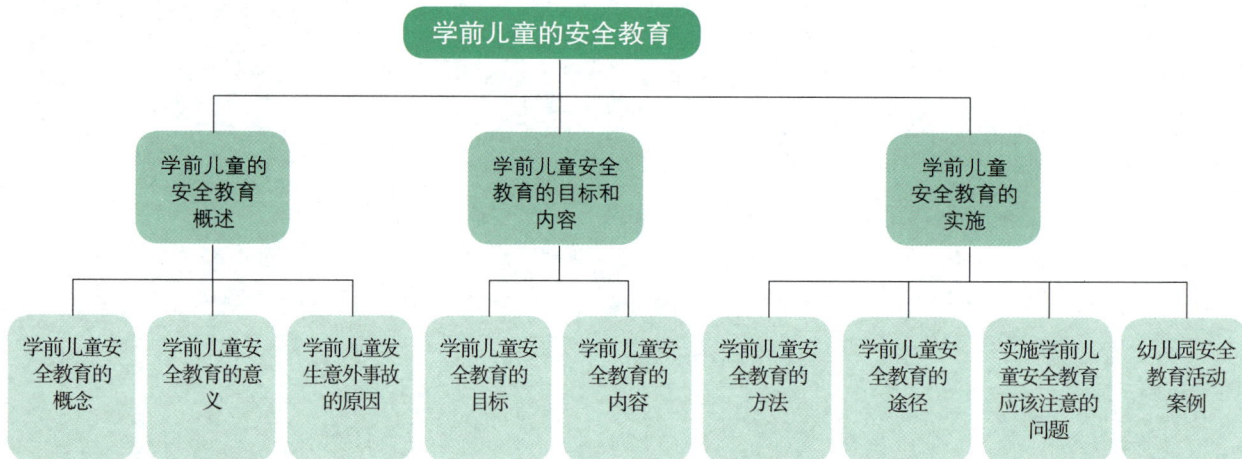

>> 案例思考

饭后散步活动时，波波透过院墙看见焚烧树叶的烟，大叫起来："老师，着火了！"我问他："你怎么知道着火了？"我们的交谈吸引了其他幼儿的注意，有的幼儿呈现紧张表情，有的紧张得大叫（这说明幼儿已有初步的自护意识）。为保护幼儿的这种意识，并在随机事件中对幼儿进行安全教育，我立刻蹲下来和幼儿聊了起来："着火了，我们该怎么办呢？"幼儿的回答是找消防叔叔，打110，甚至有的幼儿还因为表达不全面，表演起来。"消防电话到底是多少呢？"幼儿的回答各种各样，有120，有110，就是没有119。

思考：案例中教师的行为合适吗？为什么？幼儿园的安全教育和生命教育应该如何进行？

学前儿童正处于生长发育的重要时期，其年龄特点是好奇、好动、好探索，在这些心理需求驱使下，他们往往会表现出各种大胆的举动，一副"初生牛犊不怕虎"的气势。学前儿童身体各系统发育得不完善，对周围环境、事物认识得不全面，再加上自我保护意识淡薄，自护能力不高，决定了他们的日常生活中存在着诸多的安全隐患。如果成人对他们的照料稍有疏忽，极易发生意外事故。《纲要》

明确要求："幼儿园必须把保护幼儿的生命和促进幼儿的健康放在工作的首位。" 2016年3月1日实施的新《规程》明确指出，"幼儿园教职工必须具有安全意识，掌握基本急救常识和防范、避险、逃生、自救的基本方法，在紧急情况下应当优先保护幼儿的人身安全"。因此，学前教育阶段把儿童的安全放在工作的首位，重视对学前儿童进行安全教育，采用有效措施消除安全隐患。

第一节　学前儿童的安全教育概述

一、学前儿童安全教育的概念

安全泛指没有危险、不出事故，使人的身心健康免受外界因素损害的状态。安全教育是教育中的基本内容，包括安全常识教育、安全宣传和安全预防。

安全是儿童生存的基本保障，是所有儿童的基本权利，儿童只有在生命健全的基础上才能保障身心健康发展。学前教育阶段，幼儿园应当把幼儿的安全放在工作的首位，重视对幼儿进行安全教育。学前儿童安全教育是指根据学前儿童动作发展、认知发展以及已有生活经验等方面的特点，通过一系列活动使学前儿童树立有关安全的意识，学习必要的安全知识，提高安全防范与自我保护能力的教育。

二、学前儿童安全教育的意义

学前儿童的安全教育一直是幼儿园教育的重要组成部分。学前儿童的认知水平较低，缺乏自我保护意识，不知道哪些事能做，哪些事不能做，且他们又活泼好动，极易发生意外伤害事故。因此，对学前儿童进行初步的安全知识教育和安全自救技能培养极为重要。

（一）安全教育是保护学前儿童生命、促进学前儿童健康成长的需要

人最宝贵的是生命，不仅仅因为生命只有短短的几十年，更因为属于我们的生命只有一次。然而，在现实生活中，这仅有一次的生命却与形形色色的安全隐患联系在一起，稍一疏忽，就会导致生命的丧失、健康的损害。生命，既坚强无比又脆弱得不堪一击。学前儿童的生命，更显得弱小、稚嫩、珍贵。弱小，是因其处于生命历程的开端，与生存环境之间的互动还只是刚刚开始，所以实际生活中的很多情境他们应对不了，很多事件他们承载不起，任何危及儿童个体的外来刺激都会关乎他们的生命安全；稚嫩，是因其骨骼、肌肉、器官系统的发育尚未完成，日常生活中的疏忽大意、失误便会造成身体的伤害甚至伤残；珍贵，是因为儿童的生命刚刚开始，其中孕育着无限的未来与光明。

幼儿园发生过的幼儿安全事故中，发生范围较广、频率较高的安全事故为：同伴咬伤、打伤，坠落、摔伤、跌伤、烫伤、烧伤、运动器械致伤和尖锐物品戳伤等，食物中毒、药品中毒、破损玩具致伤、拥挤致伤、动物咬伤、体罚致伤、走失、交通事故、溺水等安全事故也占有一定的比例。

（二）安全教育能够激发学前儿童的安全意识

安全意识就是人们在日常生活、生产活动和社会活动中对自身安全作出的反应和控制，并通过思维、情感、习惯、信念等表现出来。儿童的安全意识是指儿童对安全知识的掌握及保证自身安全的基本行为的认识。对于一个在生理和心理上都处于弱势的学前儿童来说，生命成长的每一步都面临着挑战，在这一阶段各种危险事件也极易发生。健康的身体和安全的环境是儿童成长的必要条件，也是儿童从事其他活动的前提。加强安全教育，增强儿童安全意识尤为重要。

对外界环境缺乏知识和经验，使得学前儿童不能很好地预见生活中的危险因素，比如幼儿看到马路对面的母亲，就直接冲过去，而不管当时是不是车水马龙。还有专家做过这样一个实验，让几位母亲反复告诫孩子，不要与陌生人一道离开公园，然后，母亲们丢下孩子躲到远处观察。结果，她们十

分震惊地发现，孩子居然与陌生人一起离开公园去寻找"丢失的妈妈"。实验表明，平均只需花35秒，一位陌生人就可以将孩子引诱出公园。这些都说明，学前儿童的安全意识很是淡薄，因此，增强学前儿童的安全意识是首先要考虑的问题。

（三）安全教育能够提高学前儿童自我保护的能力

家长对幼儿的过度保护，使得幼儿要么胆小，不敢探索；要么更加好奇，盲目模仿。但是父母和老师的手臂再长，也不能随时随地保护孩子，更不能保护他们一生一世，真正能保护孩子的只有他们自己。幼儿园安全教育的目的就是让幼儿在掌握安全知识的同时，增强安全意识，提高自我保护能力，这是学前儿童安全教育的核心。

曾有专家做过实验，让家养的猫和老鼠待在一个箱子里，猫不但不捉老鼠，反而与老鼠共同玩耍。原因就是这只猫一直都由主人饲养，没有吃过老鼠，也从没有看见猫吃老鼠，它已经丧失了捉老鼠的意识和能力。由此，我们可以想象一下裹在层层"爱"的保护罩中的孩子，他们是否也会丧失自我保护的能力？在幼儿园里孩子因滑倒而摔伤的例子随处可见，其实这些孩子在摔倒时，只要用手撑一下地，受到的伤害就会小得多。2022年教育部关于印发《幼儿园保育教育质量评估指南》的通知中明确规定："保教人员具有安全保护意识，做好环境、设施设备、玩具材料等方面的日常检查维护，及时消除安全隐患。发生意外时，优先保护幼儿的安全。"因此，应该给孩子留一些小小的磨砺机会，让孩子在经受磨砺中长大，在经受磨砺中积累必要的生活经验，学习自我保护。这样在遇到必须去独自面对的问题时，他们才能避免受到伤害。

三、学前儿童发生意外事故的原因

（一）学前儿童神经系统和运动系统发育不完善，平衡功能差

微　课

学前儿童正处于生长发育时期，他们的骨骼、肌肉、关节以及控制和协调运动的神经系统尚未发育完全，动作的协调性较差，反应灵敏性不够，平衡能力差，这些因素使得他们有时虽然已经察觉危险，但是不能及时反应和有效控制动作而导致意外的发生，比如烫伤和溺水。再加上学前儿童贪玩、好动，因此很容易发生跌伤、扭伤、骨折等意外情况。

学前儿童发生意
外事故的原因

（二）学前儿童缺乏生活经验，安全意识淡薄

学前儿童年龄小，对周围的事物缺乏正确的认识，不懂什么危险，什么东西不能碰，这种生活经验的缺乏使学前儿童不能预见生活中潜在危险因素。而且他们好奇、好动、好探索，对自己不了解的任何事物都想亲自尝试，因此很容易发生意外事故。如有的幼儿吃饭时随意说笑，导致异物进入气管；有的幼儿用手指或铁丝去碰电源插座的小孔，造成触电；有的幼儿见到东西就送进嘴里，造成误食药物、变质食品和异物等；还有的幼儿将玻璃球、花生等小物体塞进鼻孔或耳朵内等。

（三）周围环境的客观因素

学前儿童生活环境中的某些客观因素也是导致意外事故的潜在危险因子。例如，幼儿园班级容量严重超标，造成用房拥挤，活动场地紧张，个别幼儿园场地、房屋建筑不达标，这些因素都容易诱发意外事故。另外，幼儿活动场地不平整，电源插座在幼儿"伸手可及"的范围内，家具、墙角、玩具棱角锐利等也是造成儿童意外事故的客观原因。

（四）成人安全意识不强，安全措施落实不力

学前儿童意外事故有很多是由于家长和幼儿园保教人员安全意识不强，安全措施落实不力造成的。例如：有的家长将开水瓶放在幼儿经常活动的房间的地面上，又"忘记"提醒幼儿；有的家长随意乱扔、丢弃药品、锋利刀具等；有的幼儿园教师在幼儿活动时远离活动区域，疏于照顾，造成幼儿

摔伤、骨折；有的幼儿园不注意定时检修大型玩具而造成事故等。

在这四个造成学前儿童发生意外事故的因素中，前面两个是学前儿童的主观因素，后面两个是周围环境及成人的客观原因。

案例

玩滑梯受伤了

某幼儿园大型木制滑梯的一颗钉子冒出了一点。教师发现后及时向主管的副园长汇报。副园长因为忙，没有来得及找人修理，也没提醒家长。

一天，一位妈妈接女儿走过滑梯时，女儿说："妈妈，我好长时间没有玩滑梯了，我想玩一会儿，好吗？"妈妈就从后面把女儿抱上滑梯。女儿高兴地对妈妈说："妈妈，接着我！"说着便张开双臂往下滑。突然，一声痛苦的尖叫让妈妈脸上的笑容凝固了。原来，那颗没有修理的钉子在女孩的腿上划了一道20多厘米长的伤口。

问题：是什么原因造成了幼儿的意外伤害？如何避免呢？

第二节　学前儿童安全教育的目标和内容

一、学前儿童安全教育的目标

（一）安全教育的总目标

《指南》中规定了幼儿园安全教育的目标和要求（见表8-1），结合学前儿童身心发展的特点、《纲要》关于幼儿园健康教育活动的总目标，初步确定学前儿童安全教育的目标主要包括以下几个方面。

表8-1　幼儿要具备的基本安全知识和自我保护的能力

3～4岁	4～5岁	5～6岁
1. 不吃陌生人给的东西，不跟陌生人走 2. 在提醒下能注意安全，不做危险的事 3. 在公共场所走失时，能向警察或有关人员说出自己和家长的名字、电话号码等简单信息	1. 知道在公共场合不远离成人的视线单独活动 2. 认识常见的安全标志，能遵守安全规则 3. 运动时能主动躲避危险 4. 知道简单的求助方式	1. 未经大人允许不给陌生人开门 2. 能自觉遵守基本的安全规则和交通规则 3. 运动时能注意安全，不给他人造成危险 4. 知道一些基本的防灾知识

1. 萌发安全自护的意识

学前儿童活泼好动，好奇心强，又不懂得区分该做和不该做的行为，因而容易发生各种意外伤害事故。因此，在对儿童进行安全教育的过程中，帮助他们建立起安全自护的意识是十分必要的。教师将学前儿童的年龄特点作为依据，有意识地通过看图书、读儿歌、讲故事、做小实验、相互讨论等形式，全面地进行安全教育，让儿童了解、适应周围的环境，识别周围各类危险因素并了解其危害。

2. 掌握必要的安全常识

教师可以结合儿童的实际生活，引导他们了解一定的安全常识，包括：了解水、电、火、刀具、常用药品的使用等方面的安全知识和注意事项；获得应对意外事故，尤其是火灾、雷击等的常识，懂得及时避开危险场所；知道并记住常见的各种安全标记或特殊的求助电话号码，遇到突发事件时会向周围成人求助；丰富日常生活内容，学习在越来越复杂的社会生活中保护自己。

3. 养成良好的安全自护行为习惯

学前儿童的神经细胞反应时间短，容易形成条件反射，即容易养成各种各样的习惯。教师应利用这一特点，多进行安全自护行为的强化练习，帮助儿童矫正其不良习惯，养成良好的行为习惯，减少意外伤害事故的发生。同时，也要教育儿童学会分享、合作等良好的交往方式，以避免儿童之间由于不合群、好攻击而造成伤害事故。这样的安全教育可以帮助学前儿童远离危险、躲避伤害，培养处事不惊、爱护自己、关心他人的良好品质，促进学前儿童身心素质的提高和发展。

（二）安全教育的年龄阶段目标

由于学前儿童各年龄阶段发展水平存在着较大的差距，因此，在目标的实施中，应根据总目标，结合不同年龄阶段儿童的特点，确定各年龄阶段的具体目标。

1. 小班

（1）衣：能在成人提醒下随气温的变化增减衣服，穿衣、鞋感到不适时能及时告诉成人。

（2）食：不把不能食用的物品放进口中。

（3）住：知道居住楼房的安全知识，并在成人提醒下按已有经验去做。

（4）行：走路时在大人提醒下能注意地面的障碍物，注意来往车辆，注意安全。知道红绿灯的含义，能识别常见的交通安全标志。

（5）伤病：摔伤流血、身体不适时能及时告诉大人，有病能配合诊治服药。

（6）玩：不玩火、不玩水及不开关门，不触碰电源插座，不开煤气开关。

（7）自然灾害：不怕雷声、闪电，遇到火灾、车祸、水灾、地震、冰雹等自然灾害，知道要紧随家人，寻求保护，能识别常见的防火、防电安全标志。

（8）交往：受到他人欺负时敢于表现不满，知道有坏人拐骗儿童，一人在家时能有礼貌地拒绝给陌生人开门，能有礼貌地拒绝陌生人的赠物和亲、抱。

2. 中班

（1）衣：能注意随气温变化增减衣服。

（2）食：不喝生水，不吃没清洗的水果。

（3）住：初步养成居住楼房的安全行为习惯。

（4）行：走路时能注意地面障碍物，注意来往车辆，不和同伴打闹。知道行人过马路要走人行横道，不钻爬马路上的护栏，能识别常见交通安全标志。

（5）伤病：学会鼻出血和破皮出血的简单处理方法。身体不适时能主动告诉大人和配合医治。

（6）玩：初步形成防止火、水、电、煤气伤害的意识，养成防止上述伤害的行为习惯。知道噪声、强光、汽车尾气等对身体有害，注意避开它们，能识别常见的防毒等安全标志。

（7）自然灾害：知道遇到雷电、冰雹、水灾、火灾和其他灾害时的自护方法。

（8）交往：受到不公正的对待时敢于表示不满。不跟陌生人走。

3. 大班

（1）衣：初步养成随气温变化增减衣服的习惯。

（2）食：能识别腐败变质的食物，不独自食用没吃过的食物。

（3）住：巩固居住楼房的安全行为习惯，并能对违反安全的行为提出意见。

（4）行：初步养成走路时注意安全的习惯。不独自过马路，不钻爬护栏。能遵守乘坐公共交通的安全规定。

（5）伤病：较熟练地掌握摔伤出血时简单的急救方法。有病时能主动配合治疗。

（6）玩：养成防止火、水、电、煤气、噪声、强光、汽车尾气伤害的意识，养成防止上述伤害的行为习惯。知道火灾时呼救、自救的方法。

（7）自然灾害：熟悉家乡常遇到的自然灾害和其他灾害的自救、互救方法。

（8）交往：受到不公正的对待或欺负时敢于表示不满或反抗。知道被陌生人强行带走时的呼救和反抗的方法。

二、学前儿童安全教育的内容

（一）食品卫生安全教育

幼儿大多爱吃零食，也喜欢将各种体积较小的东西放入口中，因而容易引发食品安全问题。幼儿园除了要把好食品采购、储藏、烹饪、运送等方面的卫生关外，还必须教育幼儿注意以下食品卫生安全问题。

1. 养成良好的饮食习惯

不吃腐烂的、有异味的食物。在进食热汤或喝开水前必须先吹一吹，以免烫伤。吃鱼时，要把鱼刺挑干净，以免鱼刺卡在喉咙里。进食时不要嬉笑打闹，以免食物进入气管等。

2. 不随便捡食和饮用不明物

勿将各种非食物放入口中。如投放的各种花花绿绿的毒鼠药，因成人失误而误放在饮料瓶中的消毒药水等，都可能被幼儿误食。不食用以前没有吃过的东西，不要将体积较小的物品放入口中玩耍，以免吞咽入肚。

3. 不随便吃药

目前孩子服用的药大多外观漂亮、颜色鲜艳、口感好，深受孩子"喜欢"，有的孩子甚至把药品当零食吃。因此，要教育孩子不能随便吃药，一旦需要服药，一定要按医嘱，在成人的指导下服用。

（二）交通安全教育

据有关部门统计，全国平均每50秒发生一起交通事故，平均每2分40秒就会有一个人丧生于车祸。更让人痛心的是，因交通事故死亡的少年儿童占全年交通事故死亡人数的10%以上，且有逐年上升的趋势。因此，对幼儿进行交通安全教育不容忽视。

幼儿园交通安全教育主要包括以下三个方面。

微 课

幼儿园交通
安全教育

1. 了解基本的交通规则

如"红灯停、绿灯行"，行人走人行道，上街走路靠右边，不在马路上踢球、玩滑板车、奔跑、做游戏，不横穿马路等。

2. 认识常见的交通标志

如红绿灯、人行横道线、禁止行人通行等标志，并且知道这些交通标志的意义和作用。

3. 初步形成交通安全意识，养成遵守交通规则的良好习惯

在对幼儿进行交通安全教育时，可选用一些儿歌、故事和游戏以增加趣味性，也可请交警叔叔来园授课，进行模拟表演，还可利用网络资源（如中国儿童交通安全网等）。

（三）消防安全教育

火灾造成的危害触目惊心。新疆一剧院由于电器老化失火，当时正在演出和观看的学生一起向出口涌去，踩踏致死、浓烟呛死的占多数。由此可见，从以下几个方面对幼儿进行消防安全教育是十分必要的。

1. 懂得玩火的危险性

知道如果发生火灾，不仅会损坏财物，还会危及人的生命。

2. 掌握简单的自救技能

教育幼儿一旦发生火灾要马上逃离火灾现场，并及时告诉附近的成人或拨打火警电话119。当发生火灾、自己被烟雾包围时，要用防烟口罩或干、湿毛巾捂住口鼻，并立即趴在地上，在烟雾下面匍匐前进。

3. 可以进行火灾疏散演练

幼儿园可事先确定各班安全疏散的路线，让幼儿熟悉幼儿园的各个通道，以便在发生火灾时能在教师的指挥下统一行动，安全疏散，迅速离开火灾现场。教师可在幼儿了解火的用途和危害后，开展

防火自救演练，让幼儿学习拨打119，尝试简单的应急措施——用床单塞门缝，用湿毛巾捂住嘴巴和鼻子尽快逃离现场等。

4. 利用多媒体演示

通过多媒体让幼儿观看消防队员灭火的情景，向幼儿介绍火灾的形成原因、消防车的作用、灭火器的使用方法及使用时应注意的事项等。

（四）防触电、防溺水教育

1. 防触电教育

触电是日常生活中比较常见的意外伤害，应从以下三个方面对幼儿进行防触电教育。

（1）懂得不能随便玩电器，不拉电线，不用剪刀剪电线，不用小刀刻划电线，不将铁丝等插到电源插座里。

（2）一旦发生触电事故，懂得不能用手去拉触电的孩子，而应及时切断电源，或者用干燥的竹竿等不导电的东西挑开电线。

（3）不随意开启家中电器，特别是电熨斗、电取暖器等；不玩弄电线与插座；在遇到突然停电等情况时，不慌不乱、不到处跑。

2. 防溺水教育

溺水是在少年儿童意外死亡原因中所占比例最大的，有些孩子喜欢到河里洗澡，很容易发生溺水。幼儿园应对幼儿进行以下防溺水教育：

（1）不能私自到河边、井边玩耍；

（2）不能将脸闷入水中，做憋气游戏；

（3）不能私自到河里游泳；

（4）当同伴失足落水时，要呼救，并及时就近找成人来抢救。

（五）玩具安全教育

游戏是孩子的天性，玩具是孩子的最爱。幼儿在园的一日生活与活动中，几乎有一半时间是在和玩具打交道。因此，对幼儿进行玩具安全教育十分重要。幼儿玩不同的玩具，应有不同的安全要求。玩大型玩具滑梯时，要教育幼儿不要拥挤，前面的幼儿还没滑到底及离开时，千万不能往下滑；玩秋千架时，要注意坐稳，双手拉紧两边的秋千绳，其他幼儿要远离；玩转椅时，除了要坐稳，还要双手抓紧扶手。玩中型玩具，如棍时，不可用棍子去打其他幼儿的身体，特别是头部。玩小型玩具，如积木、串珠、玻璃球时，不能将它放入口、耳、鼻中，以免造成伤害。

（六）疾病自护教育

当感觉自己身体不舒服和有疾病症状时，如头痛、发热、咳嗽、肚子痛、鼻出血、牙出血、眼睛不适等，要及时告诉教师或家长。有病去医院诊治，要主动配合医生，打针吃药时不哭闹，不自己随便吃药。没病时，不乱吃药。

（七）防拐骗教育

要教育幼儿，当独自在家，有陌生人叫门时，不随便开门；不吃陌生人给的东西，不要陌生人的钱物，不听信陌生人的话，不跟陌生人走。教给他们有区别地对待陌生人和熟人的方法。不擅自离园出走，不单独外出，人多拥挤处要与大人携手同行。学会遇到坏人时呼救和求救的方法。

（八）生活安全教育

这一类的安全教育，必须家园配合同步进行，通过教育使幼儿达到以下要求。

第一，不随身携带锐利的器具，如小剪刀等。

第二，认识一些安全标志，特别是一些禁止性的、警示性的标志，知道看见这些标志该怎样做，如禁止攀登、禁止触摸、禁止通行、禁止烟火、注意安全、当心车辆、当心滑跌等标志。

第三，在运动和游戏时要有秩序，不拥挤推撞。在没有成人看护时，不能从高处往下跳或从低处往上蹦。推门时要推门框，不推玻璃，手不能放在门缝里。不要爬树、爬墙、爬窗台，不从楼梯扶手往下滑，以防摔伤。

第四，不独自玩烟花爆竹。不逗弄蛇、蜈蚣、蝎子、黄蜂、毛毛虫、狗等动物。乘车时不在车上来回走动，手和头不伸出窗外。

第五，上下楼梯要靠右边走，不推挤，打雷闪电时不站在大树底下等。

第六，防家庭暴力教育，新《规程》指出，"幼儿园应当结合幼儿年龄特点和接受能力开展反家庭暴力教育，发现幼儿遭受或者疑似遭受家庭暴力的，应当依法及时向公安机关报案"。

第三节　学前儿童安全教育的实施

一、学前儿童安全教育的方法

（一）游戏模拟法

游戏是学前儿童最基本的活动方式，是学前儿童最感兴趣的活动，也是最有效的教育方式，把安全教育融入学前儿童的游戏过程中，能够达到较好的教育效果。游戏化的活动能有效调动学前儿童的多种感官参与活动，极大限度地发挥其自主性，使其获得相关安全知识和技能。幼儿教师可以根据学前儿童的年龄转点，开展各种各样的游戏活动，如针对学前儿童对"警察叔叔"的崇拜心理，可以开展角色游戏"交通警察"，让学前儿童扮演他们所崇拜的"警察叔叔"，使其懂得横穿马路要走斑马线，走失时要找警察叔叔帮助，学会较熟练地说出父母的姓名、家庭住址、电话号码或用电话求救。通过此类游戏让学前儿童将所学的知识在游戏活动中反复练习，达到强化的目的，进而培养其安全意识和自我保护能力。

（二）主题活动法

主题活动是指一定的时间里，围绕一个安全教育中心内容组织的教育活动。它是以一个话题为中心进行延伸的活动，这个话题始终贯穿于主题活动的始终；每个小的活动构成一个小主题，几个小主题就构成最后的大主题，因此主题活动具有系统性、连续性、发展性、活动目标指向清晰等特点，更容易被学前儿童接受，学前儿童也会比较感兴趣。如围绕食品安全主题，可以开展讲食品安全故事、画食品危害、创编食品安全歌曲等活动；围绕"发生火灾怎么办？"的主题，通过观看录像、图片，使学前儿童初步感知火对人们的帮助和害处；通过模拟逃生的游戏，使学前儿童了解安全自救逃生的常识，增强自我保护能力，让学前儿童亲身体验安全自救的方法和技能，增强安全防护意识。

（三）情境体验法

情境体验法是教师有目的地引入或创设具有一定情绪色彩的、以形象为主体的生动具体的场景，以激发学前儿童对活动的兴趣，调动学前儿童的主动性、积极性，进而使其掌握知识和提升能力的一种方法。通过情境的创设，可让学前儿童亲身经历整个活动过程，增加体验，增强安全意识，提高自我保护能力。如教导幼儿遵守交通安全规则时，除了带幼儿去马路上体验交通规则，还可以邀请有经验的交通警察来幼儿园与幼儿一起活动，交警叔叔可以介绍自己的工作，做些交通手势，回答幼儿提出的问题，通过活动引导幼儿掌握交通安全规则的知识。

（四）动作练习法

动作练习法是学前儿童在教师指导下，反复地完成一定动作，借以形成技能、技巧或行为习惯的教育方法。这种方法要求教师在教给学前儿童某一方面动作技能时，必须给予适当的示范、讲解，教给学前儿童正确的方法，强化安全意识。学前儿童年龄较小，缺乏一定的生活经验，许多安全知识和自我保护技能仅靠讲解很难掌握，只有亲自实践，才能真正学会。如对于消防安全知识的掌握，就可以通过练习的方法来进行。例如，学前儿童在没有准备的情况下发现有浓烟，突然引起了紧张情绪，随后，在老师的带领下，有序地拿起小毛巾捂住口鼻，迅速弯下腰，由消防安全通道顺利逃生。这一活动让儿童真实地感受到了发生火灾时应保持镇静和快速逃生的重要性，让他们知道火警119在什么情况下拨打。并且，通过动作练习还使学前儿童掌握了自救自护的多种方法，以及时躲避来自外界对身体的威胁。

二、学前儿童安全教育的途径

（一）开展安全教育活动

《指南》指出："结合活动内容对幼儿进行安全教育，注重活动中培养幼儿的自我保护能力。"对学前儿童进行安全教育，具体可参考以下的展开方式。

首先，教师可在健康教育活动中结合教育内容和幼儿的年龄特点采用多种方式开展安全教育，在游戏的情景中再现一些生活中的安全常识，让幼儿去操作、尝试和感受，使其在模仿中学习，在情景中体验。其次，教师还可把安全教育渗透在语言、社会、艺术等领域的活动中。如绘本故事《翘鼻子噜噜》中讲的是小猪噜噜把小豆子、纽扣、糖纸团都塞进了自己鼻孔里，当它觉得自己喘不过气来时就用手去掏，可是手越掏，这些东西越往里钻，后来连鼻血都弄出来了，这才吓得大叫妈妈。妈妈赶紧带噜噜去动物医院，噜噜才脱离了危险。可以结合故事内容组织幼儿讨论：小猪噜噜那样做对吗？为什么小猪噜噜的呼吸变困难了？为什么它会流鼻血？怎样才能保护好我们的小鼻子？经过讨论，幼儿明白了鼻子的功能，也学会了保护鼻子的方法，而且知道如果一旦发生危险，应请大人帮忙或上医院请医生处理。通过活动的开展，把"安全"深深印在了幼儿的心里，帮助幼儿增强了自我保护意识。最后，教师可以开展丰富多彩的安全教育主题活动，通过组织一系列的安全活动，让幼儿学习安全知识和技能。

（二）渗透在一日生活活动中

安全教育作为幼儿园长期的教育内容，仅仅依靠专项活动是不够的，它需要与日常生活有机地结合和渗透。通过在日常生活中渗透安全知识，不仅可以避免一些意外伤害与不幸的发生，而且可以提高幼儿的安全意识，为幼儿安全行为能力的发展奠定基础。教师应通过日常的教育活动，有目的、有计划地对幼儿进行安全教育，抓住一日活动中的各个环节进行随机强化。如入园时，一些幼儿会有意或无意地携带一些物品，这其中便包括一些容易对自己或者他人身体造成危害的物品，如小刀、玻璃球、弹珠、小粒积木等，教师一定要在入园环节认真检查。与此同时，还要在这一环节对幼儿进行安全教育，告知他们携带的这些危险物品有可能对自己或者他人造成的危害。进餐环节，教师可以对幼儿进行饮食卫生的安全教育，引导幼儿吃健康食物，避免食物中毒。幼儿在如厕时会与其他幼儿打闹，这也很容易出现危险，教师可在幼儿如厕的环节认真讲解，耐心引导，巧妙地将安全教育融入其中。总之，一日生活活动环节众多，幼儿教师要把握恰当时机，找准切入点，面向幼儿进行安全教育。

（三）创设安全的生活环境

环境的安全与否和事故的发生有着密切的联系，幼儿每天的大部分时间是在幼儿园里生活和学习，创设安全的环境有利于减少事故的发生。一方面，可以将安全教育与幼儿的日常生活环境相结合，如在楼梯转弯处及楼梯口张贴幼儿画的安全标志，在动手的过程中强化了对这些安全标志的记忆；在大型玩具上贴上正确使用的标示图，引导幼儿在玩耍中不出现错误、危险的动作；雨雪天气在户外楼梯铺上地毯，以免滑倒；各个班级内电源开关或者插座都装在离地面较高处并装上防电盖，使幼儿不易碰到。通过环境直观形象的教育，让幼儿明白什么是安全的，什么是危险的。

另一方面，教师全面辨识安全因素，并针对危险因素制定措施，如在区角内增添标志，让幼儿一目了然，按标志排队去厕所，不推搡、不打闹；在盥洗室洗手、喝水按照步骤才会不拥挤、不被烫伤等，教师应排除每一个不安全因素，减少事故隐患，使幼儿在一个安全、健康的环境中生活、学习。另外，可以调动幼儿参与安全环境创设的主动性与积极性，让其利用已有的知识经验，通过观察、闻听、询问等方式获取信息和材料。在集体讨论确定环境创设的内容后，教师与幼儿一起准备素材，并最终完成所设计的项目和内容。

（四）家庭、幼儿园、社区合作

《纲要》指出，幼儿园应与家庭、社区密切合作，与小学相互衔接，综合利用各种教育资源，共同为幼儿的发展创造良好的条件。保障幼儿的安全是幼儿园、家长和社区的共同任务，幼儿园的重视、与家长的沟通、社区资源的共享等都是幼儿园安全教育顺利进行的前提。家庭、社区有着丰富的安全教育资源，但家庭、社区也存在着大量的安全隐患，教师除了在健康教育活动中用形象的语言、有效的方法耐心地引导幼儿明白究竟该怎么做才是安全的，使他们真正理解自我保护的方法，提高自我保护意识外，还要争取家庭、社区的配合和支持，以形成教育合力，有效地对幼儿进行安全教育。如通过开放日、家长会、专题讲座等形式向家长宣传一些"安全""自救"的知识，介绍培养幼儿自我保护能力的内容和方法，引导家长积极参与，共同进行安全教育。还可以定期邀请交通大队、消防队、派出所等的工作人员到幼儿园与幼儿互动，讲解安全知识，以提高幼儿的安全意识和自我保护能力。

三、实施学前儿童安全教育应该注意的问题

（一）注重教育的经常性

常常听到家长抱怨："这孩子一点儿记性也没有，不让他爬高，会摔的，就是记不住，这不，摔了吧！"其实这不能完全怪孩子。幼儿的记忆力和理解力还处于发展阶段，他们对任何事情都是记得快，忘得也快，因此要经常、及时地提醒他们注意安全。这就意味着学前儿童的安全教育有必要经常进行。学前儿童的年龄特点决定了其自我保护意识差，每次活动前、放假前的安全教育都是必不可少的。因此，幼儿园安全教育是一个长期、连续的过程，教师应结合幼儿在活动中出现的问题，适时、及时地提醒幼儿，给予必要的、合理的安全教育。只有在幼儿原有经验的基础上，巩固已有的安全知识、强化随时出现的安全行为，才能让安全意识逐步在幼儿心里扎根，让安全行为渐渐成为幼儿的习惯。

儿童受伤种类一般有：骨折、挫折伤、擦伤、扭伤等，而事故发生最频繁的地方就是户外活动场地、游戏设施等处，如滑梯、秋千、攀登架等。针对这些场地设施的特点及易发生事故的情况，应教会儿童正确的玩法，在恰当的时候给儿童以适当的安全提醒，让儿童既能在充满"危险"的游戏中得到锻炼，又能确保儿童的安全。

教师的某些经常性的安全提醒，可以转化为班级常规，进而转化为幼儿的自护能力，达成安全自护教育。良好的班级常规能减少事故的发生，避免幼儿用武力解决同伴间的矛盾而出现安全事故，也可减少同伴间因拥挤、互相打闹而出现的安全事故。因此，教师应根据本班实际情况，从幼儿生活中的行为入手，引导幼儿讨论应该怎样做、不可以怎样做，制定不同年龄阶段的行为规则，帮助幼儿树立规则意识，使一日活动各环节井然有序、活泼而不混乱。大班幼儿可在教师引导下自己制定规则，并可自画规则标记张贴在教室里，中、小班幼儿可由教师带着共同制定规则。

（二）生活中随机渗透

儿童生活中和周围环境中的安全隐患无处不在，所以对儿童的安全教育应当随时随地随机地进

行。《规程》指出："幼儿园应当把安全教育融入一日生活，并定期组织开展多种形式的安全教育和事故预防演练。"在日常生活中，这种教育并不声势浩大，幼儿教师可以信手拈来，但它却很有必要且效果显著，对于儿童是一种细雨润物式的影响。在随机的安全教育中，让儿童了解安全，懂得安全，从而在最大范围内保障儿童的安全。例如，打雷时，教师就可以一边让幼儿听雷声、看闪电，一边向幼儿介绍打雷时的安全知识；幼儿玩沙时，一个幼儿不小心迷了眼，教师可趁机有意识地进行教育，让他们认识沙子的作用，教给他们正确的玩法和应注意的事项，以避免其他幼儿再发生类似的状况。再如，喝开水时发现有一幼儿把杯子里的热开水拿去水龙头下冲冷水兑着喝，就可以及时结合保健自助常识活动"喝生水会生病"，告诉幼儿喝生水的危害性。

在日常生活中，应该让幼儿掌握一些基本的生活技巧，学会避开或应对危险的技巧和方法，把良好的生活习惯与自我保护教育紧密结合起来，这是幼儿园安全工作的重中之重。幼儿园的孩子年龄比较小，自我防护的意识比较差，所以在幼儿盥洗、午睡、进餐等一些细小的环节，教师都要将要求细化，让幼儿能从教师简单易懂的要求中理解安全的重要性。可以利用幼儿爱听的故事，就幼儿在日常生活中可能会遇到的安全问题对幼儿进行教育，如"不会吃鱼的小花猫""小椅子的朋友""安静的小猫"等。

环境创设是幼儿园最直观的教育方法。用有趣的图片、漫画、标志符号、照片等布置安全宣传栏或墙饰，让幼儿在环境的潜移默化中熏陶、感受安全教育。例如：在上下楼梯、电源、插座、柜子、水壶等旁边张贴一些自制的安全标记对幼儿进行提醒；还可以在墙面上贴上"过街要走人行道""知道红绿灯和交通标志""不能玩火，不能玩电""不从高处往下跳，不爬窗户""不跟陌生人走，陌生人敲门我不开""遇到火警、生病和坏人应该打什么电话""上下楼梯要靠旁边走"等的图片，定期更换；还可以利用大量的废物和玩具、资料，创设"警察岗亭""公共汽车""救护中心""消防大队"等区域、角落，让幼儿在角色游戏中模拟扮演，从中学习交通安全规则、火灾或生急病时的报警电话和抢救方法。

（三）贯彻身心兼顾原则

2021年通过的《中华人民共和国家庭教育促进法》第十六条中规定："关注未成年人心理健康，教导其珍爱生命，对其进行交通出行、健康上网和防欺凌、防溺水、防诈骗、防拐卖、防性侵等方面的安全知识教育，帮助其掌握安全知识和技能，增强其自我保护的意识和能力。"身心兼顾原则是指安全教育在关注学前儿童身体安全的同时，还要注意到学前儿童心理上的安全，使学前儿童达到身心安全和谐。

在日常生活和教育中，教师和家长往往比较注重学前儿童的身体安全，却较少考虑他们的心理安全。在对学前儿童进行安全教育时，教育内容和教育方法往往较少考虑甚至忽略儿童的心理因素，这样会对学前儿童的心理带来伤害。例如：教师为了防止学前儿童去做危险的事，往往会列举一些学前儿童在意外事故中伤亡的极端事例，目的是提高学前儿童对危险的警觉性；但这样做却容易造成学前儿童的恐惧心理和不安全心理，当儿童真的遇到类似的事件时，他们就会惊慌失措，不懂得如何应变。再如，在防拐骗教育中应当让儿童意识到有坏人，要防备坏人，但不要使其对所有的陌生人都持怀疑态度，过分戒备的心理不利于儿童身心健康的成长。儿童对于成人的言行十分敏感，他们会因为成人的担忧焦虑而产生不安全感，因此幼儿园教师要注意给孩子以情绪情感上的安全经验。

总之，在保障学前儿童身体安全的同时，也要照顾到学前儿童心理上的安全。为做到这一点，教师和家长在开展安全教育时，要注意教育活动的强度和密度的适当性。强度主要就是对危险因素的严重性的强调程度。强度太高，就会使学前儿童产生恐惧感和紧张感。密度是指一定时期内进行安全教育的次数，密度过大易使学前儿童产生厌烦和逆反情绪，削弱教育效果。

（四）让学前儿童有实践操作的机会

实践性原则是指通过实践活动，让学前儿童掌握有关安全的知识，提高安全自护的能力，以形

成良好的安全行为习惯。教师在组织安全教育活动时，不仅仅要关注儿童对知识的掌握，更要使活动的内容和形式活泼多样，对学前儿童有吸引力，还要使活动具有一定的可操作性，给学前儿童创造亲身体验的机会。只有这样，才能调动学前儿童学习的积极性和主动性。如，开展"注意饮食卫生"主题活动，通过讨论"路边的小吃能吃吗？""三无食品能吃吗？"告诉儿童不吃路边的小吃，不吃"三无食品"，使其懂得要吃清洁的食物，饭前便后要洗手等卫生习惯知识，让儿童初步感知饮食卫生的重要性，增强自我保护意识；再如，开展"发生火灾怎么办？"主题活动，通过观看录像、图片，使儿童初步感知火对人们的帮助和害处，通过模拟逃生的游戏，使儿童了解安全自救逃生的常识，学习保护自己。还可以开展"保护自己办法多""小小安全员"等类似主题活动，增强儿童自我保护能力，让其亲身体验安全自救的方法和技能，增强安全防护意识。

安全教育活动的目的是要使学前儿童以具体的行动把所学的知识运用到实践中去，没有实践，教学便会变得毫无意义。只有让学前儿童在实践活动中动手做，才能真正地获得自我保护的能力。例如，像剪刀、小刀、针等，是日常生活中经常使用到的物品，不可能永远远离学前儿童的生活和视线。如果我们只讲它们的危险性，或藏起来，不让学前儿童动手操作，一方面更加会激发学前儿童的好奇心，另一方面，一旦学前儿童碰到了它，危险性会更大。因此，对于这样虽然具有一定的危险性，但是生活中经常使用的工具，我们要教给儿童正确的使用方式，比如在成人的监督下学习使用剪刀剪纸、用小刀削苹果，并告诉他们使用剪刀和小刀时要集中注意力等。唯有如此，才是最安全的做法。

（五）注重学前儿童自护能力的培养和提高

自护能力的培养和提高是学前儿童安全教育活动的核心。《幼儿园保育教育质量评估指南》中也规定：幼儿园切实把安全教育融入幼儿一日生活，帮助幼儿学习判断环境、设施设备和玩具材料可能出现的安全风险，增强安全防范意识，提高自我保护能力。幼儿园重视安全教育不仅仅是采取各种措施保护学前儿童的安全，还要传授给学前儿童一些有关安全的知识和技能，更重要的是通过安全教育提高学前儿童自护能力。因此，在组织安全教育活动时，既要高度重视和满足学前儿童受保护、受教育的需要，又要尊重和满足他们不断增长的独立要求，避免过度保护和包办代替，鼓励并指导学前儿童自理、自立的要求，使得学前儿童在离开成人羽翼的情况下能自己照顾自己、自己保护自己。

可以利用儿童感兴趣的游戏等活动培养儿童的自我保护意识和能力。游戏是儿童最喜欢的活动，也是最有效的教育方式，充分利用游戏活动，可以让儿童在轻松、愉快的气氛中提高自我保护能力。如，在情景表演游戏"你知道怎么办吗？"中创设一些情景："你一个人在家，有个陌生人敲门怎么办？""夏天很热，容易中暑，你知道怎么办吗？""发现厨房有煤气的味道怎么办？""如果你的手划破了怎么办？"……引导儿童设想出各种各样自救自护的方法并进行演习。同时组织儿童讨论哪种方法更好，让其懂得采用最有效的自我保护措施，培养儿童临危不惧、机智勇敢的品质，提高儿童自我保护的能力。

四、幼儿园安全教育活动案例

案例

大班健康活动：小小安全员

活动目标

1. 认识火警、易燃物品等标志。

2. 学习在生活中预防火灾发生的简单技能。

3. 了解火灾给我们的生活带来的危害。

活动准备

1. 拼图图片三张，易燃物品标志、火警标志、严禁烟火标志各一。

2. 小小安全员标志，人手一个。

3. 表现发生火灾时正确或错误做法的图片若干。

活动过程

一、读新闻引出课题

教师先给小朋友读一则新闻，之后提问：

1. 新闻中说了一件什么事？

2. 火灾给人们带来了哪些灾难？

3. 怎么会引发火灾的呢？

二、认识易燃物和火种

1. 教师：当易燃物遇到火种时容易引发火灾，那你们知道什么是易燃物吗？

2. 请小朋友找找看我们的活动室里有哪些易燃物？

3. 让幼儿认识易燃物标志（易燃物中间有一团火，表示火种）。

4. 教师：你们知道哪些东西是火种？

小结：火是个神奇的东西，有时它会给我们带来光明和温暖，有时也会给我们的生活带来灾难。

三、讨论如何预防火灾

教师提问：认识了易燃物和火种，那我们平时生活中应该怎样预防火灾？

先请幼儿相互之间讨论，然后请个别幼儿讲。

四、竞聘小小安全员

1. 举办全园知识竞赛，竞赛内容包括：看图片辨正误；抢答题；合作拼图，拼完后每组派一名代表上来讲述所拼内容。

2. 录取小小安全员，让小小安全员戴标志、宣誓。

3. 小小安全员去行动。

活动评析

防火是幼儿园安全教育的重要内容。活动中先采用新闻播报的方式导入，激发幼儿参与活动的兴趣，再联系幼儿自己周围生活中常见的事物帮助其分辨易燃物，并在此过程中认识火种。随后，教师与幼儿讨论如何预防火灾，完成本次活动的重难点。在小小安全员的竞聘活动中巩固了幼儿的认知，并将活动氛围推向高潮，从而达成了本次活动的目标。

案例

小班健康活动：红绿灯眨眼睛

活动目标

1. 知道汽车、行人在马路上要遵守交通规则，听从红绿灯的指挥。

2. 能较灵敏地根据信号做动作。

3. 体验模仿游戏的快乐。

活动准备

玩具小汽车，拟人化的红灯、绿灯、黄灯各一个，课件。

活动过程

一、导入

教师：今天，老师给小朋友带来了几张好看的图片，想不想看？（想）

二、播放图片（红灯、绿灯）供幼儿观察并提问

1. 看到了什么？（幼儿自由回答）

2. 在哪里见过红绿灯？（幼儿自由回答）

三、播放图片（等红灯），幼儿继续观察图片

教师：红灯亮了停一停。

四、播放图片（绿灯亮行人走），幼儿观察

教师小结：红绿灯是指挥交通的，告诉我们红灯亮了停，绿灯亮了行，是让我们遵守交通规则；如果没有红绿灯，汽车通过十字路口时就很乱，容易发生危险，我们按交通规则行走才会安全。（引出自制红、绿、黄灯教具）

教师：老师这里也有红、绿、黄灯，小朋友想不想看？（想）

五、出示自制教具，找个别幼儿说出红绿灯的作用

教师：我还有一盏黄灯呢，谁知道黄灯是告诉我们什么呀？

教师引导幼儿说出黄灯的作用。

六、做小游戏"开汽车"

找个别幼儿模仿"开车"，教师分别出示红、绿、黄灯。（分组进行）

引出玩具小汽车，教师唱出：小汽车呀，真漂亮，真呀真漂亮，嘟嘟……

教师：是谁在唱歌？（假装找一找）

七、出示玩具小汽车、十字路口背景图

教师：嘀嘀，嘀嘀，什么声音啊？我来找一找。

1. 教师边演示边表演（出示玩具小汽车）。

有辆小汽车刚从汽车制造厂里出来，对一切都觉得奇怪。它看到马路上、大街上这么热闹，开心得"嘀嘀"直叫。它一会儿开到东，一会儿开到西，可自由了！忽然，它看到大街上有样东西总是不停地眨眼睛，觉得非常奇怪。你们能告诉小汽车这是什么吗？

2. 提问个别幼儿。

红灯眨眼睛是告诉我们什么？绿灯眨眼睛又是告诉我们什么呢？如果没有红绿灯会怎么样？小汽车不认识红绿灯，这样在马路上开行不行啊？

八、做游戏：红绿灯听口令

请幼儿做开车状，教师交替出示"红灯""绿灯""行人"的信号牌，幼儿据此做出相应的动作。

九、小结

教师：小汽车开了一天，它累了要回家了。小朋友们，我们开车也累了，我们也休息一会儿吧？（好）

活动延伸

和家长过马路时注意观察红绿灯。

活动评析

红绿灯是生活中常见的事物，认识红绿灯、学习遵守交通规则是幼儿园安全教育的重要内容之一。在活动过程中，前半部分教师采用出示图片，再配合语言讲解，使幼儿认识红绿灯代表的含义，并知道在马路上要遵守交通规则。活动过程的后期，教师采用游戏的方式带领幼儿操作、练习，比较符合小班幼儿的年龄特点和学习规律，并最大限度地激发了幼儿参与活动的兴趣。

大班健康活动：电梯里的大熊

活动目标

1. 了解一些遇到陌生人时自我保护的知识。

2. 学习在独处情况下遇到陌生人时应该具有的警惕性行为。

3. 感受自我保护的重要性。

活动准备

故事《电梯里有只大熊》动画片、PPT课件、随机图片（内容如一个人在家、遇到过分热心的人等）若干。

活动过程

一、引入

教师提问：如果你一个人在家的时候遇到了陌生人，怎么办？（幼儿都知道要警惕、不给陌生人开门等，给幼儿心理上做好铺垫）

教师根据幼儿的讲述，引申出：如果你和陌生人是在外面（如走廊上、草地上、公园里、电梯里等）遇到的，而你又是一个人，那会有什么危险？你会怎么办？（出现问题情境）

二、欣赏与理解故事"电梯里有只大熊"

1. 导语：有一只红袋鼠，他一个人乘坐电梯时，在电梯里碰到了一个陌生人，他会怎么办呢？

2. 欣赏动画片。

3. 理解故事。

（1）红袋鼠碰到了谁？（一只大熊，有着尖尖的牙齿和锋利的爪子）

（2）红袋鼠心里是怎么想的？（害怕大熊会绑架自己，或是吃掉自己，或是拐卖自己）

（3）他是怎么做的？（想办法救自己：让电梯每层都停下来，如果看到人就大声呼救）

（4）假如你也在场，你还有没有别的方法？（将问题从动画片抛向幼儿自己）

（5）熊奶奶对红袋鼠说什么？（肯定自救的积极行为）

（6）看了这个故事，你懂得了什么？

三、观看PPT课件、讨论

1. 出示几种场合：一人在家、陌生人给你吃东西等，请幼儿讨论应该怎么办？将一些正确、合理的方法用简单的动画表示出来。

2. 分组讨论：请幼儿自由结伴，自选一种场景，将合适的做法画下来。

3. 相互交流发现：展示各组的画，相互介绍。

活动延伸

1. 两人结伴阅读故事《电梯里有只大熊》，回忆并讨论，说说红袋鼠还可以怎么做？如果你也在电梯里，你会怎么办？

2. 故事表演：幼儿自己分配故事的角色，开展《电梯里有只大熊》的故事表演活动。鼓励幼儿进行创编，增加一些故事情境，或是将故事的场景、情节进行改编，从中获得相应的自救知识。

活动评析

幼儿心思单纯、美好，但是对陌生人警惕性差。针对幼儿的这一现象，教师以故事"电梯里有只大熊"为主线，带领幼儿在听故事中学习独处情况下遇到陌生人时应该具有的警惕性行为，然后假设"一个人在家，陌生人给你吃东西"这些会发生的生活情景，组织幼儿讨论解决办法，从而完成活动目标。整个过程中，生活与故事相互结合、相互交替，教师将问题抛给幼儿，幼儿在讨论中、故事中、生活情境中了解自我保护的知识，学习自我保护的能力。

案例

中班健康活动：不乱吃东西

活动目标

1. 懂得随便乱吃东西的危害性。

2. 学习应对安全事件的能力，丰富想象力。

3. 乐于探索和交流，深化自我保护的意识。

活动准备

1. 真实案例"卡在喉咙里的五角星"；课件"进餐时""肚子为什么疼"；情景表演"好吃的鱼"。

2. 图片：老鼠、苍蝇叮咬过的食物；过期的食物；腐烂变质的食物；假冒、劣质的食物；没洗干净的食物。

3. 每组一小筐（内有图片，例如：幼儿一边走一边喝水；吃饭时在说笑；吃大量的雪糕；把铅笔放入口中等）。

活动过程

一、介绍真实案例"卡在喉咙里的五角星"（用讲故事的形式即可，可以告诉幼儿这是一个真实的故事）

这是一个真实的故事。一天，5岁的龙龙突然咳嗽不停，而且有时喘不过气来，晚上也睡不好觉。爸爸妈妈赶快带他到医院去检查，结果做了很多的检查才判断是得了重感冒。龙龙住院治疗了一周，病情有所好转，便回家了，可是回到家后，龙龙又咳嗽不停，整天晚上睡不着觉，躺不下，又坐不下，可难受了。爸爸妈妈非常担心。最后一位有经验的老医生检查发现龙龙的喉咙侧面有一个大大的铁制五角星。医生说这个五角星卡住的地方，一般的检查很难发现，幸亏爸爸妈妈及时来到了这里，要不会有生命危险的。经过医生的精心治疗，龙龙的病终于好了。医生告诉龙龙："以后，一定不能把危险的东西放入口中。"

讲述完后提问：

（1）龙龙的身体怎么了？

（2）医生从他喉咙里取出了什么？为什么会这样？

（3）医生对龙龙说了什么？

（4）你还知道哪些东西特别危险，不能放入口中？

教师小结：希望所有的小朋友一定要记住这个教训，千万不能随便往嘴里放东西。

二、观看课件，引导幼儿讨论

1. 观看课件"进餐时"：幼儿在吃饭时，有的在说笑，有的在扔饭，有的嘴里含着饭在玩玩具、跑闹。

观看后讨论：小朋友这样做，对吗？为什么？

教师小结：人在吃饭时，饭宝宝都要经过咽部、食管，再到胃，如果吃饭时说话、打闹，饭宝宝就会走错路，也就容易呛伤，严重的时候饭会卡在气管里，我们会因为喘不上气来而死亡。所以小朋友吃饭喝水时，一定要安静，不能说笑、打闹。

2. 观看课件"肚子为什么疼"：一天，妈妈从幼儿园接冬冬回家，冬冬非要妈妈给他买烤肠吃，妈妈只好买了两根，冬冬马上吃了。冬冬回到家，看见篮子里盛着许多草莓，抓起来就吃，妈妈说："冬冬，等洗干净了再吃。""我不怕脏。"冬冬吃了很多。夜里，不知为什么冬冬的肚子疼得不得了。

观看后讨论：小朋友，冬冬的肚子为什么会疼？说一说，你是怎样做的？

三、观看图片

1. 老鼠、苍蝇叮咬过的食物。

2. 过期的食物。

3. 腐烂变质的食物。

4. 假冒、劣质的食物。

5. 没洗干净的食物。

提问：这些东西你吃过吗？说一说，这些东西为什么不能吃？

教师小结：大街上烧烤的东西特别不卫生，而且吃了容易致癌。吃水果之前一定要洗干净。买的食物一定要有质量安全标志，要买保质期内的食物。腐烂变质的，老鼠、苍蝇叮咬过的，假冒、劣质的食物不能吃，否则会食物中毒的。

四、观看情景表演"好吃的鱼"

今天是星期天，明明的妈妈买来了一条大鲤鱼，做了一道好吃的葱油鲤鱼。明明闻着香香的味道赶忙吃了起来，妈妈说："明明，别着急，把鱼刺弄干净了再吃。"但明明可着急了，突然，鱼刺卡在喉咙里，明明难受得哭了起来。妈妈一边安慰明明，一边带他到医院，医生阿姨帮他把鱼刺取出来了。

提问：

（1）鱼刺卡在喉咙里该怎么办？

（2）明明应该怎样吃鱼？

教师小结：小朋友吃鱼时，一定要仔细把鱼刺弄干净再吃，一旦鱼刺卡住了，小朋友也不要哭，因为越哭，鱼刺就陷得越深，应赶快告诉妈妈或老师，带你到医院去治疗。

五、做游戏：判断对错

1. 上幼儿园时，没有生病的小红非要妈妈帮她带药到幼儿园。

教师小结：不生病时，不能随便吃药，否则也会对身体造成伤害。而且爸爸、妈妈的药更不能吃，有可能造成中毒，后果非常严重。

2. 邻居的小哥哥给了小妹妹一个很小的果冻吃。

教师小结：小朋友听过有很多小孩由于果冻卡在喉咙里喘不过气来而死亡的事情吗？我们小朋友应该尽量不吃果冻，即使要吃，一定要用小勺弄碎了再吃。特别是小的孩子一定不要吃果冻。

3. 夏天来了，天气太热，小朋友喝了饮料，又吃雪糕。

教师小结：夏天天气虽然很热，但也尽量少吃雪糕，因为雪糕太凉容易让胃宝宝难受的。

4. 小朋友拿了一个玻璃球放在嘴里玩。

教师小结：玻璃球是危险物品，千万不要放在嘴里玩，容易出危险。

六、操作活动

1. 请幼儿把小筐里认为做得不正确的图片挑出来，并说一说为什么。例如：小朋友一边走一边喝水，容易呛到。

2. 教师巡回观察幼儿，引导幼儿互相讨论。

活动延伸

请家长配合，监督幼儿少吃冷饮、果冻，不往嘴里乱放小东西。

活动评析

在生活中，幼儿喜欢拿着东西往嘴里放，被一些小东西卡住的现象时有发生，让幼儿认识到随便乱吃东西的危害是十分必要的。在活动过程中，以故事的形式呈现了生活中的真实案例，激发了幼儿参与活动的兴趣。接着再利用课件呈现幼儿在吃饭中的一些表现，引导幼儿讨论并明白随便乱吃东西的危害。然后教师组织幼儿在情景表演和游戏中，将刚刚明白的道理落实在行为上，完成知、情、行的三维目标，效果很不错。

▶▶ 思考与练习

一、单项选择题

1. 幼儿园工作的首位是（　　　）。
   A. 保护幼儿的生命和促进幼儿的健康　　　　B. 幼儿知识的积累
   C. 幼儿能力的培养　　　　　　　　　　　　D. 幼儿习惯的养成

2. 下列表述中不是学前儿童发生意外事故原因的是（　　　）。
   A. 儿童神经系统和运动系统发育不完善，平衡功能差
   B. 儿童缺乏生活经验，安全意识淡薄
   C. 成人安全意识不强，安全措施落实不力
   D. 周围环境中的潜在危险因素没有被彻底消除

3. 实验表明，平均只需花35秒，一个陌生人就可以将孩子引诱出公园。这说明（　　　）。
   A. 家长没有尽到保护幼儿的责任　　　　　　B. 幼儿的安全意识淡薄
   C. 幼儿的自护能力太弱　　　　　　　　　　D. 社会上的坏人太多

4. 下列表述不是学前儿童安全教育目标的是（　　　）。
   A. 激发学前儿童安全自护的意识　　　　　　B. 引导学前儿童掌握必要的安全常识
   C. 加强成人对学前儿童的保护　　　　　　　D. 培养学前儿童良好的安全自护行为习惯

5. 初步养成随气温变化增减衣服的习惯是（　　　）的安全教育目标。
   A. 小班　　　　　　B. 中班　　　　　　C. 大班　　　　　　D. 中、大班

6. 学前儿童安全教育中的经常性原则是由（　　　）决定的。
   A. 安全教育的常识　　　　　　　　　　　　B. 幼儿教育专家
   C. 幼儿园教育目的　　　　　　　　　　　　D. 学前儿童的年龄特点

7. 幼儿园的安全教育从（　　　）开始。
   A. 小班　　　　　　B. 中班　　　　　　C. 大班　　　　　　D. 中大班

8. 关注学前儿童身体安全的同时，还要注意到学前儿童心理上的安全，使学前儿童达到身心安全和谐。这是安全自护教育应遵守的原则中的（　　　）。
   A. 身心兼顾原则　　　　　　　　　　　　　B. 正面教育原则
   C. 实践性原则　　　　　　　　　　　　　　D. 易接受性原则

9. 为保障学前儿童的身心安全，要做到（　　　）。
   A. 注意安全教育活动的强度和密度的适当性　　B. 只注意安全教育活动的密度
   C. 安全教育活动越多越好　　　　　　　　　D. 对危险因素要严格强调

10. 安全自护教育活动的核心是（　　　）。
    A. 传授安全知识　　　　　　　　　　　　　B. 让幼儿懂得自我保护的重要性
    C. 自护能力的培养和提高　　　　　　　　　D. 尽量减少不安全因素

二、简答题

1. 学前儿童安全教育的总目标是什么？
2. 学前儿童安全教育的内容包括哪些？
3. 组织学前儿童安全教育活动应该注意哪些问题？

三、实践实训题

1. 见实习时，调研幼儿园的安全教育措施及其效果。
2. 在日常生活中，观察家长保护孩子身心安全方面的具体做法，并将其记录下来。
3. 设计一个幼儿园安全教育活动，年龄班不限。

聚焦考证

一、单项选择题

1. 幼儿鼻中隔为易出血区，该处出血后正确的处理方法是（   ）。（2014年下半年幼儿园教师资格考试《综合素质》真题）

    A. 鼻根部涂紫药水然后安静休息   B. 让幼儿略低头冷敷前额、鼻部

    C. 止血后半小时内不剧烈运动   D. 让幼儿仰卧休息

2. 教师对幼儿说"不准乱跑，不准插嘴，不准争吵……"这样的话语，所违背的教育原则是（   ）。（2017下半年幼儿园教师资格考试《保教知识与能力》真题）

    A. 正面教育   B. 保教结合

    C. 因材施教   D. 动静交替

3. 周老师在活动课中趁孩子自主游戏的时候，拿出手机看微信，并给有些孩子看手机上漂亮的图片和有趣的小视频。周老师的做法（   ）。（2017年下半年幼儿园教师资格考试《综合素质》真题）

    A. 不正确，不利于公平地对待幼儿   B. 不正确，不利于保护幼儿的安全

    C. 正确，有助于拓宽幼儿的知识面   D. 正确，有助于建立和谐的师幼关系

二、活动设计题（2017年下半年幼儿园教师资格考试《保教知识与能力》真题）

围绕"有用的工具"为大班幼儿设计主题活动，应包含三个子活动。

要求：（1）写出主题活动的总目标。

      （2）写出一个子活动的具体活动方案，包括活动的名称、目标、准备和主要环节。

      （3）写出另外两个子活动的名称、目标。

第九章
学前儿童健康教育的评价

学习目标

1. 了解学前儿童健康教育评价的含义与意义。
2. 掌握学前儿童健康教育评价的原则与方法。
3. 初步学习制定学前儿童健康教育评价的指标，能够组织与实施学前儿童健康教育评价。
4. 树立公平公正的学前儿童健康教育评价观。

内容导航

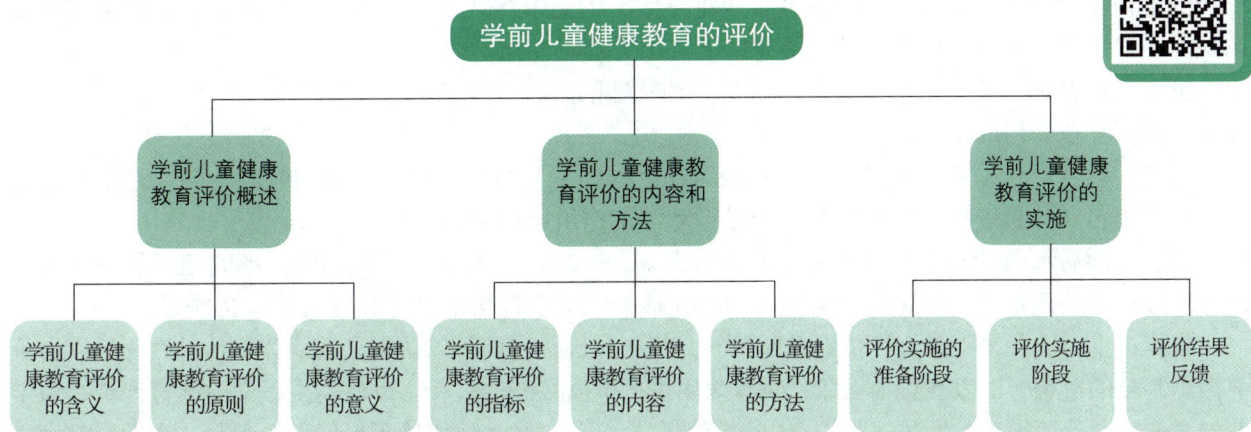

案例思考

卡 通 的 马

一次幼儿园的公开课在某高校的大礼堂进行，一位新教师在组织音乐活动"卡通的歌"中，在后半段的创编环节，前几处都是让孩子创编，但在最后一处"卡通的马"中，教师先做示范，再让孩子跟着做。听课者一致认为这样限制了幼儿的思维。在评课时，一位高校教授在提出批评之前，问那位教师，为什么要做示范。教师解释说，以前在班中试教时，在到"卡通的马"处很多幼儿会在地上爬，有的孩子不小心就撞到桌子和椅子。这是他第一次在舞台上组织活动，因此位置没有安排好，离舞台口很近。他担心孩子在舞台上爬时会掉下去。听了教师的解释，与会的专家经过讨论一致认为，在这种情况下幼儿的安全是第一位的。

思考：案例中，教师的顾虑有道理吗？在幼儿教育中，应该如何评价教师的教育行为？具体方法有哪些？

《幼儿园教师专业标准（试行）》中规定，幼儿教师要"了解教育评价的理论与技术，学会通过评价改进活动与促进幼儿发展"。学前儿童健康教育评价是学前儿童健康教育实施过程中不可缺少的环节，其主要目的在于建立一种积极反馈信息的途径，从而形成有效调节和优化学前儿童健康教育过程的机制。

第一节　学前儿童健康教育评价概述

一、学前儿童健康教育评价的含义

（一）教育评价和学前教育评价

教育评价是1929年由美国教育家泰勒（R. Tyler）首次提出的概念，他认为教育评价可以为实现理想的教育目标起到促进和推动作用。但是由于人们看待问题的角度、方法不同，更由于教育评价在理论和实践上都处于探索和研究阶段，对教育评价至今还没有形成一个确切的、严谨的、被一致接受的科学定义。目前，界定教育评价的有代表性的提法有以下五个：第一，教育评价是以教育为对象，对其效用做基于价值的判断；第二，教育评价是利用所有可行的评价技术评价教育所预期的一切效果；第三，教育评价是对照教育目标，对由于教育行为而产生的变化所进行的价值判断；第四，教育评价是人们按照一定社会的教育性质、教育方针和教育政策所确立的教育目标，对所实施的各种教育活动的效果以及儿童发展水平进行的科学的判定；第五，教育评价是系统地、有步骤地从数量上测量或从性质上描述儿童的学习过程和结果，据此判定教育是否达到所预期的教育目标的一种手段。

尽管现在对如何界定教育评价还处在争论之中，但是上述代表性观点却有着关于教育评价的一致认识。一般来讲，人们公认教育评价具有以下三个方面的特点。

第一，教育评价是一个活动过程。它是一种特殊的、连续性的活动，其中包含着一系列的步骤和方法，而不是单一性的活动。

第二，教育评价是有目的的、有计划的活动过程。它与日常生活中的价值判断不同，是由确定目标、搜集资料、分析资料、形成判断、指导行动等工作组成的活动。

第三，教育评价活动中的评价者和被评价者是统一的。在教育评价活动中，不能把评价者和被评价者看成孤立的两部分，使之相互对立，而是应该使二者在评价活动中相互合作、协同工作。

根据以上对有代表性教育评价观点所做的介绍和分析，我们可以认为，教育评价是对教育的社会价值做出判断的过程，即以教育为对象，对其效用进行价值判断的过程。以此类推，学前教育评价是对学前教育的社会价值做出判断的过程。它以学前教育为对象，对其效用给予价值上的判断。在学前教育工作中，我们经常会碰到这样的问题：幼儿在各个方面的发展水平是否达到了教育目标的要求？幼儿园教师素质的高低和教学效果如何？所有的这些问题，正是学前教育评价所要研究和解决的问题。

（二）学前儿童健康教育评价

学前儿童健康教育评价是依据一定的标准和程序，对学前儿童健康教育进行价值判断的过程。它是科学制定学前儿童健康教育计划的基础和依据。通过评价活动能够了解学前儿童健康水平和状况，把握学前儿童健康教育的客观现状，准确发现存在的问题，及早采取干预措施，改善学前儿童的健康水平，促进学前儿童健康发展。

二、学前儿童健康教育评价的原则

（一）方向性原则

学前儿童健康教育评价，实质上是对学前儿童健康教育目标的实现程度做出价值判断。目标具有规定行动方向、指导工作实践的作用，可以使工作有目的、有计划地

微课

学前儿童健康教育评价的原则

开展，而不是随意而盲目地进行。目标不明确或目标错误将导致健康教育方向的偏离和教育质量的下降，因此，学前儿童健康教育评价必须保证正确的方向。我们要求在进行每一次具体评价时，一定要有具体的目的，然后根据目的所规定的方向展开评价。

那学前儿童健康教育评价的目标是什么呢？是衡量健康教育活动的成功与否，是促进健康教育水平的提高，还是为了促进学前儿童的健康发展？学前儿童健康教育评价的根本目的在于提高学前儿童健康教育的水平，促进每一个儿童的健康成长。因此，健康教育活动能否达到预定的目标是学前儿童健康教育工作中至关重要的问题。但是这个预定的目标不仅仅是衡量教师组织活动成功与否的标准，更是启发和调动评价对象的动力，帮助和指导评价对象掌握自己在今后一个时期内发展的方向，再联系其本身所具有的主、客观条件，从实际出发，扬长避短，争取更大的进步。

（二）实效性原则

评价活动非常重要，但是重要的不是评价活动是否展开，而是评价活动是否真的展开，即评价活动要有实效。这就要求学前儿童健康教育评价要注重实际效果，这是学前儿童健康教育评价的最大特点。实效评价重点有两个方面：一是通过健康教育活动的开展，重点评价学前儿童关于健康的知识、态度、行为习惯的改善情况，其中以健康行为习惯的形成为最重要的评价指标；二是注重评价学前儿童生长发育水平、身心健康状况、疾病的控制情况等，从而分析健康教育的效果。

（三）可行性原则

学前儿童健康教育评价是在收集学前儿童健康教育现象有关数据的基础上进行的，并根据数据结果做出价值判断，它有着非常强的实践性和可操作性。因此，必须保证健康教育评价的可行性。否则，一切都是无源之水、无本之木。为了保证学前儿童健康教育评价的可行性，应该对以下三个方面的问题给予充分的重视。

第一，评价指标体系要简便易测。评价指标体系是评价的基础，它保证着学前儿童健康教育评价的可能性和现实性，因此，首先要制定简便易测的评价指标体系。评价指标体系全面、科学、先进是我们追求的目标，但是过分要求全面和先进，可能会使评价项目过多，施测时工作量过大，人力、物力都达不到，还可能不太符合我国大多数幼儿园的实际情况，而使评价工作难以实际展开。因此，在保证评价指标科学合理的同时，更要保证指标体系的切实可行。

第二，评价指标要有一致性和普遍性。一致性是指学前教育评价的目标要和国家规定的学前教育的目标相一致。《规程》规定要通过体、智、德、美等全面发展教育"促进幼儿全面和谐发展"，这是进行学前儿童健康教育评价的依据和出发点。普遍性是指对相同或类似的评价对象应采用统一、普遍的评价标准，即无论是对幼儿园的评价，对幼儿教师的评价，还是对幼儿发展水平的评价都必须有统一的标准，而不能对甲采用一个标准，对乙却采用另一个标准。

第三，不能过分要求精确的评价结果。教育现象非常复杂，影响因素多，要做出精确度量是很困难的，学前儿童健康教育评价亦是如此。尤其评价是做出价值判断的过程，涉及人的主观能动性的因素会更多，客观、精确的评价就显得更加"先天不足"。因此，在学前儿童健康教育复杂性的现实面前，不能过分要求精确性的结果。

（四）客观和主观相结合的原则

客观性原则是一切科学研究必须遵循的基本原则，学前儿童健康教育评价当然也不能例外。简单地说，遵循客观性原则就是要求评价者在学前教育评价中，采取客观的实事求是的态度，科学地确定和使用评价标准，尽量减少主观臆断和个人因素的影响。遵循客观性原则，要求评价工作严格根据事先确定好的评价标准进行，标准一旦确定，任何人都不能随意改动和偏离。在评价过程中随意对评价标准进行增加、减少，提高或者降低都是不允许的。对幼儿园健康教育活动的评价，对学前儿童身心健康状况的评价都应遵循客观性原则，尤其是对学前儿童心理健康状况的评价更应如此，因为心理发展的各个方面，如情绪、社会性发展等不像一般物体那样可以看得见、摸得着，而是一种比较抽象的客观存在，这就要求评价者尽可能地排除主观因素对评价结果的影响，按事实的本来面目给出客观、准确的描述和评价。

在学前儿童健康教育评价中，一方面要遵循客观性原则，另一方面还要注意发挥评价者的主观能动性。客观性原则与评价者的主观能动性并不矛盾，而且只有二者结合才能使评价结果更客观、科学，更具说服力。因为，人不可能完全摒弃自己的主观性，尤其评价是进行价值判断的过程，价值判断不仅涉及客观事物本身，更涉及评价人的价值观、需要等。而每个人的价值观都是不同的，且不同身份的人思考问题的角度、出发点和关注点都是不同的。学前儿童健康教育评价实际上是一个透过现象看本质、由表及里、去伪存真的过程，而这一过程，必须由评价者经过一系列的分析、综合、概括、抽象等工作才能完成。所以只有充分发挥评价者的主观能动性才能获得比较客观、准确的结果。

（五）全面性原则

全面性原则是指评价的项目要全面，收集的信息要全面，不能片面强调评价指标中的某一项目，而忽视甚至遗漏其他项目，从而保证评价工作的科学、准确。

全面性原则是由学前教育的总目标决定的。根据促进儿童全面发展的要求，学前教育工作应该使学前儿童在身体、认知、情感、社会性等方面都得到良好的发展。相应地，对学前儿童健康教育工作的评价也应该是全面的，必须遵循全面性的原则。

在学前儿童健康教育评价中运用全面性原则，一定要抓住评价标准的全面性，全面、充分地服务于学前教育总目标，反对过分强调某一因素而忽视其他因素。

贯彻全面性原则，还要求我们在学前儿童健康教育评价中要全面、充分地收集有关信息，不要偏听偏信。譬如，对一个幼儿社会性状况的评价，不仅要听取幼儿园教师的意见，还要听取家长的意见，也不能忽略同伴的看法；对幼儿身体状况的评价，不能只收集其生病次数的有关数据，还要收集生病时间跨度的相关数据，才能做出综合评价。

三、学前儿童健康教育评价的意义

健康教育评价是学前儿童健康教育目标管理的重要内容，是保证学前儿童健康教育质量的关键，其意义主要表现在以下四个方面。

（一）检验健康教育计划和方案

学前儿童健康教育评价的方向性原则要求健康教育活动要始终朝着既定的目标前进，而不能走上歧途。评价要通过调查、收集资料、统计分析，对照目标标准进行比较，最后得出比较客观的评价结果。也就是说我们可以根据评价的结果，来判定健康教育计划和方案的成功之处以及存在的问题，如根据学前儿童生长发育指标，即身高、体重、血红蛋白等的检查结果，分析营养教育计划的可行性或有待完善之处。

（二）有利于幼儿园健康教育工作规范化管理

学前儿童健康教育评价包括上级教育行政机关或幼儿园组织自上而下的监督检查，同时也包括理论和实践专家、幼儿家长与同行的社会鉴定和幼儿教师的自我评价。这样的评价机制和实施方式，促使幼儿园管理者必须按照《规程》和《纲要》中的健康教育目标、标准和要求对健康教育进行规范化管理，而不仅仅流于形式或降低标准进行管理，这样，无形当中，促进了幼儿园健康教育工作规范化的管理，同时有利于各个方面及时总结健康教育的经验，也可以及时发现工作中存在的问题，并在此基础上及时纠正。

（三）为有关部门制定决策提供依据

行政、教育、卫生、科研部门做出决定或决策不能闭门造车，而必须在调查研究的基础上，根据一些具体的资料和数据才能做出合理的决策。那这些部门如何获得用于决策的资料或数据？其中一个途径就是各个幼教机构的评价结果，当然也包括学前儿童健康教育的评价结果。因此，幼儿园健康教育的评价结果，可以为行政、教育、卫生、科研部门提供参考的依据，如学前儿童健康教育的评价结果就是评选一年一度的优秀幼儿园的重要参考内容。

（四）促进学前儿童健康教育改革的进一步深化

20世纪80年代以来，我国学前教育在管理体制、教育教养工作等领域都开始了改革或改革的实验。使改革工作走向深入、改革工作顺利进行的条件之一，就是需要有学前教育评价来保障。

如果用控制论的观点来看，学前儿童健康教育评价是对学前儿童健康教育改革信息的反馈。通过学前儿童健康教育评价可以使我们洞察学前儿童健康教育改革的发展趋势，以便对改革做出合乎逻辑的调整，使改革保持最好的状态。从这个意义上说，学前儿童健康教育评价是关系到学前儿童健康教育改革成败的关键因素。而且健康教育涉及多门学科，相关学科的基本原理在健康教育的实践中还处于探索应用阶段，通过评估可以不断总结健康教育的规律，观察健康教育的效果，研究不同教育方式方法的作用，从而探索学前儿童健康教育的最佳方案、途径和方法。

第二节　学前儿童健康教育评价的内容和方法

一、学前儿童健康教育评价的指标

（一）学前儿童健康教育评价指标和指标体系

学前儿童健康教育评价是根据一定的目的、针对一定的对象，通过系统地收集有关信息做出价值判断的过程。而这一过程必须涉及各个方面的评价指标。为此，我们必须对所要达成的总目标进行分解，选择其中最重要的和有代表性的项目，组成评价的指标体系，同时通过收集各个方面的信息，对指标体系中各项指标的状况分别做出鉴定，最后对评价对象做出科学、合理的评价结论。由此可见，学前儿童健康教育评价指标体系的确定是整个学前儿童健康教育评价工作的基础和关键。因此，学前儿童健康教育评价指标体系是进行学前儿童健康教育评价的前提和依据，是对学前儿童健康教育进行客观评价的需要，可以帮助我们完成对学前儿童健康教育从局部到整体的评价，而且对学前儿童健康教育评价可以起到明显的导向作用，使我们对学前儿童健康教育的价值认识趋向一致。

将学前儿童健康教育活动目标的复杂内容进行分解，就形成学前儿童健康教育活动目标体系。这个目标体系，也可以被看作是评价学前儿童健康教育活动的目标体系。分解后的目标体系是处于最低层次、具有可操作性的目标，由于具有指标的性质，故被称作指标。因此，分解后的目标体系就成了学前儿童健康教育评价的指标体系。表9-1是一个关于学前儿童健康发展的指标体系框架。

表 9-1　学前儿童健康发展的指标体系框架[①]

指　标			I		II		III	
			标准内容	记录	标准内容	记录	标准内容	记录
习惯与自理能力	生活习惯	如厕	能自己如厕		能自理大小便，便后会冲水		便后能整理好衣服	
		进餐	能用勺进餐，会清理桌面		会用筷子进餐，会清理干净		进餐时保持桌面、衣服干净	

[①] 霍力岩. 学前教育评价［M］. 北京：北京师范大学出版社，2000：82.

（续　表）

指　标			I		II		III	
			标准内容	记录	标准内容	记录	标准内容	记录
习惯与自理能力	生活习惯	穿衣	能自己穿简单衣裤		能自己系扣子、拉拉链		会系鞋带，能穿各式各样衣服	
		个人卫生	提醒下能做到饭前便后洗手		饭前便后主动洗手，会用手帕		经常保持手脸干净，服装整洁	
		环境卫生	会收拾玩具，不随地大小便		能将果皮纸屑放在指定位置		公共场所不乱丢废物，不乱涂乱画	
	学习习惯	学习兴趣	对新奇事物感兴趣		对较多活动感兴趣，问"为什么"		喜欢动手，自己寻找问题的答案	
		注意力	学习活动中需提醒、暗示		学习活动中能自己调整注意力		学习活动中能保持注意力集中	
		任务意识	几经老师提醒能完成任务		一经老师提醒能完成任务		能主动按时完成任务	
	自我保护	躲避危险	不玩、不触摸危险品		知道躲避危险		不独自上街，上街不乱跑	
		安全意识	知道解决安全问题的正确方法		知道解决可能遇到的安全问题的正确方法		知道解决突发安全事故的正确方法	
运动与动作	大肌肉运动	走	上体正直自然地行走		上下肢协调地走		听信号步伐均匀地行走	
		跑	两臂在体侧自然地跑		协调、轻松地跑		听信号变方向、变速跑	
		跳	立定跳远60厘米		立定跳远75厘米		立定跳远95厘米	
		平衡	能单脚站立10秒		能单脚站立20秒		能单脚站立35秒	
		拍球	单手连续拍球10下		左右手交替拍球15下		单手连续运球100米	
	小肌肉运动	画	能用笔描出直线		会画圆圈并均匀地涂色		能完成点线画并涂色	
		剪	能沿画好的直线剪下		会剪简单的图案		会剪较复杂的图形	
		折	会对边折、对角折		会折简单图形		会折较复杂的图形	
		串珠	30秒内串珠5个		30秒内串珠7个		30秒内串珠8个	

　　从表9-1可以看到，学前儿童身体发展的总目标可以分解为习惯与自理能力和运动与动作两项目标，这两项目标又可以分别分解为生活习惯、学习习惯、自我保护和大肌肉动作、小肌肉动作。

　　分解目标是建立指标体系的基本途径，学前儿童健康教育评价的指标体系须与目标相一致。因此，我们可以通过分解目标的形式形成指标体系。由于学前儿童健康教育活动的复杂性，对目标的一次分解往往并不能达到评价的要求，因此，分解目标常常在目标和指标之间设置若干中间过渡环节。例如，促进学前儿童身体发展与健康是学前儿童健康教育的总目标，这个总目标又可以分解为生活卫生习惯与自理能力和运动与动作等诸方面的学前儿童发展目标，这些方面的发展目标就形成了次级目标，次级目标又可以继续分解，直至分解成具体可测的指标。图9-1可以用来说明总目标、次级目标和指标的关系。

总之，在建立指标体系的过程中，我们首先应该从总目标出发，将总目标分解成次级目标，然后再一次次地分解，一直分解到形成能够满足可测性要求的指标。

$$\text{总目标}\begin{cases}\text{次级目标}1\begin{cases}\text{指标}11\\ \cdots\cdots\\ \text{指标}1k\end{cases}\\ \cdots\cdots\\ \text{次级目标}n\begin{cases}\text{指标}n1\\ \cdots\cdots\\ \text{指标}nm\end{cases}\end{cases}$$

图9-1 总目标、次级目标和指标的关系

（二）学前儿童健康教育评价标准

学前儿童健康教育评价标准是对评价对象的各项指标达到要求的程度在数量和质量方面进行价值判断的准则和尺度。只有有了这个准则和尺度，学前儿童健康教育评价才能顺利进行。

确定学前儿童健康教育评价标准，第一步先要划分指标的等级。一般的等级划分有上、中、下三级制，优、良、中、差四级制，及格、不及格两级制等。根据实际需要确定使用何种等级制。第二步要确定各等级制的考核标准，在量和质上达到什么要求为上，达到什么要求为中，未达到什么要求为下等。例如评价幼儿园儿童的身高、体重达标率，计算公式为：身高、体重达标率 = 达标人 ÷ 测试人数。规定身高、体重达标率≥90%为优，≥80%为良，≥70%为中，≤60%为差。

（三）学前儿童健康教育评价方案的设计编制

分解目标并形成指标体系是编制学前儿童健康教育评价方案的第一步，界定尺度并形成标准体系是编制学前儿童健康教育评价方案的第二步，按照不同的指标在指标体系中的贡献大小而给它们分配表示其重要程度的权重值是第三步。随着上述三步工作的全部完成，一个科学的学前儿童健康教育评价方案就编制成功了。下面我们按照以上三个步骤的顺序来建立一份5岁幼儿身体与动作发展评价方案。

1. 指标体系的实际编制

身体与动作发展作为总目标，可以被逐层分解为两级指标，这两级指标分别用B，C来表示，见表9-2。

表 9-2　5岁幼儿发展评价总目标的分解

一级指标	二级指标	三级指标
A1身体与动作发展	B1参加体育活动的兴趣	C1参加体育活动的兴趣
	B2健康水平	C2健康水平
	B3粗大动作技能	C3基本动作
		C4综合动作技能
		C5操练队形
	B4精细动作技能	C6使用工具
		C7使用文具
		C8美工技能
		C9结构造型
	B5生活能力	C10自我服务能力
		C11简单的劳动技能
		C12自我保健、保护能力

2. 标准体系的实际编制

在形成指标体系的基础上，确定本评价方案采用四等级评价标准，并为四个等级分别赋值5、4、3、2，然后再为每一指标项的四个等级编制出相应的评价标准，见表9-3。

表9-3　5岁幼儿发展评估方案中标准体系的形成

一级指标	二级指标	三级指标	评价标准			
			Ⅰ级（5分）	Ⅱ级（4分）	Ⅲ级（3分）	Ⅳ级（2分）
A1身体与动作发展	B1参加体育活动的兴趣	C1参加体育活动的兴趣	积极主动地参与各项体育活动	能够参加各种体育活动，积极性、主动性一般	对体育活动兴趣不大，只是被动地接受	对体育活动没有兴趣，不能参加
	B2健康水平	C2健康水平	身体健康，身高、体重、血色素、视力四项达标，无龋齿，身体素质好，适应能力强	身体健康，四项指标在正常范围内，龋齿在均值以下，身体有一定的适应能力	身体状况较差，四项指标不能全部达到正常，龋齿多，体质较弱	身体状况差，四项指标全部不能达标，龋齿多，体质很差
	B3粗大动作技能	C3基本动作	坐、立等基本动作姿势正确、协调、灵活，能够把握大体方向，无多余动作	姿势基本正确，比较协调、灵活，基本把握方向	姿势不很正确，协调性、灵活性较差，有多余动作	姿势不正确，协调性、灵活性差，没有方向感
		C4综合动作技能	会运动器具的多种玩法，会拍球、跳绳等复杂的动作技能，平衡性好	会运动器具的多种玩法，会拍球、跳绳等复杂的动作技能，平衡性一般	会运动器具的简单玩法，拍球、跳绳等复杂的动作技能不好，平衡性差	不会使用运动器具，基本上不能拍球、跳绳
		C5操练队形	会根据信号转体（左、右、前、后）、行走，按节拍动作准确地做操（徒手操、轻器械操）	会根据信号转体、行走，按节拍动作基本准确地做操	会根据信号做动作，动作的准确性差	不能根据信号做动作
	B4精细动作技能	C6使用工具	能正确地、比较熟练地使用剪子、筷子等简单的工具	能正确地使用剪子、筷子等简单的常用工具	使用简单常用工具的动作欠准确	使用简单常用工具的动作不准确
		C7使用文具	会正确熟练地使用铅笔、画笔、橡皮等文具写、画	能正确地、比较熟练地使用铅笔、画笔、橡皮等文具写、画	使用铅笔、画笔、橡皮等文具的姿势欠正确、不熟练	使用铅笔、画笔、橡皮等文具的姿势不正确
		C8美工技能	会使用多种工具材料，方法正确，自己独立设计制作简单的作品（折纸、粘贴、泥塑等）	能使用多种工具材料，方法基本正确，能独立制作简单的作品（折纸、粘贴、泥塑等）	对美工活动的基本技能掌握较差，只能做简单的作品	不能掌握美工活动的基本工具
		C9结构造型	会使用多种工具和材料建构复杂的造型	会用多种工具和材料建构比较复杂的造型	使用工具和材料的能力比较差，造型比较简单	不能用工具和材料进行造型活动

（续　表）

一级指标	二级指标	三级指标	评　价　标　准			
			Ⅰ级（5分）	Ⅱ级（4分）	Ⅲ级（3分）	Ⅳ级（2分）
A1身体与动作发展	B5生活能力	C10自我服务能力	基本的自我服务技能好（自己盥洗，会刷牙、洗手绢、洗袜子、整齐迅速有序地穿衣、系鞋带，自己整理书包和床铺）	有基本的自我服务技能（自己盥洗，洗袜子，收拾书包和床铺，但整洁性差）	自我服务能力比较差，对别人的依赖性比较强（自己不收拾书包和床铺）	不能做到自我服务，事事依靠别人
		C11简单的劳动技能	能整齐、迅速地收拾玩具，会当值日生，能干好擦桌椅等简单的事情	能自己整齐地收拾玩具，会当值日生，能擦桌椅等	能自己收拾玩具，值日生工作比较差	不能自己收拾玩具，不能完成值日生的工作
		C12自我保健、保护能力	个人卫生习惯良好（正确使用手绢、饭前便后洗手等），懂得眼睛、牙齿的简单保健知识，对生人保持一定的警惕性，会处理简单危险，会根据天气的冷暖随时增减衣服	个人卫生习惯好，知道爱护眼睛、牙齿，对生人保持一定的警惕性，懂得简单的危险知识	卫生习惯不太好，对生人没有警惕性	卫生习惯不好，对生人没有警惕性

3. 计量体系的实际编制

指标体系和标准体系建立以后，需要做的就是根据不同指标项目在指标体系中的地位和作用为它们分配适宜的权重值，形成计量体系。假定对5岁幼儿身体与动作发展评价指标体系中的一级指标进行分析，我们认为幼儿参与体育活动的兴趣、健康水平、粗大动作技能、精细动作技能和生活能力这五个二级指标在幼儿身体与动作发展中的地位与作用可以分别赋值0.10、0.20、0.20、0.20、0.30，各个三级指标也要分别赋予相应的权重值。由此，我们可以得到表9-4。

表9-4　5岁幼儿发展评估方案

一级指标	二级指标	三级指标	评　价　标　准			
			Ⅰ级（5分）	Ⅱ级（4分）	Ⅲ级（3分）	Ⅳ级（2分）
A1身体与动作发展	B1参加体育活动的兴趣（0.10）	C1参加体育活动的兴趣（1.00）	积极主动地参与各项体育活动	能够参加各种体育活动，积极性、主动性一般	对体育活动兴趣不大，只是被动地接受	对体育活动没有兴趣，不能参加
	B2健康水平（0.20）	C2健康水平（1.00）	身体健康，身高、体重、血色素、视力四项达标，无龋齿，身体素质好，适应能力强	身体健康，四项指标在正常范围内，龋齿在均值以下，身体有一定的适应能力	身体状况较差，四项指标不能全部达到正常，龋齿多，体质较弱	身体状况差，四项指标全部不能达标，龋齿多，体质很差
	B3粗大动作技能（0.20）	C3基本动作（0.40）	坐、立等基本动作姿势正确、协调、灵活，能够把握大体方向，无多余动作	姿势基本正确，比较协调、灵活，基本把握方向	姿势不很正确，协调性、灵活性较差，有多余动作	姿势不正确，协调性、灵活性差，没有方向感

（续表）

一级指标	二级指标	三级指标	评价标准			
			Ⅰ级（5分）	Ⅱ级（4分）	Ⅲ级（3分）	Ⅳ级（2分）
A1身体与动作发展	B3粗大动作技能（0.20）	C4综合动作技能（0.30）	会运动器具的多种玩法，会拍球、跳绳等复杂的动作技能，平衡性好	会运动器具的多种玩法，会拍球、跳绳等复杂的动作技能，平衡性一般	会运动器具的简单玩法，拍球、跳绳等复杂的动作技能不好，平衡性差	不会使用运动器具，基本上不能拍球、跳绳
		C5操练队形（0.30）	会根据信号转体（左、右、前、后）、行走，按节拍动作准确地做操（徒手操、轻器械操）	会根据信号转体、行走，按节拍动作基本准确地做操	会根据信号做动作，动作的准确性差	不能根据信号做动作
	B4精细动作技能（0.20）	C6使用工具（0.30）	能正确地、比较熟练地使用剪子、筷子等简单的工具	能正确地使用剪子、筷子等简单的常用工具	使用简单常用工具的动作欠准确	使用简单常用工具的动作不准确
		C7使用文具（0.20）	会正确熟练地使用铅笔、画笔、橡皮等文具写、画	能正确地、比较熟练地使用铅笔、画笔、橡皮等文具写、画	使用铅笔、画笔、橡皮等文具的姿势欠正确、不熟练	使用铅笔、画笔、橡皮等文具的姿势不正确
		C8美工技能（0.30）	会使用多种工具材料，方法正确，自己独立设计制作简单的作品（折纸、粘贴、泥塑等）	能使用多种工具材料，方法基本正确，能独立制作简单的作品（折纸、粘贴、泥塑等）	对美工活动的基本技能掌握较差，只能做简单的作品	不能掌握美工活动的基本工具
		C9结构造型（0.20）	会使用多种工具和材料建构复杂的造型	会用多种工具和材料建构比较复杂的造型	使用工具和材料的能力比较差，造型比较简单	不能用工具和材料进行造型活动
	B5生活能力（0.30）	C10自我服务能力（0.40）	基本的自我服务技能好（自己盥洗，会刷牙、洗手绢、洗袜子、整齐迅速有序地穿衣、系鞋带，自己整理书包和床铺）	有基本的自我服务技能（自己盥洗，洗袜子，收拾书包和床铺，但整洁性差）	自我服务能力比较差，对别人的依赖性比较强（自己不收拾书包和床铺）	不能做到自我服务，事事依靠别人
		C11简单的劳动技能（0.30）	能整齐、迅速地收拾玩具，会当值日生，能干好擦桌椅等简单的事情	能自己整齐地收拾玩具，会当值日生，能擦桌椅等	能自己收拾玩具，值日生工作比较差	不能自己收拾玩具，不能完成值日生的工作
		C12自我保健、保护能力（0.30）	个人卫生习惯良好（正确使用手绢、饭前便后洗手等），懂得眼睛、牙齿的简单保健知识，对生人保持一定的警惕性，会处理简单危险，会根据天气的冷暖随时增减衣服	个人卫生习惯好，知道爱护眼睛、牙齿，对生人保持一定的警惕性，懂得简单的危险知识	卫生习惯不太好，对生人没有警惕性	卫生习惯不好，对生人没有警惕性

经过上述指标体系、标准体系和计量体系的逐一编制，我们就有了一份可以运用于实际评价工作的评价方案。

二、学前儿童健康教育评价的内容

（一）学前儿童健康状况的评价

1. 学前儿童身体生长发育评价

学前儿童身体生长发育是衡量学前教育机构保育质量的一个重要指标。不同年龄阶段儿童的身体生长发育状况有不同的评价指标和评价方法，科学地评价儿童的生长发育情况，对早发现问题、早解决问题，促进儿童健康的发育成长有非常重要的意义。衡量学前儿童身体生长发育的指标有生理机能指标和形态指标。生理机能指标是指身体各器官、各系统在生理功能上可测出的各种量度，包括呼吸差、肺活量、呼吸率、安静心率、血压、握力等。形态指标是指身体及其各部分在形态上可测出的各种量度，主要包括身高、体重、头围、坐高、骨骼、胸围、牙齿等。一般通过发育调查收集某一幼儿园不同年龄阶段幼儿生长发育的测量数值，经过统计学的处理，所获得的资料就是该幼儿园幼儿的身体生长发育情况。通过与正常发育标准的比较、分析，能够对幼儿身体发育状况进行正确的评价，进而作为评价和提高该幼儿园保教质量的重要指标。

2. 学前儿童心理发展评价

学前儿童心理发展的水平主要表现在认知（感觉、知觉、记忆、思维等）、情感、意志、个性等方面。衡量学前儿童心理健康的指标主要有认知发展正常、情绪反应适度、人际关系融洽、性格特征良好等，常用的学前儿童心理发展评估方法是谈话法、观察法、筛选检查法和诊断检查法。其中，最常用的方法是谈话法和观察法。对学前儿童心理发展状况进行评价，有利于客观、公正地了解学前儿童在幼儿园的行为表现，从群体中鉴别出学前儿童问题行为和心理发展障碍，进而有针对性地实施早期保育，促进学前儿童心理健康发展。

（二）学前儿童健康知识掌握的评价

学前儿童健康教育的知识主要包括生活卫生习惯、认识自己的身体、饮食与营养、安全自护等健康知识的认知。如知道行走时手不插在衣兜里；会扶着栏杆上下楼梯；学会靠右行走，不猛跑；过马路走人行横道，注意来往车辆；认识红绿灯等交通安全标志。一般根据学前儿童健康教育的目的及健康教育的内容通常采用横向对比测试的方法，通过口头测试来了解他们对健康知识的掌握情况，另外还可以通过谈话法、观察法对学前儿童进行健康知识的评价。

（三）学前儿童健康服务的评价

对学前儿童进行健康教育评价不仅包括对教育活动的评估，也包括对服务的评价。学前儿童健康服务评价是针对学前儿童的一切卫生保健措施的评价，包括卫生保健制度、卫生消毒制度、健康检查制度等的制定与落实的评价。

1. 卫生保健制度评价

主要考查卫生保健制度建设是否齐全，执行是否有力，各种资料是否齐全，记录是否完整、清楚、准确。

2. 卫生消毒制度评价

包括通风换气、个人卫生、炊事卫生、清洗消毒等常规的评价。

3. 健康检查制度评价

包括幼儿入园晨检、午检、定期健康检查、工作人员体检等制度的评价。

4. 生活常规管理评价

包括饮水常规、如厕常规、洗手常规、进餐常规、盥洗常规、睡眠常规等的评价。

5. 疾病管理制度评价

包括常见疾病管理制度和传染病管理制度。如常见疾病管理制度主要包括呼吸系统疾病、消化系统疾病、营养性疾病、五官常见疾病和寄生虫等的预防、检查、登记和治疗制度等，要建立专门的档案，加强管理。

（四）学前儿童健康环境的评价

健康环境是幼儿园与学前儿童健康有关联的诸多因素的总和，包括物质环境和精神环境。影响学前儿童生长发育的因素是多样的，其中幼儿园的环境是重要因素之一。

1. 物质环境

幼儿园的物质环境应符合国家相关文件和幼儿健康卫生要求。《规程》指出："幼儿园的设备设施、装修装饰材料、用品用具和玩教具材料等，应当符合国家相关的安全质量标准和环保要求。"这就要求幼儿园为幼儿创设安全的物质环境，如房屋、设备、场地安全；桌椅高矮适合幼儿身材；家具、电器、教玩具、书籍等符合安全卫生要求；等。

2. 精神环境

精神环境是指幼儿园内对幼儿发展产生影响的一切精神因素的总和，主要包括教师的教育观念与行为、幼儿园人际关系、幼儿园文化氛围等。和谐的精神环境能让幼儿心情放松、精神愉快、心理健康，有助于幼儿获得安全感。因此，幼儿教师要积极为幼儿的发展营造宽松自由、接纳理解、尊重支持的氛围，建立民主平等的师幼关系、团结友爱的幼儿关系、团结协作的教师关系，以促进幼儿身心和谐、健康发展。

（五）学前儿童健康教育活动的评价

1. 健康教育活动目标的评价

评价学前儿童健康教育活动所确定的目标是否依据幼儿园健康教育总目标、年龄阶段目标以及学前儿童身心发展特点等方面综合考虑而制定；各级目标轻重缓急安排的顺序是否合理；目标制定是否面向全体，又适应个别的需要。

2. 健康教育活动内容的评价

评价健康教育活动内容的选择是否考虑到学前儿童认识事物的特点和其本身知识经验；是否注重科学性、趣味性和通俗性；是否考虑到与整个幼儿园课程的整合；是否兼顾群体需要和个体差异。

3. 健康教育活动方法的评价

评价健康教育活动的方法是否适合教育对象以及其他各方面的客观情况；能否调动学前儿童学习的积极性，使他们积极主动地参与活动。健康教育活动评价的主要方法有：观察法、问卷法、谈话法、小组讨论法、自我评价法等。

4. 健康教育活动准备的评价

评价健康教育活动准备得是否充分；是否根据活动内容准备好了教具、学具、材料、环境创设，是否考虑到材料的易获得性以及学前儿童的知识经验等。

5. 健康教育活动过程的评价

评价学前儿童健康教育活动过程是否适应不同年龄和发展水平儿童的需要、兴趣和接受能力；活动过程是否完整，以及儿童参与健康教育活动的程度等。

6. 健康教育活动延伸的评价

评价健康教育活动的延伸是否注重与其他领域活动有机结合，教师是否充分考虑活动内容在生活活动中、环境中、家庭中的渗透，以保证知识技能的一惯性和一致性等。

三、学前儿童健康教育评价的方法

学前儿童健康教育评价的方法有很多，一般要根据评价的任务和要求、实际需要选择适宜的评价方法。常用的评价方法有绝对评价、相对评价和个体内部差异评价，

学前儿童健康教育评价的方法

自我评价和他人评价，诊断性评价、形成性评价和总结性评价，定量评价和定性评价。

（一）绝对评价、相对评价和个体内部差异评价

1. 绝对评价

绝对评价是指把预先规定好的一个健康目标作为评价标准，然后把各个评价对象与该评价标准进行比较的评价方法。该评价方法主要关注评价对象集合中的每个对象与预定标准（常模）的关系，而不关心评价对象整体。比如，对幼儿园中幼儿身体发育是否达标的评价就是绝对评价，在评价中，评价者主要是对照一个客观标准来判断每一个幼儿的身体发育情况，而非针对幼儿整体情况。

绝对评价比较客观，评价者能够比较容易、公正地对评价对象进行评价，同时被评价者能够明确了解自己与客观标准的差距，从而朝着客观标准规定的方向努力。但是，由于绝对评价的客观标准很难做到完全客观，所以绝对评价并不能到处适用。

2. 相对评价

相对评价是在评价对象的集合中选取一个或几个对象作为基准，然后把各个评价对象与基准进行比较的评价方法。该评价方法主要关注的是评价对象集体内部成员之间的相互关系。比如，教师评价班中幼儿的生活自理能力，如果教师只是关注某一个幼儿的自理能力在班中所有幼儿中的位置，可能是中等、中上或者比较差，那么这样的评价就属于相对评价。

由于相对评价是在某一类评价对象集合的内部将集合中各个元素与特定元素进行比较，因而实用性比较强。但由于只是评价对象内部的比较，所以使用这种方法容易降低标准。例如，从某一个班级里面挑选生活自理能力"强"的幼儿，或许所选出幼儿的自理能力未必真的"很强"。同时，由于相对评价并不强调评价对象的实际水平，只表示他在集体中所处的位置，容易造成评价对象之间激烈的竞争。

3. 个体内部差异评价

个体内部差异评价是把评价对象集合中的各个对象与其过去相比较，或者把某一个对象的各个侧面相比较的方法。如果相对评价是"横向"比较的话，个体内部差异评价就是"纵向"比较，换言之，该评价方法关注的是评价对象与自身的对比。比如，某一幼儿原来身体很差，经常生病，而且每次生病都持续很长一段时间。于是老师和家长就针对该幼儿制定了一套锻炼身体的方案。经过一段时间的锻炼，该幼儿身体越来越强壮，该幼儿的身体状况较以前"进步"了的评价就是个体内部差异评价。

个体内部差异评价充分照顾了个体间的差异，在评价过程中不会给被评价者造成压力。但是，这种评价也有很大的弊病，如采用这种评价容易既不与客观标准对比又不与其他被评价者比较，很容易使被评价者自我陶醉。所以，在评价中个体内部差异评价常常与相对评价法结合使用。

（二）自我评价和他人评价

1. 自我评价

自我评价就是评价者对自己进行的评价。比如，一位幼儿教师在自己班内组织完一次健康教育活动之后，进行教学反思，这就是自我评价。《幼儿园保育教育质量评估指南》的评估方法中要求强化自我评估，要求幼儿园应建立常态化的自我评估机制，促进教职工主动参与，通过集体诊断反思自身教育行为，提出改进措施。

自我评价的优点是易于进行，每天、每周、每学期、每年都可以进行；缺点是缺少外界参照系，无法进行横向比较，容易出现对成绩或问题估计得偏高或偏低等倾向，评价的客观性较差。

2. 他人评价

他人评价是指除自身以外的任何人或组织对该对象所进行的评价。如各级教育主管部门以及各级领导对某个幼儿园、对某位幼儿园教师的健康教育的评价，幼儿园教师对幼儿健康状况的评价，幼儿同伴对某幼儿的评价等，这些都是他人评价。

与自我评价相比，他人评价要客观一些，但一般来讲，他人评价的组织工作比较麻烦，花费的人力、物力也比较多。在具体的评价工作中，可以把这两种评价结合起来使用，从而使两种方法各扬其

长，各避其短。

（三）诊断性评价、形成性评价和总结性评价

1. 诊断性评价

诊断性评价是指某项学前教育计划或方案开始之前进行测定性或预测性评价，也可以理解为对评价对象的基础或现状做出诊断，故称诊断性评价。该评价的主要目的是了解评价对象的基础或现状，以便对症下药，选择、确定学前教育计划或方案及其步骤、重点等，更有效地促进学前儿童的发展和学前教育质量的提高。例如，教师在初接一个班级的时候，会通过了解基本情况、家访等形式对该班幼儿的身体和心理发展状况进行调查，这样做的目的是了解班上幼儿的发育和发展情况，以便在以后的工作中根据幼儿的实际情况进行锻炼和教育，真正做到因人施教。

诊断性评价是选择、制定学前儿童健康教育计划和方案的基础。在学前儿童健康教育评价中，诊断性评价的使用是非常普遍的。

2. 形成性评价

形成性评价是指在某项学前教育计划或方案实施的过程中进行的评价，又称作"过程中的评价"，其主要目的是在计划或方案实施的过程中不断获得改进计划或方案的依据，从而不断调整、修改学前儿童健康教育计划或方案，以期提高计划或方案的质量。《幼儿园保育教育质量评估指南》的评估方法中强调要注重过程评估。

形成性评价又被称为"即时评价"，也就是说，它是在计划或方案实施的过程中对计划或方案的即时评价。这种评价使评价工作始终处于动态之中。例如，在幼儿园工作中，每隔一段时间（多数为一学期）都要对幼儿的身体发育情况进行调查，以便教师及时了解幼儿的发育状况，调整和改革保教工作，以帮助幼儿达到更好的发育和发展。

3. 总结性评价

总结性评价是指在某项学前儿童健康教育计划或方案结束后对其最终结果进行的评价，其主要目的是以预先设定的教育目标为标准，对计划或方案达到目标的程度进行评价，即对最终取得的成绩和目标之间的差距进行评价。

总结性评价关心的是学前儿童健康教育活动的结果，基本上不涉及过程。它是事后评价，其用途常常是对被评价对象做出鉴定、区分等级，预言被评价对象未来发展的可能性等。例如，一项学前儿童健康教育计划或实验结束后，一般会邀请该领域的专家进行鉴定，做最后的评价，这就是总结性评价。

由于总结性评价简便易行，较为客观，因而在学前教育评价中受到普遍重视，但总结性评价也有它自身不可避免的缺点：它是事后评价，对评价对象自身的改进和完善无能为力；它重视的是最终结果，而不管这个结果实现的方法和过程，而且也无法体现不可比的因素，容易造成不正当的竞争和"面子工程"；它的依据是事先设定的目标，如果目标不够客观或不易检测，这种评价的可靠性就会受到影响。

鉴于三种功能评价各自都有优缺点，所以现在的健康教育评价多是诊断性评价、形成性评价和总结性评价结合使用。

（四）定量评价和定性评价

1. 定量评价

定量评价是采用数学的方法，收集和处理数据资料，对评价对象做出定量结果的价值判断。如：某幼儿园举行健康教育活动大赛，为了使比赛客观、公正，每位评委手中都有份详细的评价标准，以此来评价众多教师组织活动的优劣。

定量评价强调数量计算，以教育测量为基础。它具有客观化、标准化、精确化、量化、简便化等鲜明的特征。但定量评价往往只关注可测性的品质与行为，时时、处处、事事都要求量化，过分依赖纸笔测验形式，会造成有些内容勉强量化后流于形式，并不能对评价结果做出恰如其分的反映。它忽

略了那些难以量化的重要品质与行为，忽视个性发展与多元标准，把丰富的个性心理发展和行为表现简单化为抽象的分数表征与数量计算。

2. 定性评价

定性评价不采用数学的方法，而是根据评价者对评价对象平时的表现、现实和状态或文献资料的观察和分析，直接对评价对象做出定性的价值判断，比如评出等级、写出评语等。定性评价是利用专家的知识、经验和判断通过记名表决进行评审和比较的评价方法。定性评价强调观察、分析、归纳与描述。

定性评价更加关注学前儿童在"质"的方面的发展，关注健康教育结果与教育目标之间的一致性；强调对学生的优缺点进行系统的调查，并对个体独特性做出"质"的分析与解释，是具有实质性内容的一种评价机制。定性评价可以关注更广泛的教育目标及学习结果，如果说定量评价关注"量"而走向抽象并且侧重定量描述，那么定性评价则关注"质"而走向具体并且侧重定性描述。因而，定性评价更具有现代人本思想和发展性评价的理念。但是，定性评价有时使评价结果模糊笼统，弹性较大，难以精确把握。

第三节　学前儿童健康教育评价的实施

学前儿童健康教育评价的过程包括准备阶段、实施阶段和反馈阶段三个环节。

一、评价实施的准备阶段

评价实施的准备阶段是具体实施评价前的预备阶段，是评价实施过程的有机组成部分。如果这一阶段的工作做得好，各项准备工作到位，就为高质量的评价打好了基础。准备阶段需要做好以下两方面的工作。

（一）组织工作的准备

首先选择、确定评价人员，组成评价委员会。评价人员应具有与评价内容相关的专业知识和专业背景，对学前儿童健康教育活动的各个方面有所了解，可聘请幼儿园健康教育工作方面的专家参与评价。在确定好评价人员的基础上，组织成员进行不同的分工，各自明确自己的职责范围，做到各司其职，认真负责。

（二）评价方案的准备

1. 确定评价的目标

即要明确"为什么"要评。是为了了解儿童健康发展的状况，还是为了对儿童进行鉴别？是为了考评教师，还是为了加强家庭与幼儿园的联系？目标确定后，才能根据目标选择恰当的评价内容和方法。评价过程中的一切活动都要紧紧围绕评价目标，学前儿童健康教育评价的目标应定位于改进学前儿童健康教育工作，以更有利于学前儿童的全面发展。在确定评价目标时要考虑评价者、评价对象、评价内容与评价意义等各方面因素。

2. 确定评价的内容

即要明确"评什么"。对学前儿童健康教育的评价包括：学前儿童健康状况的评价、学前儿童健康环境的评价、幼儿园卫生保健工作的评价、学前儿童健康教育活动的评价等。既要全面真实反映评价对象的基本情况，又要从实际出发，选择有代表性的内容进行评价。

3. 建立评价指标体系

即解决"依据什么评""怎么评"的问题。评价指标体系是教育目标的具体化，是把评价的内容中各有关因素按照一定的层次和权重组成一个指标体系（见表9-5）。如评价学前儿童洗手方法的掌握情况时，可以让其说出应该洗手的各种情况，以及洗手的基本步骤并能正确地操作。评价指标应当是具体的、明确的、可量化的，具有客观性、规范性和可操作性的特点，这样有利于评价目的的实现。设计评价指标时，需要收集健康教育过程中能够使学前儿童健康状况发生变化的有关资料，如学前儿童生长发育指标、学前儿童健康档案、学前儿童健康教育活动方案等。

表 9-5　常用的儿童健康教育活动评价指标 [①]

评 价 项 目	指 标 项 目
教师对儿童活动的安排	让儿童使用玩具材料的时间占非餐点时间的比重
	非学前技能的学与玩时间占非餐点时间的比重
	让儿童自选玩具材料与操作内容的时间占非餐点时间的比重
	伙伴可交往时间占非餐点时间的比重
	安静、纪律与等待时间占非餐点时间的比重
	无目的、无教师差异的自由活动时间占非餐点时间的比重
教师行为	教师在一日活动中对儿童亲切温和与尊重儿童人格的态度与用语
	教师听儿童说、关注儿童情绪态度变化的频度
	教师对儿童积极肯定的评价频度
	教师参与儿童学与玩的频度
	教师面向每一个儿童的行为取向
	教师完全脱离儿童活动的时间占非餐点时间的比重
儿童活动的积极性	儿童在园的言语伴随频度
	儿童在园时的伙伴交往频度
	儿童在园时无所事事的行为频度

案例

我学会小便了

在以"我学会小便了"为题的教学活动中，如果其活动目标是：

1. 懂得及时、定时小便的重要性；

2. 学习小便的方法，不尿在便器外部，保持厕所的清洁卫生；

3. 萌发相互帮助、自信的品质。

那么，在这一教学活动之后，其评价的指标便可设定为：

1. 幼儿能说出厕所的位置、作用；

2. 幼儿能自己去厕所解小便，不尿在便器外部。

---

① 项宗萍.从"六省市幼教机构教育评价研究"看我国幼教机构教育过程的问题与教育过程的评价取向［J］.学前教育研究，1995（2）：31-35.

二、评价实施阶段

实施阶段的工作程序一般有以下三个方面。

评价实施阶段

（一）宣传发动

评价正式实施之前，评价的组织者要对评价所涉及的对象做必要的解释，以争取评价对象的支持和协助，消除其可能产生的紧张情绪。思想宣传和动员工作，主要向参与者介绍评价的目的、任务、步骤和方法，主要目的是统一评价者与被评价者的思想，防止产生各种消极因素和抵触情绪，使有关人员有一个良好的心态，抱着积极的态度参与评价工作。

（二）收集资料

收集资料是评价实施过程中最为费时、费力，但也是最重要、最具实质性的工作。收集资料的方法有很多，学前儿童健康教育评价常用的收集资料的方法有观察法、问卷法、访谈法和测量法等，不同的评价内容在确定资料收集方法时应根据评价目的、需要和客观情况灵活地进行选择和确定。收集评价资料，有时需要在较长的一段时间中持续地进行。这就要求评价者认真负责，具有较高的素质和良好的工作态度，按照程序，抓住时机，勤观察、勤记录，以使收集的资料更全面、更准确。评价者对资料的文字记录要保证客观性，避免使用一些带有主观色彩的词汇。

（三）分项评分并汇总整理

在掌握大量有关资料的基础上，评价者要及时、认真、精确地分析资料，用统计方法将评价资料加以处理。评价人员可以对每一具体的项目评分，即根据评价对象的实际状况与指标的符合程度，认定相应的分数或等级。汇总整理时要求对多项目的评分进行汇总，这一工作可由计算机来完成。汇总整理后，应有专人写出评价工作的总结报告材料，汇总材料则要按材料项目分类归档。

三、评价结果反馈

绿色运动中基于幼儿健康发展的多元评价实践

根据评价结果可以发现问题，并且进行信息反馈。评价是为了更好地促进工作，所以将汇总整理的结果以恰当的方式反馈给有关人员，并使其在此基础上及时对学前儿童健康教育计划或方案提出修改意见，如将学前儿童健康状况评价结果定期向家长反馈，进一步了解影响学前儿童健康状况的因素，及时采取有针对性的措施，做好学前儿童健康保障工作。

>> 思考与练习

一、单项选择题

1. 教育评价是由（　　　）首次提出的概念。
　　A. 杜威　　　　　　　　B. 皮亚杰　　　　　　　　C. 泰勒　　　　　　　　D. 布鲁姆

2. 把预先规定好的一个健康目标作为评价标准，然后把各个评价对象与该评价标准进行比较的评价方法是（　　　）。
　　A. 绝对评价　　　　　　B. 相对评价　　　　　　C. 个体内部差异评价　　　D. 总结性评价

3. 如果想了解某个同学的成绩在全班同学成绩的大致位置，需要用到（　　　）。
　　A. 绝对评价　　　　　　B. 相对评价　　　　　　C. 个体内部差异评价　　　D. 总结性评价

4. 老师发现食量非常小的小明，今天中午比平时多吃了半勺饭，就表扬了小明，并奖励他一朵小红花，该教师用的评价方法是（　　　）。

A.绝对评价　　　　B.相对评价　　　　C.个体内部差异评价　　　D.总结性评价

5. 教师全面了解刚入幼儿园小班的全部幼儿的身体发育情况，并制作成表格留存。该教师使用的评价方法是（　　　）。

A.形成性评价　　　　B.总结性评价　　　　C.诊断性评价　　　　D.绝对评价

6. 在某项学前儿童健康教育计划或方案结束后对其最终结果进行的评价，其主要目的是以预先设定的教育目标为标准，对计划或方案达到目标的程度进行评价，该评价方法是（　　　）。

A.形成性评价　　　　B.总结性评价　　　　C.诊断性评价　　　　D.绝对评价

7. 自我评价是依据（　　　）不同，提出来的评价方法。

A.评价主体　　　　B.评价客体　　　　C.评价内容　　　　D.评价体系

8. 强调观察、分析、归纳与描述，比较关注学前儿童在"质"的方面的发展的评价方式是（　　　）。

A.形成性评价　　　　B.定量评价　　　　C.诊断性评价　　　　D.定性评价

9. 进行学前儿童健康教育评价的前提和依据是（　　　）。

A.学前儿童健康教育目标
B.学前儿童健康教育评价的原则
C.建立学前儿童健康教育评价指标体系
D.了解学前儿童身心发展的水平

10. 学前儿童健康教育评价原则中的全面性原则是由（　　　）决定的。

A.学前儿童身心发展特点
B.学前儿童身心发展规律
C.教育评价的目的
D.学前教育的总目标

二、简答题

1. 学前儿童健康教育评价的原则有哪些？
2. 学前儿童健康教育评价的意义是什么？
3. 学前儿童健康教育评价的组织与实施阶段有哪些？

三、实践实训题

1. 在见实习时，挑选2～3名幼儿，观察、记录他们的饮食行为情况，并进行评价。
2. 找一篇健康领域的活动设计方案，依据活动方案的评价标准，对该方案进行评价。
3. 在见实习时，挑选一个教师组织的健康教育活动，对活动过程进行评价。

聚焦考证

1. （单项选择题）教育过程中，教师评价幼儿的适宜做法是（　　　）。（2018年下半年幼儿园教师资格考试《保教知识与能力》真题）

A.用统一的标准评价幼儿
B.根据一次测评结果评价幼儿
C.用标准化工具评价幼儿
D.根据日常观察所获信息评价幼儿

2. （单项选择题）教师根据幼儿的图画来评价幼儿发展的方法是（　　　）。（2015年下半年幼儿园教师资格考试《保教知识与能力》真题）

A.观察法　　　　B.作品分析法　　　　C.档案袋评价法　　　　D.实验法

3. （单项选择题）评价幼儿生长发育最重要的指标是（　　　）。（2015年下半年幼儿园教师资格考试《保教知识与能力》真题）

A.体重和头围　　　　B.头围和胸围　　　　C.身高和胸围　　　　D.身高和体重

主要参考文献

［1］汪娟，邱华翔.幼儿健康教育与活动指导［M］.北京：首都师范大学出版社，2019.

［2］杨玉红，孙秀青，刘志林.幼儿健康教育与活动指导［M］.北京：首都师范大学出版社，2021.

［3］庞建萍，柳倩.学前儿童健康教育与活动指导［M］.上海：华东师范大学出版社，2019.

［4］教育部基础教育司.《幼儿园教育指导纲要（试行）》解读［M］.南京：江苏教育出版社，2002.

［5］欧新明.学前儿童健康教育［M］.北京：教育科学出版社，2003.

［6］李姗泽.学前儿童健康教育［M］.北京：中央广播电视大学出版社，2008.

［7］孙树珍，麦少美.学前儿童健康教育活动指导（第四版）［M］.上海：复旦大学出版社，2021.

［8］顾荣芳.学前儿童健康教育论［M］.南京：江苏教育出版社，2009.

［9］高庆春.学前儿童健康教育（第四版）［M］.北京：高等教育出版社，2021.

［10］胡晓伶，徐浩，殷玉霞.学前儿童健康教育与活动指导（修订版）［M］.长沙：湖南师范大学出版社，2018.

［11］叶平枝.幼儿园健康领域教育精要——关键经验与活动指导［M］.北京：教育科学出版社，2015.

［12］张乃丹，莫群，满孝平.学前儿童健康教育［M］.镇江：江苏大学出版社，2021.

［13］王娟.学前儿童健康教育（第二版）［M］.上海：复旦大学出版社，2016.

［14］幸福新童年编写组.《3—6岁儿童学习与发展指南》解读［M］.北京：旅游教育出版社，2012.

［15］霍力岩，潘月娟，黄爽.学前教育评价［M］.北京：北京师范大学出版社，2015.

图书在版编目(CIP)数据

学前儿童健康教育/王娟,孙惠利主编. -- 3 版.
上海:复旦大学出版社,2024.10.
-- ISBN 978-7-309-17594-3

Ⅰ. G617

中国国家版本馆 CIP 数据核字第 2024887TE6 号

学前儿童健康教育(第三版)
王　娟　孙惠利　主编
责任编辑/赵连光

复旦大学出版社有限公司出版发行
上海市国权路 579 号　邮编:200433
网址:fupnet@ fudanpress. com　http://www. fudanpress. com
门市零售:86-21-65102580　　团体订购:86-21-65104505
出版部电话:86-21-65642845
上海四维数字图文有限公司

开本 890 毫米×1240 毫米　1/16　印张 12　字数 380 千字
2024 年 10 月第 3 版第 1 次印刷

ISBN 978-7-309-17594-3/G・2623
定价:45.00 元